Kunkel

Franchising und asymmetrische Information

GABLER EDITION WISSENSCHAFT

Michael Kunkel

Franchising und asymmetrische Informationen

Eine institutionenökonomische Untersuchung

Mit einem Geleitwort
von Prof. Dr. Ekkehart Schlicht

Springer Fachmedien Wiesbaden GmbH

Die Deutsche Bibliothek – CIP-Einheitsaufnahme

Kunkel, Michael:
Franchising und asymmetrische Informationen : eine
institutionenökonomische Untersuchung
/ Michael Kunkel. Mit einem Geleitw. von Ekkehart Schlicht. -
Wiesbaden : Dt. Univ.-Verl. ; Wiesbaden : Gabler, 1994
(Gabler Edition Wissenschaft)
Zugl.: Darmstadt, Techn. Hochsch., Diss., 1994
ISBN 978-3-8244-6069-4   ISBN 978-3-663-01482-9 (eBook)
DOI 10.1007/978-3-663-01482-9

D 17

Der Deutsche Universitäts-Verlag und der Gabler Verlag sind Unternehmen der
Bertelsmann Fachinformation GmbH.

Gabler Verlag, Deutscher Universitäts-Verlag, Wiesbaden
© Springer Fachmedien Wiesbaden 1994
Ursprünglich erschienen bei Betriebswirtschaftlicher Verlag Dr. Th. Gabler GmbH,
Wiesbaden 1994
Lektorat: Claudia Splittgerber / Gertrud Bergmann

Höchste inhaltliche und technische Qualität unserer Produkte ist unser Ziel. Bei der Produktion und Auslieferung unserer Bücher wollen wir die Umwelt schonen: Dieses Buch ist auf
säurefreiem und chlorfrei gebleichtem Papier gedruckt.

Die Wiedergabe von Gebrauchsnamen, Handelsnamen, Warenbezeichnungen usw. in
diesem Werk berechtigt auch ohne besondere Kennzeichnung nicht zu der Annahme, daß
solche Namen im Sinne der Warenzeichen- und Markenschutz-Gesetzgebung als frei zu
betrachten wären und daher von jedermann benutzt werden dürften.

ISBN 978-3-8244-6069-4

Meinen Eltern

Magrit und Peter Kunkel

Geleitwort

Insbesondere nach dem zweiten Weltkrieg haben sich Franchise-Systeme in den Märkten der westlichen Industriegesellschaften ausgebreitet. Es geht dabei um unabhängige Unternehmungen, die eine Dienstleistung oder ein Produkt in fest definierter Qualität unter einem Markennamen vertreiben und für die Inanspruchnahme dieses Namens, für zentralisiertes Marketing, zentralisierten Einkauf, zentralisierte Produktentwicklung und zentralisierte Qualitätsüberwachung eine Gebühr (die "franchise fee") entrichten. Bekannte Beispiele sind McDonald's, Obi und ähnliche Ketten. Mit dem Aufkommen dieser symbiotischen Vertriebsform zwischen Unternehmung und Markt stellt sich die Frage, wie diese Entwicklung theoretisch zu erklären ist. Worin liegen die konkurrenzmäßigen Vorteile? Entsprechen diesen volkswirtschaftliche Vorteile oder handelt es sich lediglich um eine versteckte Form der Monopolisierung, gegen die man wettbewerbspolitisch eingreifen sollte? Und weiter: Warum haben sich diese Vertriebsformen erst in neuerer Zeit entwickelt, obwohl sie sich doch ebensogut auch bereits zu Beginn des zwanzigsten Jahrhunderts hätten bilden können? Dieses ist die Thematik, der sich die vorliegende Arbeit widmet.

Der Verfasser nähert sich dieser Fragestellung aus der Perspektive der "Neuen Institutionenökonomik", die die Entwicklung von Organisationsformen aus ihren Wettbewerbsvorteilen zu erklären sucht. Er verknüpft diesen Gedanken mit der Qualitätssicherungsproblematik, wie sie in der Informationsökonomie neuerdings verstärkt Beachtung gefunden hat und diskutiert die Entwicklung von Franchise-Ketten vor dem Hintergrund alternativer institutioneller Lösungsmöglichkeiten für die Qualitätssicherungsproblematik. Die theoretischen Erörterungen gewinnen eine weitere Dimension aus der Diskussion einiger Franchise Systeme (McDonald's, Aufina, Quick-Schuh und Eismann).

Eine Arbeit, die in erfreulicher Weise praktische Beobachtung und theoretische Erörterung kombiniert und uns so neue Einsichten in die Institutionenentstehung gestattet!

Ekkehart Schlicht

Ordinarius für Volkswirtschaftslehre
an der Ludwig-Maximilians-Universität München

Vorwort

Als bekannteste Franchise-Vertreter in der Bundesrepublik sind vor allem McDonald´s, Coca-Cola, Benetton, Obi und Portas ein Begriff. Neben diesen existieren eine ganze Reihe bekannter Ketten, die weniger als Franchise-Unternehmen bekannt sind, aber ebenso als Franchise organisiert sind.
Die "Neue Institutionenökonomik" untersucht verschiedene Organisationsformen hinsichtlich ihrer Effizienz und gegenseitigen Interdependenz.

Ronald Coase, der als erster die entscheidenden Frage stellte, was eine Unternehmung letztlich sei, und Oliver E. Williamson, der das Markt-Hierarchie-Paradigma propagierte, leisteten Basisarbeit in diesem Bereich.
Eine Betrachtung von Institutionen hinsichtlich ihrer Effizienz und gegenseitigen Interdependenz ist insbesondere beim Franchising von besonderem Interesse, weil Franchising aus Sicht der "Neuen Institutionenökonomik" als Vertriebsform zwischen einer Filialunternehmung und einem System von freien Handelsvertretern steht.

Aus der Praxis kommend hat Franchising erst seit wenigen Jahren Eingang in die wirtschaftliche Theorie gefunden.
Darauf ist es zurückzuführen, daß Franchising bis jetzt theoretisch noch nicht vollständig integriert ist.
Als eine Zielsetzung zu Beginn dieser Arbeit war es mir ein besonderes Anliegen, Franchising in einem Ansatz zu erfassen, der der Heterogenität der Vertrags- und Erscheinungsformen gerecht wird, die in der Praxis anzutreffen sind.
Neben meinem eigenen Interesse waren es vor allem die Anregungen von Herrn Prof. Dr. Ekkehart Schlicht, meinem Doktorvater und Betreuer dieser Arbeit, die Untersuchungen so durchzuführen, wie sie in der gegenwärtigen Version vorliegen - dafür und für die Bemühungen bei der Betreuung danke ich ihm herzlich.

"Kränzchen" war die Bezeichnung für die Doktorandenseminare, die am Lehrstuhl für Wirtschaftstheorie regelmäßig während des Semesters durchgeführt wurden.
Etliche Diskussionsrunden und Vorträge, die ich im Rahmen dieser Veranstaltung miterleben und mitgestalten durfte, haben zum Entstehen dieser Arbeit beigetragen.
Freunde und Kollegen aus dieser Runde haben mein Denken geprägt - ihnen allen möchte ich an dieser Stelle danken.
Über die Zeit hinaus, in der Prof. Schlicht nach München wechselte, gestaltete Frau Dr. Gisela Kubon-Gilke die Diskussions- und Vortragsrunden.

Regelmäßige fachliche Diskussionen und die Beurteilung meiner wissenschaftlichen Arbeiten konnten den Eindruck erwecken, daß sie die Betreuung meiner Dissertation als "Ersatz-Doktormutter" übernommen habe. Dafür und für die persönliche Note, die sie in die gemeinsame wissenschaftliche Arbeit einbrachte, gebührt ihr mein besonderer Dank.

Im Rahmen der Arbeit war es für die praxisbezogenen Kapitel wesentlich, vor Ort zu gehen und Fragen zu stellen. Es ist für mich nicht möglich, alle Interviewpartner zu nennen, die mir die notwendigen Informationen vermittelten - ihnen allen sei an dieser Stelle mein Dank gesagt.

Zur erfolgreichen Vollendung einer wissenschaftlichen Arbeit genügt es nicht, fachliche Informationen zu sammeln, zu beurteilen und auszuwerten. Es ist vielmehr erforderlich, daß auch das persönliche Umfeld die entstehenden Schwierigkeiten mitträgt und hilft. In dieser Zeit sind mir viele nahestehende Menschen beigestanden, denen mein großer Dank auszusprechen an dieser Stelle Verpflichtung wäre. Trotzdem möchte ich in erster Linie meine Eltern hervorheben, die mich zeit meines Lebens nach Kräften unterstützt und gefördert haben.

Ihnen ist dieses Buch gewidmet.

Michael Kunkel

Abbildungsverzeichnis

1 Einleitung

1.1 Problemstellung

Arbeitsteilung gilt in der wirtschaftlichen Theorie schon seit Adam Smith als wesentliche Quelle des Wohlstands einer Volkswirtschaft. Sie bringt Effizienzvorteile in der Produktion, wenn die beteiligten Partner durch Spezialisierung ihre jeweiligen komparativen Vorteile nutzen können. Auf einem Markt mit vollständiger Information sind es Preismechanismen, die die Anstrengungen der Beteiligten optimal koordinieren.

Auch wenn die Vorteile des Marktes nicht genutzt werden, lassen sich Effizienzgewinne erzielen, die nicht aus dem Markttausch, sondern aus der Koordination von Tätigkeiten innerhalb einer Unternehmung herrühren. Zwar können es auch dort Spezialisierung und Arbeitsteilung sein, die Überschüsse bringen. Dazu kommen jedoch zusätzlich noch Vorteile, die auf Teamwork zurückzuführen sind (vgl. Alchian/Demsetz 1972).

Coase (1937) stellte als erster die Frage, warum nicht alle Produktionsprozesse auf der Basis von Marktprozessen koordiniert werden oder, wenn es unternehmensspezifische Vorteile gibt, warum nicht alle Transaktionen innerhalb einer einzigen Unternehmung durchgeführt werden.
Es ist nicht das Anliegen dieser Arbeit, eine umfassende Antwort auf diese grundlegenden Fragen zur Theorie der Unternehmung zu geben. Vielmehr wird versucht, durch die Analyse des Franchising, einer Organisationsform, die zwischen Markt und Unternehmung angesiedelt ist, hierfür relevante Teilaspekte zu beleuchten.

Franchising basiert auf der entgeltlichen Überlassung von Marken- und Know-How-Schutzrechten von Franchise-Gebern an rechtlich selbständige Franchise-Nehmer. In der Regel verkaufen diese entsprechende Güter und Dienstleistungen an Nachfrager innerhalb eines abgegrenzten Absatzgebietes für eine bestimmte Zeit.
Die große Bedeutung, die Franchising in den Jahrzehnten nach dem Zweiten Weltkrieg erlangte, ist Grund genug, sich näher damit zu beschäftigen.
Mittlerweile gibt es eine außerordentlich umfangreiche Literatur zum Franchising, die sich generell in drei Sichtweisen einordnen läßt.

a) Deskriptive Sichtweise

In dieser Gattung der Literatur werden die wesentlichen Aspekte von Franchise-Beispielen aus der Praxis erfaßt und beschrieben. Leider kann durch eine deskriptive Sichtweise ohne theoretische Basis keine Reduktion der Komplexität erfolgen. Zudem stehen sich oft scheinbar widersprüchliche Aussagen kommentarlos gegenüber.

b) Selektive Sichtweise

Die Konzentration auf Details des Franchise-Vertrags wie z. B. Kapitalargumente, Aufteilung des Profits, Transaktionskosten, spezifische Investitionen usw. können wertvolle Einblicke in die Wirkungsmechanismen des Franchising liefern. Jedoch wird oft übersehen, daß es Mechanismen in alternativen institutionellen Regelungen gibt, die gleiche oder ähnlich gute Ergebnisse liefern können wie eine Franchise-Organisation. Zudem fehlt oft der Überblick über die Gesamtzusammenhänge.

c) Deduktive Sichtweise

Anhand von Parallelen zu ähnlichen Vertragsgestaltungen werden Aussagen getroffen, die Merkmale des Franchising in bestehende theoretische Strukturen (z. B. das Rechtssystem) einordnen. Dadurch kann sich eine subjektive und uneinheitliche Sichtweise ergeben.

Im Rahmen dieser Arbeit wird versucht, einen neuen Ansatz für die Beurteilung dieser Organisationsform als Ganzes zu finden. Franchising soll in seiner Gesamtheit und in seiner nicht zu verleugnenden Komplexität erfaßt werden.[1]

Dabei sollen die wesentlichen Merkmale auf mikroökonomisch nachvollziehbare Mechanismen reduziert werden, um in modellhafter Form die Gründe für die Wahl einer Franchise-Konstruktion aufzuzeigen und Märkte zu identifizieren, für die sich Franchising besonders eignet.

Die Idee dabei ist, die Franchise als eine institutionelle Antwort auf die Qualitätsunsicherheit des Marktes und entsprechendes rationales Nachfragerverhalten zu sehen. Franchising wird demnach als eine strategisch einsetzbare Organisationsform für den Vertrieb von Waren oder Dienstleistungen interpretiert.

Über die auf dem Markt angebotenen Güter besteht Unsicherheit bezüglich der angebotenen Qualität. Die strategischen Vorteile der Organisationsform Franchising sind das hieraus resultierende Produkt rationalen Nachfragerverhaltens.

---

[1]Vgl. zur Komplexität einer Unternehmung Behrens (1985).

Die Nachfrager sind bereit, langfristig eine Qualitätsprämie dafür zu zahlen, daß die von ihnen gewünschten Produkte nur einer geringen Qualitätsschwankung unterliegen. Zur Absicherung dieser Qualitätsprämie müssen die Anbieter "versunkene Kosten" auf sich nehmen, die für die Nachfrager durch ein Reputationssignal, die Marke, dokumentiert wird und wiedererkennbar bleibt.[2] Wenn es einem Anbieter gelingt, schneller als andere diese Reputation aufzubauen, z. B. durch Franchising, erzielt er strategische Vorteile. Ein Franchise-Geber kann in die Lage versetzt werden, den Wettbewerb zu kontrollieren oder zumindest Signale für sein zukünftiges Verhalten an andere Marktteilnehmer senden.

Zudem kann ein Franchise-Geber potentielle Konkurrenten vom Markt fernhalten, indem er sie in sein System integriert. Kleinere Selbständige erhalten Anreize, dem System beizutreten, weil sie sonst Wettbewerbsnachteile erleiden. Letztendlich lassen sich unter diesen Voraussetzungen neue Produkte oder Produktionsverfahren marktweit einführen, Märkte erschließen, Absatzwege sichern, und unter Nutzung von Skalen- und Verbundvorteilen übernormale Gewinne erzielen.

Ein interessanter Punkt für die Theorie der Unternehmung ist die Tatsache, daß die vertragliche Bindung von Eigentum offensichtlich die Präferenzen der Betroffenen beeinflussen kann. Es fällt auf, daß Franchise-Nehmer die Bedeutung der Selbständigkeit gegenüber dem Risiko und der erforderlichen Mehrarbeit sehr hoch einschätzen. Dadurch entsteht der Eindruck, daß sie ihren Mehraufwand monetär nicht in dem Umfang kompensieren, wie dies in vergleichbaren Angestelltenverhältnissen der Fall sein müßte.

Es können sich von daher natürlich genau die Kostenvorteile ergeben, die implizit in den Effizienzansätzen zum Franchising vorausgesetzt werden. Die Nutzung eines derartigen Effektes kann dazu beitragen, effizientere Entlohnungsformen zu finden. Zur Schaffung einer theoretischen Basis müßte hier allerdings noch stärker auf psychologische Erkenntnisse zurückgegriffen werden.

---

[2]Tirole (1989, 308) definiert versunkene Kosten wie folgt:
"Sunk costs are those investment costs that produce a stream of benefits over a long horizon but can never be recouped. A machine will be labeled a fixed cost if the firm rents it for a month (or can sell it without capital loss a month after its purchase) and a sunk cost if the firm is stuck with it."
Der Begriff selbst ist etwas irreführend. "Versunken" bezieht sich demnach auf die (mehr oder weniger realistische) Irreversibilität der Investitionskosten, weniger auf deren ökonomische Nutzung.

1.2 Methodisches Vorgehen

Im folgenden Kapitel wird Franchising vorgestellt. Einem kurzen Überblick über die Entwicklung dieser Organisationsform schließt sich die Darstellung in der Theorie der Unternehmung an. Dabei werden vor allem Knappheitsargumente, Effizienzargumente und Elemente der Monopoltheorie beleuchtet. Der Schwerpunkt der neueren Arbeiten zum Franchising liegt dabei eindeutig auf den Effizienzansätzen.

Das dritte Kapitel widmet sich einigen Praxisbeispielen. Die sicherlich subjektiv ausgewählten Franchise-Systeme werden bezüglich des Produkts, bezüglich des internen vertraglichen Verhältnisses mit den Franchise-Nehmern und bezüglich des Außenverhältnisses mit Abnehmern und Wettbewerbern dargestellt. Allen Franchise-Systemen eigen ist die Konzentration auf die "Marke" und die einheitliche Systemidentität. Andere Vertragsbestandteile lassen sich offensichtlich sehr heterogen gestalten.

Aus theoretischen und praktischen Erkenntnissen werden im vierten Kapitel die Argumente dargelegt, die für eine theoretische Einordnung und Bewertung des Franchising von Bedeutung sind. Hier werden die Determinanten sowie die Ursache-Wirkungs-Zusammenhänge von asymmetrischer Information und Qualitätsunsicher-heiten zunächst allgemein, dann unter Änderung der Modellstruktur dargestellt. Dabei wird anhand von auf Klein und Leffler (1981) basierenden Modellen gezeigt, wie es möglich ist, daß von rational handelnden Nachfragern eine Qualitätsprämie für Markenprodukte mit geringer Qualitätsvarianz gezahlt wird.

Im fünften Kapitel werden die Argumente beleuchtet, die aus den gewonnenen Erkenntnissen Anreize, speziell für die Wahl von Franchising, bieten können. Dabei sind zunächst ex post-Vorteile zu sehen, die hauptsächlich aus der Realisierung von Skalen und Verbundvorteilen herrühren. Überwachungskosten können unter bestimmten Voraussetzungen durch den Einsatz von Verträgen, die die Eigentumsrechte der Betroffenen binden, reduziert werden. Dies ist jedoch nicht immer zwingend der Fall, wie ein Praxisbeispiel zeigt.

Der möglicherweise entscheidendere Aspekt des Einsatzes von Franchising dürfte vielmehr darin liegen, daß durch diese Organisationsform externe Effekte auf Wettbewerber und potentielle Konkurrenten ausgeübt werden können. Dadurch ergeben sich Möglichkeiten, den Marktzugang von Konkurrenten zu behindern und die erzielbaren Gewinne entsprechend zu vergrößern. Kleinere potentielle Wettbewerber, die neu auf den Markt drängen, haben Anreize, sich dem System anzuschließen, um an Kostenvorteilen (z. B. bei der Bildung von "Brand Name Capital") partizipieren zu können. Je mehr Teilnehmer sich der Franchise-Organisation anschließen, desto größer sind die Vorteile, die sich nutzen lassen. Dadurch ergeben sich auf andere Marktneulinge wiederum externe Effekte, so daß denjenigen, die sich dem System nicht anschließen, Wettbewerbsnachteile drohen. Dadurch erhöhen sich die Chancen für den Franchise-Geber, Renten von den Franchise-Nehmern abzuziehen.

Sehr viele Franchise-Ketten betreiben sowohl franchisierte als auch dem Unternehmen angegliederte Einheiten. Es erhebt sich deshalb die Frage, ob Franchising lediglich ein Übergangsstadium zu einer großen Unternehmung darstellt. Dies steht der Tatsache gegenüber, daß es Franchise-Ketten gibt, die keine eigenen Filialen betreiben oder ein stabiles Gleichgewicht von filialisierten und franchisierten Verkaufseinheiten aufrechterhalten. Mit der vorher aufgezeigten Theorie ergibt sich kein Widerspruch.

Eine strategische Begründung des Franchising läßt auch zu, daß unter gleichen Gegebenheiten (z. B. der gleichen Branche) parallel zum Franchising alternative Organisationsformen (z. B. große Verkaufsfilialisten) existieren können.
Aus dieser theoretischen Überlegung heraus müssen sich deshalb auch Branchen und Märkte identifizieren lassen, die eine besondere Eignung für Franchising aufweisen.

2 Franchising in der Theorie der Unternehmung

2.1 Der Franchise-Begriff und die geschichtliche Entwicklung des Franchising

Als Franchising[1] wird eine aus den USA stammende, in den westlichen Industrienationen mittlerweile weit verbreitete Vertriebsorganisationsform für Waren und
Dienstleistungen bezeichnet. Das Franchise-System basiert auf der Überlassung von
Marken- und Know-How-Schutzrechten eines Franchise-Gebers gegen Entgelt an
rechtlich selbständige Unternehmen (Franchise-Nehmer), das in den USA während
der ersten Nachkriegsjahre, in Europa mit etwa zehnjähriger Verzögerung,
nennenswerte Bedeutung erlangte (vgl. die Anfänge der deutschen Literatur zum
Franchising z. B. Groß/Skaupy 1968, Knigge 1973, Mack 1975). Seither entwickelte
es sich in allen westlichen Industrienationen in einer boomartigen Aufwärtsbewe-
gung (vgl. Kursh 1968, Vaughn 1974) zu einem etablierten, wirtschaftlich
bedeutsamen Absatzinstrument.[2]

Franchising stellt sich als eine vertraglich geregelte Kooperation zwischen rechtlich
selbständigen Unternehmen dar, die zwischen verschiedenen Wirtschaftsstufen
wirksam wird (vgl. Brauer 1989). Kooperation (vgl. Rath 1990) ist hier als die auf
vertraglich geregelter, freiwilliger Basis wirkende Durchsetzung von gemeinsamen
Strategien rechtlich selbständiger Partner im Bereich des Vertriebs zu verstehen, die
auf der positiven Motivation der Beteiligten basiert und deren ökonomische
Leistungsfähigkeit verbessern soll.

Ursprünglich stammt das Wort Franchise aus dem Französischen in der Bedeutung
eines Privilegs bzw. der Freiheit von Vasallendiensten, Zöllen und Steuern.
Abgesehen von dem bereits im Altertum existierenden Verkauf von Rechten
(beispielsweise der Steuereintreibung) wurden im 12. Jh. die ersten formellen
Ausgestaltungen der Franchise, sog. "Chartes de Franchise" erteilt. Diese ermöglich-
ten es weltlichen und geistlichen Machthabern, ihren Untertanen gegen Leistung von
Geld und Diensten das Recht auf land- und forstwirtschaftliche Nutzung ihrer

---

[1]Die Unterscheidung zwischen Franchise-System als Oberbegriff für die Vertriebsform der
Franchise und Franchising als konkrete Anwendung des Systems, wie sie Knigge (1973, 36) trifft,
erfolgt nicht im Rahmen dieser Arbeit. Beide Begriffe werden hier synonym für die
Kooperationsform der Franchise verwendet.

[2]Die z. T. geschätzten Zahlen des Gutachtens der Kommission der Europäischen Gemeinschaften
(1987) geben Aufschluß über die rasante Entwicklung des Franchising in der EG, insbesondere in
der Bundesrepublik Deutschland. Jedoch erscheinen diese Zahlen überhöht, vor allem im Vergleich
mit den neuesten Daten des Deutschen Franchise-Verbandes zum Jahresende 1992. Vgl. auch
European Franchise Federation (1990).
Für US-Daten sind folgende Quellen maßgeblich: United States Dept. of Commerce (1988a, b),
(US) Bureau of the Census (1987) u. a., vgl. auch Aydin/Kacker (1990) unter dem Gesichtspunkt der
Internationalisierung.

Ländereien zu verleihen. Später wurde auch Kaufleuten und Handwerkern gegen die Zahlung einer Geldsumme das Privileg eingeräumt, Märkte und Messen abzuhalten. Diese mittelalterliche, feudale Franchise-Praxis gelangte nach England und verhalf der englischen Krone nicht nur zu einem effizienten System der Steuereintreibung, sondern auch zu der Möglichkeit, zuverlässig Kriegs- und Lehensdienste vom Adel zu fordern.[3]

Daraus entwickelte sich die Praxis, daß in kommerzieller Weise die Rechte eines Privatmannes (insbesondere Patentrechte) gegen Entgelt genutzt werden konnten. Eine Abgrenzung zu Lizenzverträgen war zur damaligen Zeit nicht gegeben. Beide Vertragstypen besitzen die Gemeinsamkeit, daß die Überlassung eines Schutzrechtes oder eine Lizenz zur Nutzung durch den Franchise-Nehmer zentraler Gegenstand des Übereinkommens ist. Über England gelangte die Franchise-Geschäftspraxis nach Nordamerika, wo noch vor der Gründung der Vereinigten Staaten staatliche Konzessionen an Siedler zur Bewirtschaftung des Landes verkauft wurden (vgl. Kaub 1980, 8-10). Auch Unternehmen wurden Rechte an monopolisierten Bereichen (z. B. Eisenbahnrechte, Abbaurechte) gewährt, so daß sich allmählich der Begriff des Franchising, wie er heute bekannt ist, herausbildete.

Von den ersten modernen Formen des Franchising kann allerdings erst zu Beginn dieses Jahrhunderts gesprochen werden. Bei der Erteilung der Exklusiv-Verkaufsrechte von Singer Nähmaschinen an von Haus zu Haus reisende Händler (Peddlars), wurde die erste Generation des Franchising, das "Straight Product Franchising", auch als reines Produkt- oder Warenfranchising bekannt, entwickelt. Diesem Beispiel folgten Kraftfahrzeughersteller, Mineralölproduzenten, Hersteller von Radiogeräten und die Getränkeindustrie.

Letztere forcierte das sog. "Manufacturing Franchising" (Halbfertigwaren-Franchising), bei der die Franchise-Nehmer zu ihrer reinen Verkaufstätigkeit noch Produktionsaufgaben mit übernahmen.

Nach dem zweiten Weltkrieg entwickelte sich nach und nach ein den Markterfordernissen angepaßtes neues Franchising, das als "Entire Business Franchising" oder auch "Business Format Franchising" (Betriebs-Franchising oder LeistungsprogrammFranchising) bezeichnet wurde. Hierbei trat neben das Produkt als Kooperationsgegenstand noch stärker die Betonung der Firmenphilosophie sowie ein Aufbau der Systemidentität und der Ideentransfer in vertikaler Richtung in den Vordergrund. In dieser Zeit verbreitete sich das Franchise-System mit großer Geschwindigkeit. Die systemimmanente Aufgabenteilung sah vor, für den Franchise-Geber Zuständigkeiten in Hinblick auf Corporate Identity, Standardisierung von Erscheinungsbild und Produkt, den Ausbau der Produkt-Service-Kombination, für

---

[3]Man vergleiche mit den entsprechenden Literaturverweisen Kursh (1968, 4), Knigge (1973, 16-17), Martinek (1987, 33-37), Skaupy (1987, 1), Tietz (1987, 17-18) u. a.

die Schulung der Franchise-Nehmer und deren Personal zu schaffen. Es gehört mittlerweile zu den Aufgaben des Franchise-Gebers, den Betrieb des Franchise-Nehmers nach Standort, Werbewirksamkeit und gemäß den modernsten Erkenntnissen für Arbeitsgestaltung zu planen. Ebenso erstreckt sich dessen Tätigkeit auf die System-Werbekonzeption, die Marktforschung und reicht immer mehr in die innersten betriebswirtschaftlichen Bereiche der franchisierten Unternehmen (z. B. Controlling bzw. die Übernahme der Buchhaltung). Dabei erreicht die Kontrollierbarkeit der Franchise-Nehmer eine Größenordnung, die sich durchaus mit einem Filialsystem vergleichen läßt. Der Trend, daß das reine Produkt-Franchising (Product and Trade Name Franchising) mehr und mehr vom Betriebs-Franchising (Business Format Franchising) verdrängt wird, hält an.

Wie aus dem kurzen geschichtlichen Abriß der vorangegangenen Zeilen hervorgeht, entwickelte sich das Franchising durch die jeweils aktuelle Rechtsprechung und die sich wandelnde Praxis zu der Form, in der es heute anzutreffen ist.[4] Das Handelsrecht in Deutschland kennt keine speziellen Regelungen zum Franchising wie beispielsweise zum Handelsvertreter oder zu Personen- bzw. Kapitalgesellschaften. Die Franchise-Partner regeln ihr Rechtsverständnis durch einen individuellen Franchise-Vertrag. Dieser basiert auf dem Grundsatz der Privatautonomie und unterliegt dennoch auch allgemeinen zwingenden Erfordernissen des geltenden Zivil- und Wettbewerbsrechts. In der Bundesrepublik befindet sich das Franchise-Recht in der heutigen Form noch immer in einer Phase der Rechtsentwicklung durch Gerichtsentscheidungen, die sich an Analogien oder Auslegungen von Merkmalen im Gesetz explizit berücksichtigter Vertragsformen orientieren.[5]

So weisen die folgenden Kontraktarten eine enge Verbindung zum Franchising auf (vgl. Tietz 1987, 27): 1. Lizenzverträge und Know-How-Verträge, 2. Konzessionärsverträge (als Spezialfall für Vertragshändlerverträge), 3. Depot-verträge der Eigenhändler, z. B. bei Kosmetik, 4. Handelsvertreter- oder Agenturverträge, 5. Kommissionsverträge, 6. Kommissionsagenturverträge (z. B. Depotverträge der Nichteigenhändler), 7. Vertragshändlerverträge.[6]

---

[4]Zur rechtlichen Einordnung des Franchising entwickelte sich eine umfangreiche Literatur; den generellen Überblick vermitteln ausführlich z. B. Behr (1976), Klein/Saft (1985), Martinek (1987), Bauder (1988), Müller-Graff (1988), Eckenga (1990), Joerges (1991) u. a. Praktische Hinweise geben z. B. Seltz (1982), Skaupy (1987), Liesegang (1990), Deutscher Franchise-Verband (1990, 1992), Deutscher Franchise-Verband/Lang (o. J.), Wessels (1993).
[5]Diese Entwicklung vollzieht sich parallel mit geringen Unterschieden in allen westlichen Industrienationen .
[6]In den USA werden dem Begriff "Franchising" alle kooperativen Vertriebssysteme außer dem Filialsystem zugerechnet (vgl. Beyer 1988, 8).

Auf die einzelnen Gemeinsamkeiten dieser Verträge mit der Franchise und die zum Teil schwer zu fassenden Unterschiede wird in diesem Zusammenhang nicht weiter eingegangen. Es sei auf die einschlägige Literatur verwiesen.[7]

Eine exakte begriffliche Definition ist aufgrund der zahlreichen in der Praxis auftretenden heterogenen Formen des Franchising schwierig, wenn nicht sogar unmöglich.[8]

Die Definition der European Franchise Federation aus dem Europäischen Verhaltenskodex für Franchising, zugleich Ehrenkodex für Mitglieder des Deutschen Franchise-Verbandes e. V., München (gültig seit dem 01.01.1992), lautet wie folgt:

"Der Begriff des Franchisings

Franchising ist ein Vertriebssystem, durch das Waren und/oder Dienstleistungen und/oder Technologien vermarktet werden. Es gründet sich auf eine enge und fortlaufende Zusammenarbeit rechtlich und finanziell selbständiger und unabhängiger Unternehmen, den Franchise-Geber und seine Franchise-Nehmer. Der Franchise-Geber gewährt seinen Franchise-Nehmern das Recht und legt ihnen gleichzeitig die Verpflichtung auf, ein Geschäft entsprechend seinem Konzept zu betreiben. Dieses Recht berechtigt und verpflichtet den Franchise-Nehmer, gegen ein direktes Entgelt im Rahmen und für die Dauer eines schriftlichen, zu diesem Zweck zwischen den Parteien abgeschlossenen Franchise-Vertrags bei laufender technischer und betriebswirtschaftlicher Unterstützung durch den Franchise-Geber, den Systemnamen und/oder das Warenzeichen und/oder die Dienstleistungsmarke und/oder andere gewerbliche Schutz- oder Urheberrechte sowie das Know-How, die wirtschaftlichen und technischen Methoden und das Geschäftssystem des Franchise-Gebers zu nutzen."

Der Franchise-Geber ist oft vertraglich verpflichtet, sein Geschäftskonzept weiterzuentwickeln und dem Franchise-Nehmer Neuerungen mitzuteilen. Ein vereinbartes Geschäftsordnungssystem regelt die Bereiche Geschäftsablauf, Auftragsvermittlung und -abschluß, Versicherungswesen, Verwaltungsrichtlinien und -hilfen, Werberichtlinien und Berichtswesen.

Zu den Leistungen des Franchise-Gebers können außerdem Standortplanung, Berichtswesen, Buchführung, Know-How-Transfer, Vorbereitung, Planung und Einrichtung des Franchisebetriebs usw. gehören. Dafür zahlt der Franchise-Nehmer eine fixe Eintrittsgebühr sowie umsatzabhängige Franchise-Gebühren (seltener

---

[7]Vgl. z. B. Behr (1976), Martinek (1987).
[8]Vgl. Mendelsohn (1979, 1), Kaub (1980, 29), Martinek (1987, 75); vgl. die Definition der International Franchise Association (IFA), abgedruckt in Skaupy (1987, 3-4); vgl. die Definitionen der betriebswirtschaftlichen Standardlehrbücher, so z. B. Nieschlag/Dichtl/Hörschgen (1991, 383), Tietz (1987, 21).

Jahresbeiträge). Diese Gebühren können auch im Bezugspreis für vom Franchise-Geber bezogene Waren enthalten sein. Unter Umständen wird zusätzlich eine fixe oder variable Werbekosten-Gebühr erhoben.

Die Merkmale eines Franchising-Vertrages lassen sich in einem Katalog festhalten:[9]

1. Absatzsystem

* Dezentrales Absatzsystem
* Rechtliche Selbständigkeit der Vertriebsstellen

2. Leistungsprogramm

* Franchise-Geber (Franchise-Paket)
      Erlaubnis zur Nutzung von Schutzrechten
      Beschaffungs- Absatz- und Organisationskonzept
      Betriebsaufbau/Ausbildung
      Weiterentwicklung des Systems
      Laufende aktive Unterstützung des Franchise-Nehmers
* Franchise-Nehmer
      Arbeitseinsatz
      Kapitaleinsatz
      Informationspflichten

3. Vertikal-kooperative Organisation

* straffe Organisation
* intensive Kontrolle und Zusammenarbeit
* vertikale Arbeitsteilung
* Weisungs- und Kontrollsystem
* Weisungsgebundenheit des Franchise-Nehmers

4. Einheitliches Erscheinungsbild

* Homogenität von Markenname, -zeichen, -image und Produktpalette
* Gemeinsame Expansionsstrategie
* Systemkonformes Verhalten

5. Vertragliches Dauerschuldverhältnis

* Längerfristige Zusammenarbeit
* Beiderseitige vertragliche Rechte und Pflichtenregelung
* Vertragliche Entgeltregelung

---

[9]Vgl. Skaupy (1987, 6), Bauder (1988, 22-40), DFV (o. J., 2), Schmidt (1990, 5-9), Flohr (1993).

2.2 Einordnung des Franchising in der Theorie der Unternehmung

Bei der auf Coase (1937) zurückgehenden Diskussion über die Natur der Unternehmung, die später von Williamson (1975, 1990 (1985)) aufgegriffen wurde, nimmt Franchising, ähnlich wie Sharecropping (Cheung 1968, Stiglitz 1974, Mitra 1982, Murrell 1983, Eswaran/Kotwal 1985, Luporini/Parigi 1992), Joint Venture Übereinkommen (Mariti/Smiley 1983) und kooperative Netzwerke (vgl. Ochsenbauer 1989) eine interessante Hybridstellung zwischen Markt und Unternehmung ein. Erkenntnisse, die sich aus der Analyse des Franchising gewinnen lassen, könnten fruchtbare Erkenntnisse für die Theorie der Unternehmung bringen.

Die Existenz einer Organisationsform wie Franchising mit dem äußeren Anschein einer großen Unternehmung und der Aufteilung der Rechte an Eigentum und Residualeinkommen an wirtschaftlich selbständige Untereinheiten wirft zahlreiche Fragen bezüglich der theoretischen Einordnung auf.

Was ist der Grund dafür, eine Organisation zu schaffen, die für die Nachfrager den Anschein einer großen filialisierten Unternehmung darstellt, intern jedoch als Kooperationsverbund zahlreicher Einzelunternehmer organisiert ist?

Wie läßt sich die Entwicklung und der Aufstieg einer Organisationsform wie Franchising erklären, wenn bereits institutionelle Lösungen existieren, die in den meisten Branchen bei gegenseitiger Koexistenz identische Funktionen übernehmen?

Beruht die beobachtete Ausbreitung von Franchising und der damit einhergehende Rückgang althergebrachter Organisationsformen auf Effizienzvorteilen? Worin könnten Effizienzvorteile bestehen? Gibt es externe Effekte auf Nachfrager und Wettbewerber bei der Auswahl einer Organisationsform? Welche Anreize könnten für eine Entscheidung zugunsten des Franchising relevant werden? Lassen sich aus institutionell theoretischen Überlegungen heraus Gütermärkte identifizieren, für die Franchising besonders geeignet ist?[10]

Die bestehenden theoretischen Ideen zum Franchising lassen sich wie folgt gliedern:

2.2.1 Knappheitstheorien

    2.2.1.1 Finanzierungsargumente

    2.2.1.2 Mangel an geeigneten Managern

2.2.2 Effizienzargumente

    2.2.2.1 Agency Aspekte

    2.2.2.2 Transaktionskostenvorteile

2.2.3 Monopolbetrachtungen

    2.2.3.1 Monopolstellung des Franchise-Gebers

    2.2.3.2 Monopolstellung des Systems

---

[10]Vgl. zu ähnlichen Fragestellungen Goldberg (1983), Francis/Turk/Willman (1983), Aoki/Gustafson/Williamson (1990), Eggertsson (1990).

2.2.1 Knappheitstheorien

2.2.1.1 Finanzierungsargumente

Zu den meist verbreiteten Argumenten, die die Existenz der Institution Franchising zu begründen schienen, gehört die Hypothese der befristeten Schaffung eines Kapitalstocks für die Expansion eines kleinen Unternehmens vor dem Hintergrund eines Kapitalmarktes, der für Franchise-Geber schwer zugänglich, bzw. zunächst verschlossen ist. Diese, in der betriebswirtschaftlichen Literatur oft zitierte Begründung, entwickelte sich aus der Praxisbeobachtung, daß ab einem bestimmten Stadium des Franchise-Lebenszyklus´ in einigen Franchise-Ketten zunächst franchisierte Verkaufslokale vom Franchise-Geber übernommen und vertikal integriert wurden (vgl. Oxenfeldt/Kelly 1968/69).

Fast alle Franchise-Systeme fordern vom Franchisee (Franchise-Nehmer) zu Beginn der Aufnahme in das System eine feste Eintrittsgebühr. Es wurde vermutet, daß sich damit relativ leicht ein Kapitalstock zum Aufbau einer Filialkette für den Franchise-Geber schaffen ließe, zumindest leichter als auf dem Weg der konventionellen Finanzierung.[11]

Ein unvollkommener Kapitalmarkt, an dem sich ein Produzent eines marktgängigen Gutes für die Expansion seines Unternehmens nicht in gewünschtem Umfang refinanzieren kann, könnte diesen dazu zwingen, sich alternative Finanzierungswege zu suchen.[12]

Hierbei würde sich eine mittelfristige "Finanzierung" durch risikobereite Kapitalgeber, beispielsweise Franchise-Nehmer, über eine Zeitdauer von 5 bis 20 Jahren lohnen. Sobald sich die franchisierten Geschäfte neben den eigenen Geschäften etabliert haben, so wird argumentiert, könne nach und nach eine vertikale Integration erfolgen (vgl. u. a. Oxenfeldt/Kelly 1968/69, Ozanne/Hunt 1971, Caves/Murphy 1976, Lillis/Narayana/Gilman 1976).

"It is no surprise that some observers have hypothesized franchising to be a transitional stage of development for franchisors who would ripen in maturity into vertically integrated enterprises."[13]

---

[11]Penrose (1959, 37-39) erkennt den Nachteil einer erschwerten Finanzmittelbeschaffung für kleinere oder jüngere Unternehmen im Vergleich zu größeren und etablierten Unternehmen, sieht dies jedoch eher als Management- denn als Größenproblem.
Vgl. hierzu auch Greenwald/Stiglitz (1990).
[12]Hier wird vorausgesetzt, daß eine zunehmende Unternehmensgröße steigenden Nutzen (Gewinn) des Franchise-Gebers nach sich zieht.
[13]Caves/Murphy (1976, 581).

Caves und Murphy argumentieren, daß Franchising dort angebracht sei und zu Effizienzgewinnen beitragen könne, wo Koordinationskosten (vgl. Bössmann 1983) minimiert werden könnten, d. h. hohe Anforderungen an individuelle Anstrengungen gestellt würden. Jedoch sei offensichtlich, daß ungeachtet der Effizienzvorteile des Franchising langfristig Gewinnmaximierung durch direkte und indirekte vertikale Integration angestrebt werde.[14]

"On the other hand, the evidence that franchise systems move toward vertical integration as they mature suggests a dynamic relation in which franchising ultimately facilitates vertical integration."[15]

Durch eine Startphase mit der Vergabe von Franchisen und der dadurch erlangten Finanzausstattung wäre ein Hersteller eines dem Wettbewerb überlegenen Produkts oder der Anbieter einer überragenden Dienstleistung in der Lage, seine Geschäftsidee auch gegen die Widerstände der erschwerten Finanzmittelbeschaffung als kleines Unternehmen auf dem Markt zu etablieren.[16]

Bereits Rubin (1978) wies jedoch darauf hin, daß diese Erklärung einen logischen Widerspruch zu den gängigen Finanztheorien bilden könnte und argumentierte wie folgt:

Ein Franchise-Nehmer kann als weitgehend risikoneutral angesehen werden, da er sein gesamtes Vermögen nicht in ein Portfolio von weit gestreuten Unternehmens-beteiligungen, sondern in ein einziges von ihm geführtes Franchise-Unternehmen in-vestiert. Es wird angenommen, daß ein Franchise-Nehmer sich nur dann auf einen Franchise-Vertrag einlassen wird, wenn er in der Lage ist, sich vor Vertragsabschluß einen großen Anteil des Residualeinkommens auszuhandeln. Dies kann zu Unterinvestitionen und damit Ineffizienzen führen.

Ein unvollkommener Kapitalmarkt, der die wirtschaftlichen Chancen einer Geschäftsidee nicht einschätzen kann, zwingt einen Anbieter, der finanzielle Mittel zum Aufbau eines Vertriebsnetzes benötigt, dazu, diese Gelder von unabhängigen Geldgebern zu beschaffen. Dabei gehört es zu den finanzwirtschaftlichen Allgemein-plätzen, daß die Kapitalkosten mit steigendem Risiko zunehmen.

Ein (Franchise-) Unternehmer würde sich deshalb finanziell besser stellen, wenn er an interessierte Anleger Anteile des gesamten Unternehmens verkaufen würde.[17]

---

[14]Wesentliche Gedanken zur vertikalen Integration finden sich unter anderem bei Williamson (1971, 1986), Vernon/Graham (1971), Blair/Kaserman (1980, 1983), Anderson/Weitz (1986) und Grossman/Hart (1986). Kommunikationsaspekte der vertikalen Integration behandelt Arrow (1975).
[15]Caves/Murphy (1976, 584).
[16]Zu praktischen Aspekten der Franchise-Finanzierung: Oehmen/Röhrig (1991).
[17]Damit wäre z. B. die Konstruktion einer Unternehmung mit mehreren Kapitalgebern, im Extremfall der Gang an die Börse und Schaffung einer Aktiengesellschaft, gemeint.

Diese Portfolioanteile stellten dann für den einzelnen Investor aufgrund ihrer Risikostreuung ein weit geringeres Risiko dar als die Investition in ein einziges Geschäftslokal, was den Franchise-Geber in den Verhandlungen vor Vertragsabschluß einen geringeren Anteil am Residualeinkommen kosten würde. Diese Überlegungen können die Kapitalisierungstheorien des Franchising in Frage stellen.[18]

Wenn die Franchise-Nehmer, wie unterstellt, risikoneutrales Verhalten zeigen, könnte ein Franchise-Geber jenen das volle Residualeinkommen überlassen und nach Abschätzung des Kapitalwertes unter Berücksichtigung des Reservationsnutzen des Franchise-Nehmers eine entsprechend hohe Summe als Eintrittsgebühr verlangen (Selling the Store, vgl. Rasmusen 1990, 150). Damit würde sich ein Franchise-Geber mindestens ebenso gut stellen als wenn er selbst die Filialen betreiben würde. Es wäre unter diesen Gesichtspunkten prinzipiell fraglich, wozu der Franchise-Geber überhaupt eine Filialisierung dieser Betriebe anstreben sollte.[19]

Auch einige Praxisbeispiele von franchisierenden Großunternehmen, darunter Beteiligungsunternehmen von Banken, deren Finanzierungsmöglichkeiten nur wenig begrenzt sind, stellen das Finanzierungsargument in Frage.

Brickley/Dark/Weisbach (1991) ermittelten zudem in einer empirischen Untersuchung, daß die Kosten der Franchise-Organisation mit zunehmendem Kapitaleinsatz pro Verkaufseinheit stiegen und deshalb die Tendenz für Franchising mit zunehmendem Kapitalbedarf eher abnehmen würde. Begründet wird dies mit der ineffizienten Risikoverteilung der Investitionen.

2.2.1.2 Mangel an geeigneten Managern

Gute und motivierte Mitarbeiter, insbesondere im leitenden Bereich, sind für die wirtschaftliche Entwicklung von Unternehmen von wesentlicher Bedeutung (vgl. Calvo/Wellisz 1978). Deshalb zahlen Unternehmen häufig höhere als markträumende Löhne (suprakompetitive Löhne), um Mitarbeiter zu selektieren und dauerhaft zu binden. Ein kostenminimierender Lohn, der den markträumenden Lohn

---

[18]Die Überlegungen sind intuitiv klar, wenn unterstellt wird, daß in beiden Formen der Finanzorganisation der gleiche Betriebsgewinn erwartet werden kann. Jedoch wurde dem Autor von Franchise-Praktikern bestätigt, daß die Betriebsergebnisse von franchisierten Betrieben signifikant besser seien als die von Filialbetrieben. Hier könnte der Finanzierungsaspekt des Franchising ausschlaggebend sein, wenn die Eintrittsgebühr individuell für Franchise-Nehmer angemessen zur Höhe des abdiskontierten erwarteten Gewinns festgesetzt werden kann. Die Gründe für Franchising beruhen dann jedoch nicht primär auf dem Finanzierungsaspekt, sondern auf einer effizienteren Produktionsfunktion der Franchising-Systeme.
[19]Eine teilweise Filialisierung eines Franchise-Systems kann sinnvoll sein, wenn die potentiellen Franchise-Nehmer nicht bereit sind, für unterschiedlich ertragreiche Franchise-Geschäftslokale eine entsprechend ausreichend hohe Eintrittsgebühr zu zahlen. Hier könnte es sich unter Umständen für den Franchise-Geber lohnen, diese vom Franchising auszuklammern und selbst zu betreiben.

übersteigt, wird als Effizienzlohn bezeichnet. Kubon-Gilke (1990) unterscheidet die Effizienzlohnmodelle der neoklassischen Tradition, z. B. Fluktuationsmodelle (vgl. Schlicht 1978), adverse Selektionsmodelle (vgl. Weiss 1980) und Shirking-Modelle (vgl. Shapiro-Stiglitz 1984) von soziologischen und psychologisch fundierten Effizienzlohnmodellen. Wenn es gelingt, durch eine institutionelle Vertragskonstruktion die Effizienzlöhne von Mitarbeitern zu minimieren, ergeben sich Effizienzgewinne. Diese Idee verfolgt Dnes, der versucht, mit Hilfe von Fallstudien seine Theorie zu erhärten (1992a).

Hohe Fluktuation in einigen Branchen und eine nur geringe Anreizsituation für angestellte Filialleiter führte zu der Annahme, daß Franchising dazu beitragen könnte, geeignete Manager zu finden und langfristig an ein Unternehmen zu binden. Dabei spielten Profitorientierung und unternehmerisches Denken eine große Rolle. Es wird implizit unterstellt, daß Individuen sich bezüglich ihrer unternehmerischen Eignung unterscheiden. Dnes (1992a, b) weist aufgrund dieser Annahme mit Nachdruck auf die strategischen Screening-Funktionen des Franchising hin.

In der Praxis scheint die Nachfrage nach Franchisen höher zu sein als das Angebot, so daß es vielfach möglich ist, Franchise-Nehmer aus einer größeren Anzahl von Bewerbern auszuwählen.

Einige Franchise-Ketten gehen deshalb bei der Auswahl von zukünftigen Franchisees systematisch nach selbsterstellten Franchise-Nehmer-Idealprofilen vor. Anhand dieser Schemata werden aus einer großen Anzahl von Bewerbern die "optimalen" Bewerber ausgewählt (vgl. Skaupy 1987). Gewünscht werden meist nicht Kapitalanleger, sondern mitarbeitende Unternehmer, die sich aktiv für die gewinnmaximierenden Belange des Systems einsetzen.[20]

Hier zeigt sich ein klassisches Selektionsproblem, das zu lösen auf verschiedene Art und Weise angegangen werden kann.[21]

Der Franchise-Geber könnte beispielsweise die Auswahl der Franchise-Nehmer als eine Art Auktion organisieren, in der die Franchise an einen Bieter mit der höchsten Zahlungsbereitschaft aus einer relativ großen Anzahl von Mit-Bietern ausgesucht werden kann. Die Standardtheorien zur Auktion (vgl. u. a. Mc Afee/McMillan 1987, Milgrom 1987, Laffont/Tirole 1987, 1991) besagen, daß es sinnvoll ist, potentielle Franchise-Nehmer dazu zu bringen, den wahren Wert der Franchise zu bieten (Revelation Principle). Es existieren eine Reihe von einfacheren oder

---

[20]So haben beispielsweise englische Franchise-Geber ein Franchise-Nehmer Idealprofil erstellt: 39-45 Jahre, verheiratet, 2 Kinder, erfolgreiche Karriere im "Middle Management", enttäuscht über das Fehlen beruflicher Aussichten und die Geschäftspolitik seines derzeitigen Arbeitgebers, darauf versessen, sein eigener Herr zu sein, von seiner Familie unterstützt, keine Branchenerfahrung, geregelte finanzielle Lage und ausreichend Vermögen durch sein Haus, das er beleihen kann (vgl. u. a. Skaupy 1987, 93).

[21]Vgl. hierzu Kubon-Gilke (1990, 31, 48-52) und die angegebene Literatur, beispielsweise Weiss (1980), Guasch/Weiss (1981), Allen (1982), Coyte (1984).

komplizierteren Mechanismen, die geeignet sind, unter dieser Prämisse Auktionen durchzuführen. Vor allem solle versucht werden, Adverse Selection und die daraus erwachsenden Ineffizienzen zu vermeiden.[22]

Die Auswahl von Bewerbern mittels einer Auktion wird oft bei der Vergabe von "natürlichen Monopolen" eingesetzt, ist aber im Franchising unüblich. Demnach muß die Auswahl der Franchise-Nehmer auf andere Art erfolgen.[23]

Selektion durch spezifische Investitionen und Mietkontrollen

Sehr oft zwingt ein Franchise-Vertrag den Franchise-Nehmer, Investitionen zu tätigen, die sich ausschließlich für die Ausübung von Tätigkeiten im Rahmen der Franchise nutzen lassen. Solche Investitionen versetzen den Investor nach Vertragsabschluß in ein Abhängigkeitsverhältnis, vor allem dann, wenn der Franchise-Geber in der Lage ist, das Geschäftsverhältnis zu dominieren. Wenn es gelingt, diejenigen zu selektieren, die sich auf eine solche von Opportunismus bedrohte Situation einlassen, wären in ausreichendem Maße Einflußmöglichkeiten auf deren Tätigkeit gegeben. Derartige Konstellationen können vor allem dann entstehen, wenn Miet- oder Kreditverträge mit Franchise-Verträgen gekoppelt werden (Interlinkages). Im Fall, daß der Franchise-Nehmer eine Immobilie vom Franchise-Geber anmietet und in die Einrichtung investiert, wird er beim Scheitern des Franchise-Vertrages auch dadurch bedroht, daß er die Nutzungsmöglichkeiten seiner Investition verliert. Gleiches gilt für die Kopplung von Franchise-Verträgen mit Kreditverträgen. Durch den psychischen Druck bei der Beleihung seines Eigentums (z. B. seiner Immobilie) für spezifische Investitionen verringert sich die Wahrscheinlichkeit, daß er sich fahrlässig verhält und damit seine Existenz als Franchise-Nehmer gefährdet. Dadurch werden Screening-Effekte hervorgerufen, d. h. Partner, die sich solchen Bedingungen unterwerfen, können zu überdurchschnittlichen Leistungen motiviert sein.[24]

"This suggests that franchise-specific assets have ex-ante screening functions: they help franchisors to select franchisees with specific qualities."[25]

---

[22]Zum "Revelation Principle" und dem Gestalten von effizienten Mechanismen insb. im Zusammenhang mit Prinzipal-Agent Problemen zusammenfassend Kreps (1990a, 661-719).

[23]Zu Problemen, die sich bei der Versteigerung eines "natürlichen Monopols" ergeben können, äußerte sich z. B. Williamson (1976).

[24]Gleichzeitig wird Adverse Selektion vermieden (vgl. Weiss 1980, Stiglitz/Weiss 1981).

[25]Dnes (1992b, 495).

Prinzipiell bleibt dabei die Frage offen, was die Attraktivität einer Franchise verursacht, die sich so offensichtlich in den langen Bewerberlisten zeigt. Möglicherweise sind die Eintrittsgebühren und sonstigen Forderungen nicht markträumend. Dies bedeutet einerseits, daß die Franchise-Nehmer höhere Gewinnchancen erhalten, andererseits, daß Franchise-Geber auf Ertrag verzichten. Theoretisch könnte der Verzicht auf den markträumenden Preis durch Kostenvorteile infolge eines erfolgreichen Selektionsprozesses überkompensiert werden, es wäre jedoch fraglich, ob nicht kostengünstigere Mechanismen zur Selektion eingesetzt werden können.

Durch Franchising läßt sich auch die Fluktuation von Mitarbeitern senken. Während ein konventionelles Arbeits- oder Angestelltenverhältnis relativ kurzfristig gelöst werden kann, besteht ein Franchise-Vertrag über eine mittelfristige Laufzeit mit der Möglichkeit, nach Laufzeitende zu verlängern. Dadurch erhöht sich die Rentabilität einer Ausbildung, und es entsteht Planungssicherheit bezüglich der Nutzung der durch die Franchise-Nehmer getätigten Investitionen.

Trotzdem werden die Verhandlungspartner um des Vertrages willen nicht über längere Zeit gegen ihre wirtschaftlichen Interessen handeln.

Die Screening-Theorien, die für das Franchising sprechen, sind auf den ersten Blick einleuchtend. Jedoch darf nicht übersehen werden, daß bei rationalem Verhalten der Vertragspartner eine monetäre Kompensation des Risikos und der höheren Leistungsbereitschaft erforderlich wird. Dadurch können entscheidende Auswirkungen auf die Effizienz der Vertragsgestaltung entstehen.

Selektion und persönliche Handhabe gegen Arbeitnehmer läßt sich zudem durch bestimmte Mechanismen, auch außerhalb einer Franchise, nachbilden.[26]

Die Bindung von (leitenden) Mitarbeitern an die Unternehmung kann beispielsweise durch hohes Gehalt, Senioritätsentlohnung, betriebliche Sonderleistungen wie Betriebswagen, Dienstwohnungen und andere Statussymbole wie z. B. die Vergabe besonderer Kompetenzen und Machtbefugnisse verstärkt werden (hierzu z. B. Eaton/White 1982, Eaton/White 1983, Holmström/i Costa 1986).

Ein weiterer Kritikpunkt wäre, zu fragen, ob sich die Kandidaten, die sich den Anforderungen eines Franchise-Vertrages freiwillig unterwerfen, tatsächlich die unternehmerische Kompetenz und Motivation besitzen und gleichzeitig die Geduld, sich einem schematisierten Konzept des Franchise-Gebers zu fügen.

Hier liegt offensichtlich ein konfliktträchtiger Punkt der Partnerschaft.

Deshalb erscheinen die theoretischen Argumente, die sich lediglich auf Kapitalknappheit und Mangel an "unternehmerischen" Mitarbeitern berufen, ohne

---

[26]Selbst bei relativ schweren und von hoher Fluktuation bedrohten Tätigkeiten kann ein Unternehmen Anreizstrukturen entwerfen, die die Fluktuation der Angestellten gering halten (vgl. hierzu Abschnitt 3.4.4).

die Einbettung in ein theoretisches Gesamtkonzept allein nicht aussagekräftig genug zu sein.

2.2.2 Effizienzargumente

Die theoretische Institutionenanalyse läßt sich global in Monopol- und Effizienzansätze unterteilen. Beide Arten der Interpretation beschäftigen sich mit der Frage, warum die klassische Form des Markttausches durch komplexere Formen der Organisation ersetzt wird. Die Monopolansätze begründen diese Abweichungen mit dem Ziel von Unternehmen, Monopolrenten anzustreben, während Effizienzansätze komparative Vorteile einer institutionellen Regelung betrachten.[27]

2.2.2.1 Agency Aspekte

Es ist unbestritten, daß durch Arbeitsteilung effizientere Ergebnisse erzielt werden können (vgl. z. B. Smith 1990 (1789), Penrose 1959, Alchian/Demsetz 1972, Alchian/Woodward 1987). Die Spezialisierung von Humanressourcen auf definierte Aufgabenbereiche kann auch innerhalb einer Organisation zu Effizienzsteigerungen beitragen.

So wäre es für eine überregional operierende Verkaufsorganisation besser, landes- oder weltweite Marktforschung, Werbung, Produktforschung, -entwicklung und Schulung besser von zentraler, vom Tagesgeschäft entkoppelter Stelle aus durchzuführen. Dagegen lassen sich, was empirisch bestätigt wurde (vgl. Norton 1988a), Routinetätigkeiten, die besondere Sorgfalt und hohen persönlichen Einsatz erfordern, effizienter in kleinen, untergeordneten Einheiten vor Ort realisieren. Insbesondere der Bedarf an räumlich weit gestreuten Vertriebsstellen, wie ihn eine landesweite Distribution bestimmter Güter oder Dienstleistungen verlangt, kann weit gestreute Verkaufseinheiten vor Ort erforderlich machen. Damit ergibt sich als ein wesentliches Problem die Kontrolle der weit verstreuten Verkaufseinheiten (vgl. Norton 1988b).

Lösungsansätze für Kontrollprobleme bei asymmetrischer Information sind ein Teil der Agency Theorie. Die einschlägige Literatur ist mittlerweile so umfangreich, daß an dieser Stelle nur ein kleiner Überblick gegeben werden kann. Ausführlichere Darstellungen der von Ross (1973), Jensen/Meckling (1976), Holmström (1979), Shavell (1979) und Fama (1980) begründeten Theorie mit umfangreichen

---

[27]Vgl. beispielsweise Binger/Hoffman (1989); Standardtexte zur neueren institutionsorientierten Theorie der Unternehmung sind beispielsweise Holmström/Tirole (1989), Eggertsson (1989); in vereinfachter Form Tirole (1989) und Milgrom/Roberts (1992).

Literaturhinweisen finden sich unter anderem bei Bamberg/Spremann (1987), MacDonald (1984), Pratt/Zeckhauser (1985), insb. Arrow (1985), Rogerson (1985), Hey/Lambert (1987), insb. Rees (1987), Stiglitz (1987b), Neus (1989), Holmström/Milgrom (1990), Rasmusen (1990).

Prinzipal-Agent-Modelle haben sich in der ökonomischen Theorie der Unsicherheit als eigenständiger Theoriezweig etabliert. Es werden zwei Parteien von Wirtschaftssubjekten betrachtet: Ein Entscheidungsträger mit niedrigem Informationsstand, der Prinzipal, und ein Entscheidungsträger mit hohem Informationsstand, der Agent.

In der Agency-Theorie werden die Beziehungen zwischen den beiden Parteien untersucht. Der Prinzipal versucht, den Agenten durch vertraglich festgelegte Kompensationsmechanismen so zu motivieren, daß das für beide Seiten relevante, lediglich vom Agenten beeinflußbare wirtschaftliche Ergebnis zugunsten des Prinzipals maximiert wird.

Es existieren in der Realität eine Vielzahl von Prinzipal-Agent-Beziehungen, z. B. zwischen Unternehmern und Angestellten, zwischen Landbesitzern und Pächtern und auch zwischen Franchise-Gebern und -Nehmern.

Institutionelle oder kontraktorientierte Lösungen des Agency-Problems können sich im Vergleich zu etablierten institutionellen Konstruktionen als Pareto-superior erweisen und sich deshalb möglicherweise langfristig gegenüber diesen durchsetzen. Die Überlegenheit einer Organisationsform gegenüber einer anderen äußert sich in niedrigeren Durchschnittskosten der produzierten Produkte. Dadurch entstehen entweder höhere Gewinne auf der Anbieterseite oder niedrigere Kosten auf der Nachfragerseite. Aufgrund dessen besteht die Tendenz, daß derartige Organisationsformen die ihr unterlegenen Alternativen langfristig verdrängen werden.[28]

So wird oft ein Effizienzvorsprung des Franchising von der Annahme hergeleitet, daß Franchising die Prinzipal-Agent-Problematik effizienter als alternative Organisationsformen bewältigen könne.

Außerdem ließen sich durch sinnvolle spezialisierte Arbeitsteilung Effizienzgewinne aus den unterschiedlichen Kostenstrukturen bei Franchise-Geber und Franchise-Nehmer für verschiedene spezialisierte Aufgaben erzielen (vgl. Caves/Murphy 1976, Rubin 1978, Brickley/Dark 1987, Martin 1988, Schmidt 1990,

---

[28]Adam Smith verweist darauf, daß die Sklaverei deshalb verschwunden sei, weil sie Effizienznachteile gegenüber dem freien Unternehmertum gehabt habe. Während ein freier Unternehmer sich um die Sicherung seines Unterhaltes selbst bemühen muß, wurde der Lebensunterhalt von Sklaven schon aus Gründen der Erhaltung der Leistungsfähigkeit von den Herren gezahlt. Aus dieser unterschiedlichen Anreizsituation läßt sich nach Smith eine divergente Arbeitsmotivation herleiten. Auch die Androhung von Strafen habe nicht wesentlich zur Steigerung der Arbeitsleistung beigetragen (vgl. Smith 1990 (1789), 318-320).

Brickley/Dark/Weisbach 1991). Die entstehende Aufgabenteilung würde zu Pareto-verbesserten Ergebnissen führen, wobei über die Aufteilung des Überschusses jedoch nichts ausgesagt werden kann.

Prinzipal-Agent-Analysen lassen sich erstens in Fälle, in denen Aktionen des Agenten nicht vom Prinzipal beobachtet werden können (Hidden Action), zweitens in Fälle, in denen die Aktionen des Agenten zwar beobachtet werden, nicht aber die Umweltzustände (Hidden Information), unter denen sie stattfinden, und drittens in die Situation unterteilen, daß sowohl Umweltzustände als auch Handlungen des Agenten nicht beobachtbar sind. Im letzten Fall (Hold Up-Problem) kann der Prinzipal, der an den mit dem Agenten geschlossenen Vertrag gebunden ist, ein für sich nachteiliges Verhalten des Agenten zwar ex post identifizieren, jedoch nicht (mehr) verhindern oder sanktionieren. Für alle Fälle, in denen dem Prinzipal die Umweltzustände, unter denen der Agent arbeitet, nicht bekannt sind, müssen Kontrakte entworfen werden, die dem Agenten Anreize für korrekte Informationsübermittlung geben (Revelation Principle). Dadurch erhält der Prinzipal die Möglichkeit, angemessene Aktionen zu ergreifen.

Im Beispiel Franchising könnte sich ein Prinzipal-Agent-Problem wie folgt darstellen:

Der Franchise-Geber strebt die Maximierung seines Umsatzes und damit seines Gewinns an, die Aufgabe des Franchise-Nehmers soll darin bestehen, möglichst hohe Umsätze in seinem Verkaufsgebiet zu erzielen. Der Umsatz im einzelnen Verkaufsgebiet sei von einem unabhängigen Zufallsparameter (vielleicht dem Durchschnittseinkommen der Konsumenten in diesem Bezirk) und seiner Arbeitsanstrengung abhängig. Die Aktivität des Agenten hat externe Effekte auf den Gewinn des Prinzipals, da dieser vom Erfolg des Franchise-Nehmers profitiert.

Im einfachsten Modell wird angenommen, daß der Franchise-Geber ex ante weder den Umweltzustand noch die Arbeitsanstrengung des vollkommen risikoneutralen Agenten beobachten kann. Die einzige Möglichkeit der Beobachtung liegt in der Bewertung des Umsatzerlöses des Agenten. Der Franchise-Geber wird einen gewinnmaximierenden Vertrag entwerfen, der dem Franchise-Nehmer Anreize bietet, sich den Umweltgegebenheiten entsprechend optimal zugunsten der Interessen des Prinzipals einzusetzen. Dabei berechnet sich der Nutzen des Agenten aus seinem zu erwartenden Einkommen abzüglich des Nutzenentgangs durch "Arbeitsleid" (Disutility of Effort). Ein rationaler Franchise-Nehmer wird den Vertrag nur dann akzeptieren, wenn der erwartete Nutzen größer oder zumindest gleich seinem Reservationsnutzen sein wird. Dies ist gleichzeitig die Nebenbedingung für die Maximierungsfunktion des Prinzipals. Wird der Vertrag akzeptiert, beginnt der Agent seinen "Job", andernfalls geschieht nichts. Bei Annahme des Vertrages lernt der Agent (Franchise-Nehmer) seinen Umweltzustand kennen und wird seinen nach subjektiver Einschätzung von Umweltzustand und Vertrag optimalen Arbeitseinsatz erbringen.[29]

In einem solch einfach strukturierten Modell kann die effiziente Entlohnungsregel leicht gefunden werden. Dem Franchise-Nehmer wird das volle Residualeinkommen abzüglich einer konstanten Gebühr zugesprochen. Diese Eintrittsgebühr oder Franchise Fee wird vom Franchise-Geber (Prinzipal) so bemessen, daß der Franchise-Nehmer gerade seinen Reservationsnutzen erhält. Ein solcher Vertrag wäre Pareto-effizient (First Best-Vertrag), da der Agent in vollem Umfang von einer Steigerung seines Arbeitseinsatzes profitiert und deshalb den jedem Umweltzustand angemessenen Arbeitseinsatz erbringt. Dieses Verhalten maximiert den zu erwartenden Gesamtgewinn. Als Ergebnis überläßt der Prinzipal dem Agenten ein Einkommen, das dessen Reservationsnutzen entspricht, und behält den Überschuß.

Ein solcher Kontrakt wird dann zustandekommen, wenn der Prinzipal einen "Take-It-Or-Leave-It"-Vertrag anbieten kann und dieser vom Agenten akzeptiert wird.[30] Dieses klassische vereinfachte Prinzipal-Agent-Modell kann eine Vielzahl von Erweiterungen erfahren.

Die Entlohnungsregeln der erweiterten Modelle

Wie sich zeigt, wird dieses vereinfachte Entlohnungsschema im Franchising nicht verwendet. Stattdessen zahlt der Franchise-Nehmer an den Franchise-Geber in der Regel fixe und umsatzvariable Beiträge. Zu diesem Phänomen gibt es zahlreiche Hypothesen.

Wird beispielsweise die Restriktion der Risikoneutralität des Agenten aufgehoben, so ergeben sich eine Vielzahl neuer Erkenntnisse aus diesem Modell (vgl. Holmström 1979). Es entstehen neue Vertragsvariationen, die für den Franchise-Nehmer Anreiz-wirkungen beinhalten und beide Verhandlungspartner so gut wie möglich stellen sollten. Allerdings, dies sei an dieser Stelle bereits angedeutet, kann das First Best Ergebnis nicht mehr bzw. nur im Grenzfall erreicht werden, da die Anreizwirkungen des Vertrages für eine effiziente Wahl der Anstrengung des Agenten nicht mehr so

---

[29]Es ergibt sich analytisch ein doppeltes Maximierungsproblem, da sowohl Prinzipal als auch Agent die jeweilige Nutzenfunktion maximieren wollen. In der Literatur wird dieses Problem dadurch gelöst, daß anstelle der Maximierungsfunktion die Maximierungsbedingung (First-Order-Condition) des Agenten in die Lagrange-Gleichung des Franchise-Gebers eingesetzt wird (vgl. Karmann 1992). Zu Möglichkeiten und Grenzen des "First-Order-Approach" vgl. Rogerson (1985).

[30]Im Fall des risikoneutralen Prinzipals und des risikoaversen Agenten wäre es optimal, daß der Prinzipal den Agenten versichert, d. h. eine feste Entlohnung zahlt. Dann jedoch würde der Agent nur einen minimalen Einsatz bringen, da jede Erhöhung seiner Anstrengung zu einer Reduktion seines Nutzens führen würde.

hoch sind. Zum Beispiel würde es zu einem Second Best Ergebnis führen, wenn das Residualeinkommen nach dem Grad der Risikoneigung verteilt würde.[31,32] Ein Pareto-effizienter Vertrag wird nur im Grenzfall eines vollkommen risikoneutralen Agenten zustandekommen. In den meisten Anwendungen wird hiervon nicht ausgegangen. Schmidt (1990) führt die Entlohnungsregelung im Franchising auf die unterschiedlichen Zukunftserwartungen beider Parteien zurück. Er versucht zu zeigen, daß eine beiderseitige Risikoteilung mit zunehmender Risikoaversion des Agenten für beide Seiten vorteilhaft sein kann.

Diese Konstellation wird nicht generell zu einer allgemeinen Wohlfahrtssteigerung beitragen.[33] In einigen Prinzipal-Agent-Modellen erhält der Prinzipal ein Signal, anhand dessen er die Anstrengungen des Agenten beurteilen kann. Dieses Signal könnte z. B. aus der Summe aus Anstrengungsniveau und einer Umweltvariablen sowie einer Zufallsvariablen bestehen. Dadurch besteht für ihn die Möglichkeit, über die reine ex post Performance-Messung hinaus Informationen über das Anstrengungsniveau des Agenten zu erhalten.

Je mehr zuverlässige Informationen aus dem Signal und der Erfolgsrechnung des Agenten zugänglich werden, desto wirkungsvoller kann ein ex ante zu formulierendes Entlohnungsschema entworfen werden.

Besondere Bedeutung gewinnt diese Erkenntnis, wenn das Ursprungsmodell erweitert wird, beispielsweise mehrere Agenten für einen Prinzipal tätig werden. Diese Konstellation entspricht den meisten Überordnungsverhältnissen in der Praxis. So können im Falle des Franchising, bzw. der Unternehmung Prinzipal-Agent-Probleme auf zwei Ebenen auftreten: a) zwischen Franchise-Geber und Franchise-Nehmern (Franchise) bzw. zwischen Eigentümer und Vertriebsstellenleitern (Filialunternehmung) und b) zwischen Franchise-Nehmer und Angestellten bzw. zwischen Verkaufsstellenleiter und den Verkaufsangestellten.

Da die Franchise in der Regel an mehrere Franchise-Nehmer vergeben wird, könnte Franchising auch als ein System eines Prinzipals mit mehreren Agenten modelliert werden. Zur Beurteilung eines einzelnen Agenten könnten Durchschnittserfolg oder

---

[31]Die Pareto-Ineffizienzen beruhen nicht nur auf der Risikoneigung der Vertragsparteien sondern sind z. T. auch auf die unterschiedlichen marginalen Substitutionsraten von Anstrengung und Entlohnung zurückzuführen.
[32]Zum Maß der Risikoaversion vgl. Pratt (1964).
[33]Das geamtwohlfahrtlich inferiore Ergebnis wäre unter Effizienzgesichtspunkten nicht aufrechtzuerhalten. Die Argumentation im Kontext dieses speziellen Modells benötigt daher die Annahme, daß die Gewinne aus einer monopolartig organisierten Branche Anreize zum Aufrechterhalten dieser Organisationsform liefern.

-anstrengungen aller Agenten herangezogen werden (vgl. u. a. Holmström 1982, Mookherjee 1984, Demski/Sappington 1989, O´Keeffe/Viscusi/ Zeckhauser 1982). Eine gute statistische Korrelation der Signale mit der Anstrengung der Agenten führt zu einer Verbesserung des Vertragsergebnisses. Bei perfekter Korrelation der Signale kann mit entsprechender Vertragsgestaltung das Pareto-effiziente Ergebnis symmetrischer Information wieder erreicht werden (Perfect Monitoring).

Aus Modellen, in denen mehrere Agenten für einen Prinzipal tätig sind (vgl. Holmström/Milgrom 1990, Nalebuff/Stiglitz 1983a, Nalebuff/Stiglitz 1983b, Green/Stokey 1983, Lazear/Rosen 1981), lassen sich aufschlußreiche Erkenntnisse gewinnen. Dabei ermittelten Nalebuff und Stiglitz, daß im Fall von zwei Agenten eine Kombination aus individueller und in Bezug auf die Leistung des anderen Agenten relativer Entlohnung gute Ergebnisse liefert.

In der umfangreichen Literatur zu Prinzipal-Agent-Modellen mit mehreren Agenten (Tournaments), erscheinen auf den ersten Blick die Lösungen als vorteilhaft, in denen der Gewinner des Wettstreits unter den Agenten den maximal möglichen Gewinn erzielen kann, während die anderen wenig oder nichts erhalten.
Die genaue Betrachtung unter Einbeziehung psychologischer Erkenntnisse zeigt jedoch, daß es unter Umständen besser sein kann, anstatt Belohnungen für den Erfolgreichsten Strafen für den Schlechtesten anzudrohen. Das Kalkül der Agenten wäre dann wie folgt:
Je größer die Anzahl der Agenten, desto unwahrscheinlicher wird es, der Beste zu sein. Deshalb stellen sich die Agenten auf die veränderte Situation ein und reduzieren ihre Anstrengung auf ein Mindestmaß, insbesondere dann, wenn der Gewinnanreiz klein ist. Das Drohen mit einer unverhältnismäßig harten Strafe für den Fall, daß der Agent unterdurchschnittliche Leistungen erbringt, obwohl die Umweltvoraussetzungen günstig gewesen wären, kann die Situation grundlegend ändern.[34]

Leistungsanreize durch den Franchise-Geber dürften für die Motivation von Franchise-Nehmern nicht die entscheidende Rolle spielen (vgl. Maas 1990), da diese durch ihre Selbständigkeit genug Anreize besitzen, ausreichend hohe Umsätze zu erwirtschaften. Viel wichtiger für die Franchise-Geber wäre die Tatsache, daß die für die Franchise-Kette maßgeblichen Qualitätsstandards eingehalten werden. Es dürfen vom Franchise-Geber gesetzte Qualitäts- und Servicenormen nicht verletzt werden.

---

[34]Aus psychologischer Sicht scheinen jedoch Leistungsanreize in positiver Form mehr zur intrinsischen Motivation der Agenten beizutragen als die Androhung von Strafen (vgl. Kubon-Gilke 1990).

Aufgrund der Beteiligung des Franchise-Gebers am System wirkt sich ein Fehlverhalten von Franchise-Nehmern direkt auf die Gewinnsituation des Franchise-Gebers aus (vertikale externe Effekte). Zuwiderhandlungen eines Franchise-Nehmers gegen die entscheidenden Qualitätsnormen sollten im rationalen Kalkül des Franchise-Gebers deshalb harte Sanktionen zur Folge haben.[35]

Weitere Überlegungen zur Entlohnungsregelung im Franchising

Die außergewöhnliche Entgeltregelung im Franchising stellt eine Herausforderung an die Theorie dar und wurde in der Literatur ausführlich diskutiert.

Schmidt (1990) beispielsweise entwickelt ein Modell monopolistischen Wettbewerbs, bei dem die variable Franchise-Gebühr so ermittelt wird, daß ein Gewinngleichgewicht unter den Franchise-Nehmern entsteht und nicht im Preiskampf um die Kunden mögliche Gewinnchancen verspielt werden.

Rubin (1978) wies beim Franchising auf die zweiseitige Moral Hazard-Situation hin. Mit einer effizienten Anreizregelung, die den Trade-Off zwischen Risikoverteilung und Moral Hazard-Verhalten beseitigt, kann bewirkt werden, daß beide Parteien sich für ein gemeinsames Ziel einsetzen.

Mathewson und Winter (1985) untersuchen die Gründe für die Gewinnaufteilung von Franchise-Geber und Franchise-Nehmer in einem Prinzipal-Agent-Ansatz mit Hidden Information und Hidden Action Aspekten. Ein (langfristiger) Franchise-Vertrag kann von Natur aus nicht vollständig sein, da er nicht alle notwendigen Parameter erfassen kann, die in der Zukunft relevant werden. So besteht die Aufgabenteilung einer Franchise darin, daß der Franchise-Geber ein Markenzeichen und Ausbildungsprogramme zur Verfügung stellt und sich das Recht vorbehält, den Franchise-Vertrag zu lösen, wenn ein Fehlverhalten des Franchise-Nehmers vorliegt. Dafür zahlt dieser eine fixe und eine umsatzabhängige Gebühr und zeichnet sich dafür verantwortlich, daß die Qualitätsstandards des Franchise-Gebers eingehalten werden. Der Franchise-Geber ist in der Pflicht, einen Vertrag zu entwerfen, der die richtigen Anreize für die Franchise-Nehmer setzt, auch wenn es ihm selbst nicht möglich ist, die Nachfragesituation zu beurteilen. Mathewson und Winter ermitteln, wie Rubin (1978), als First Best Vertrag einen Vertrag, in dem der Franchise-Geber die Franchise gegen eine festgesetzte Gebühr vergeben kann. Dies sei aus verschiedenen Gründen nicht möglich. Sie unterstellen zunächst das begrenzte Vermögen der Franchise-Nehmer als einen Grund dafür. Diese Annahme wird in der Weiterentwicklung des Modells abgeschwächt. Nach Ansicht der Autoren muß das Anfangsvermögen eines Franchise-Nehmers vor Vertragsabschluß so gering sein,

---

[35]Stiglitz/Weiss (1983) diskutieren allgemein die ökonomischen Folgen von Vertragsbeendigungen.

daß zwar Sunk Costs für spezifische Investitionen und die Eintrittsgebühr anfallen, der Franchisee aber in seinem Handeln eher durch Gewinnerwartungen geleitet als durch Strafe bedroht ist (Mathewson/Winter 1985, 511).

Als Ergebnis des Modells läßt sich zeigen, daß der Franchisor eine Vertragskonstruktion wählt, für die in der besseren Umweltsituation der Arbeits-einsatz des Franchise-Nehmers effizient ist, was zur Folge hat, daß er in der schlechteren Umweltsituation unteroptimal sein wird.

Der Franchise-Geber optimiert unter diesen Voraussetzungen seinen Werbeaufwand und seine Kontrollaufwendungen. Zudem besitzt der Franchise-Geber Möglich-keiten, durch die Wahl der variablen Gebühr den Franchise-Nehmer zur wahrheitsgemäßen Offenlegung (Revelation) der Umweltsituation zu bringen.

Die Auflösung der restriktiven Bedingung eines beschränkten Vermögens der Franchise-Nehmer erlaubt es, Aspekte des "Bonding" (Unterpfandmodelle vgl. Williamson 1983, 1990) zu betrachten. Dadurch könne das vertikale Externalitätenproblem effizient gelöst werden. Dnes (1992a) bezweifelt letztere Aussage und untermauert seine These mit empirischen Untersuchungen und Fallstudien.

Rubin (1978) und Blair/Kaserman (1982) vermuten, daß die Eintrittsgebühr zu Beginn der Vertragshandlungen nicht den vollen Kapitalwert einer Franchise darstellten, sondern auch die späteren umsatzabhängigen Zahlungen zur Abgeltung des Kapitalwertes der Franchise dienen können. Damit sei umgekehrt auch ein Anreiz für den Franchise-Geber zur Weiterentwicklung des Systems gegeben.

Die Idee, daß Franchising eine effiziente Lösung der Prinzipal-Agent-Problematik darstellen kann, ist in der Literatur ein vielzitierter Grund für die Existenz des Franchising (vgl. u. a. Mathewson/Winter 1985, Blair/Kaserman 1982, Norton 1988a). Jedoch stellt sich die Frage, inwieweit Franchising als Institution notwendig ist, um allgemeine Anreizelemente zu implementieren. Der entscheidende Punkt hierbei wäre, sich auf Merkmale zu konzentrieren, die franchise-typisch sind. Dazu gehören in erster Linie die lange Vertragsdauer und die Besonderheit, daß der Franchise-Nehmer Eigentum an Schutzrechten und Produktionsmitteln erwirbt.

Kompensation von Konjunkturschwankungen durch langfristige Verträge

Eine Gattung von Untersuchungen zu Prinzipal-Agent-Problemen beschäftigt sich mit der relativ langen Vertragsdauer im Franchising (vgl. Fudenberg/Holmström/ Milgrom 1990). Fudenberg, Holmström und Milgrom untersuchen, wann es effizienter ist, eine Reihe von Kurzzeit-Verträgen - als Beispiel können Heimarbeit,

Stücklohn, Subunternehmertum bzw. einmalige Provisionszahlungen angeführt werden - durch Langzeitverträge zu ersetzen, die ex post nicht veränderbar sind. Unter bestimmten Voraussetzungen, z. B. vernachlässigbarer Verzinsung, Bekanntheit der beiderseitigen Präferenzen, Offenheit verschiedener technologischer Möglichkeiten und für beide Seiten nachvollziehbare Entlohnung usw., kann der Nutzen aus langfristigen Verträgen den aus kurzfristigen Transaktionen übertreffen. In einem langfristigen Vertrag kompensiert der langfristige Gewinn kurzfristige Verluste. Für den Prinzipal bedeutet dies, daß ein effizientes Ergebnis erzielt werden kann. Das kurzfristige Risiko des Agenten wird reduziert, und er kann sein Anstrengungsniveau je nach Umweltsituation effizient wählen.[36]

Die Mehrdimensionalität der Aufgaben

Ein neuerer und sehr bedeutender Beitrag zur Agency-Literatur stammt von Holmström und Milgrom (1991). Die Autoren zeigen, daß allein mit Prinzipal-Agent-Überlegungen ohne Zuhilfenahme anderer Theorien wesentliche ökonomische Phänomene begründet werden können:

1. Fixe Entlohnung trotz guter und objektiver Leistungs-Meßinstrumente und hoher Reagibilität der Agenten auf Anreizentlohnung.
2. Relevanz der Verteilung von Eigentumsrechten auch in einer Umgebung mit nahezu vollkommener Information, in der in Verträgen alle beobachtbaren Variablen eingeschlossen werden und die richterliche Durchsetzungskraft als unendlich groß angesehen werden könnten.

Der wesentliche Punkt der Betrachtungen Holmströms und Milgroms ist, daß ein Prinzipal mehrere Aufgaben an einen oder mehrere Agenten zu vergeben hat, wobei eine Aufgabe auch vielschichtige Dimensionen besitzen kann. Besondere Schwierigkeiten bereiten Situationen mit Hidden Action, wo die Ausführung eines Aufgabenteils oder einer Aufgabe vom Prinzipal nicht beobachtet werden kann. Beispielsweise muß ein Franchise-Nehmer hohe Umsätze tätigen und Gewinne erwirtschaften. Gleichzeitig sollen die Kunden möglichst gut und intensiv beraten werden, wobei die Qualitätsstandards des Systemgebers auf Produkt- und Serviceebene genau einzuhalten sind.

---

[36]Problematisch ist jedoch die effiziente Wahl der "Franchise Fee" in der Praxis. Fudenberg, Holmström und Milgrom (1990) weisen auf die Probleme hin, die in der Planwirtschaft aufgrund ähnlich gelagerter Verträge entstanden sind.
Zu Anreizsituationen mit unvollständigen Informationen und möglichen Neuverhandlungen vgl Hart/Moore (1988).

Die im ursprünglichen Prinzipal-Agent-Modell entwickelte Anreizentlohnung darf nicht nur der Arbeitsmotivation und der effizienten Risikoallokation dienen, sondern muß die Aufmerksamkeit des Agenten in der richtigen Gewichtung auf seine verschiedenen Aufgaben lenken.

Hierbei spielen Eigentumsfragen offensichtlich eine große Rolle. Geht beispielsweise in einer Fabrik die Abnutzung einer Maschine zu Lasten des Unternehmers, wird das Entlohnungsschema so gestaltet werden müssen, daß das Schwergewicht der Entlohnung auf dem fixen Anteil liegt. Geht sie hingegen zu Lasten des Arbeiters, sind eher variable Entlohnungsregelungen zu erwarten.

Grossman und Hart (1986) weisen darauf hin, daß im Versicherungswesen die schwierig und kostenaufwendig zu pflegende Kundenliste meistens dann im Besitz des Versicherungsagenten ist, wenn dieser als Selbständiger arbeitet. Sie gehört bei fest angestellten Vertretern der Versicherungsgesellschaft. Dieser Umstand läßt sich darauf zurückführen, daß die Anstrengung des Agenten vor allem dort einsetzen wird, wo für ihn die stärksten Anreize bestehen. Wenn ein unabhängiger Agent eine Kundenliste besitzt, wird er selbst großes Interesse daran haben, diese zu pflegen, d. h. Altkunden weiter zu betreuen und weniger lukrative Erneuerungsverträge abzuschließen. Hier könnte die Versicherung Anreize auf das Neukundengeschäft verlagern und Prämien für jeden neuen Vertrag aussetzen. Würde sie so handeln, wenn ihr die Liste gehörte, könnte der Agent die zeitaufwendige Altkundenpflege zugunsten von neu Versicherten vernachlässigen, und der alte Kundenbestand ginge nach und nach verloren. Im Angestelltenverhältnis kann die Versicherung als Arbeitgeber den Agenten dazu zwingen, die Kundenliste zu pflegen und mit vergleichsweise geringen Anreizen auch das Neukundengeschäft zu forcieren.

Ein Wertverlust der Kundenliste ist in diesem Beispiel ein im vornherein nicht aushandelbarer Vertragsbestandteil, der durch eine angemessene Anreizkonstellation berücksichtigt werden muß. Ähnliche Überlegungen gelten beispielsweise für Tiefkühl-Verkaufsfahrer, eine Branche, in der Franchising eingesetzt wird.

Beim Aufbau einer Franchise ist es von besonderer Bedeutung, hohe Anreize (High Powered Incentives) auf Anstrengungen bezüglich des Systemaufbaus zu setzen.

Ein weiterer wichtiger Punkt der Analyse von Holmström und Milgrom war, die empirischen Erkenntnisse von Anderson und Schmittlein (1984) theoretisch zu untermauern. Diese hatten im Außendienst der elektrotechnischen Industrie die Tendenz zu Festangestellten festgestellt und damit begründet, daß die Aufgaben, die dort zu bewältigen seien, schwierig zu messen und zu überwachen seien.

Holmström und Milgrom konstruieren in ihrem Modell eine Situation mit zwei Aufgaben, die von einem Agenten zu bearbeiten sind, von denen allerdings nur eine direkt beobachtet und entsprechend honoriert werden kann.

Sie stellten fest, daß das Erkennen von Komplementaritäten in der Kostenfunktion des Agenten bei der Konstruktion von optimalen Anreizen entscheidend sein kann.[37] Die mathematische Analyse läßt auch negative Anreize zu, selbst wenn der Netto-Profit des Prinzipals bei der Ausführung dieser Aufgabe durch den Agenten positiv wäre. Denkbar wäre dies, wenn die Durchführung einer Aufgabe für den Agenten gewinnbringender als eine andere ist und beide Aufgaben substituierbar sind. Dann aber können neue Probleme entstehen. Beispielsweise weicht der Agent auf eine dritte Tätigkeit aus, die sich negativ auf die beiden anderen Aufgaben auswirkt.

An dieser Stelle verweisen Holmström und Milgrom auf die auch in der Transaktionskostentheorie entwickelte Erkenntnis, daß Angestellten in Hierarchien meist niedrige Anreizkomponenten im Lohn angeboten werden, während auf dem Markt meist sehr hohe Anreizkomponenten (High Powered Incentives) zum Einsatz kommen (vgl. Williamson 1990).[38]

Aus dieser Überlegung folgt die Erkenntnis, daß leicht beobachtbare Agenten mehr mit hohen Anreizkomponenten in der Bezahlung motiviert werden sollten als Agenten mit schwer zu beobachtenden Aufgaben.

Insgesamt kann jedoch festgestellt werden, daß der Trend zur vertikalen Integration dort vorherrscht, wo die Risikoaversion der Agenten relativ hoch und die Varianz der Signale bezüglich des Arbeitsergebnisses der Agenten groß sind.

Die Gewinnteilung im Franchising könnte dieser Theorie entsprechen. Während die Tätigkeit des Franchise-Gebers, die als dispositive Tätigkeit schwierig zu kontrollieren ist, tendenziell fix entlohnt wird (Eintrittsgebühr, Mindestgebühren usw.), verändert sich das Einkommen des Franchise-Nehmers (über-)proportional mit schwankendem Umsatz.

---

[37]Aufgaben können komplementär oder substituierbar sein:
1. Sie sind komplementär in der Kostenfunktion des Agenten, d. h. die Durchführung einer Aufgabe ist ohne die Vorleistung einer ersten Aufgabe nicht möglich. Im Beispiel bedeutet dies, daß ohne eine aufwendige Beratungsleistung kein Abschluß zustandekommen wird. Im Bereich des Immobilienverkaufs wäre ein entsprechender Fall zu sehen. Hier müßte der Franchise-Geber nur den erfolgreichen Maklerabschluß mit einer hohen Anreizkomponente ausstatten.
2. Die Aufgaben sind substituierbar, d. h. es ist prinzipiell nicht von Bedeutung, in welcher Reihenfolge und welcher Priorität die Aufgaben erfüllt werden. Bei intensiver Ausführung einer Tätigkeit leidet die zweite. Diese Situation tritt dann ein, wenn kapazitative Beschränkungen zu beachten sind, die z. B. zeitlicher, technischer oder organisatorischer Natur sind. In diesem Fall ergibt sich analytisch, daß die entsprechende Anreizkomponente im Bezahlungssystem zu reduzieren ist, während z. B. der fixe Anteil der Entlohnung erhöht werden kann.
[38]Interessante Ansätze zur Transaktionskostentheorie innerhalb der Theorie der Unternehmung: Williamson (1975, 1979, 1980, 1981, 1983, 1990, 1991), Ouchi (1980), Cheung (1983), Goldberg (1983), Holmström/Tirole (1989), Chandler (1992); im deutschen Sprachraum: Wegehenkel (1981), Michaelis (1985), Picot (1982).

Außerdem befinden sich die wichtigsten Betriebsmittel im Besitz des Franchise-Nehmers, so daß nicht nur eine pflegliche Behandlung gewährleistet ist, sondern auch evtl. anfallende Reparaturkosten nach dem Verursacherprinzip getragen werden müssen.

Dennoch gestaltet es sich schwierig, die Existenz des Franchising ausschließlich mit Hilfe oder aufgrund der Gewinnaufteilungsregelungen zu begründen. Ähnliche Anreizmechanismen werden in Unternehmen eingesetzt (z. B. Provisionszahlungen, Gewinnbeteiligungen, stille Beteiligungen usw.). Beispielsweise ist es in den Vereinigen Staaten üblich, daß in bestimmten Branchen Mitarbeiter Eigentümer von Produktionsmitteln sind.[39]

Die Entgeltregelung wie sie im Franchising anzutreffen ist, scheint Anreize in die richtige Richtung zu setzen, jedoch ist, zumindest mit den Basismodellen der Agency Theorie, die Institution Franchising als solche nicht stichhaltig zu begründen. Ansätze zur Kritik bietet beispielsweise die Tatsache, daß viele Franchise-Systeme sowohl franchisierte als auch filialisierte Einheiten aufrechterhalten und dieses Verhältnis langfristig aufrechterhalten wird. Würde Franchising tatsächlich die vermuteten Effizienzvorteile besitzen, die in der Literatur unterstellt werden, müßten alle Filialen nach und nach verschwinden (vgl. Minkler 1992).

Zudem wäre zu erwarten, daß weiter entfernte Verkaufslokale franchisiert werden und sich die Filialen an näher oder günstiger erreichbar gelegenen Orten finden lassen. Dies läßt sich jedoch empirisch nicht eindeutig bestätigen (vgl. Minkler 1992, anderer Ansicht: Norton 1988a).

Im nächsten Abschnitt werden die wesentlichen Gedanken der Transaktionskostentheorie dargestellt. Dabei wird der Schwerpunkt der Betrachtung insbesondere auf spezifischen Investitionen und Unterpfändern liegen.

---

[39]Facharbeiter im Maschinen- und Werkzeugbau in den USA besitzen einen kompletten transportablen Werkzeugschrank mit allen Meß- und Werkzeugen, die sie für ihre tägliche Arbeit benötigen. Bei einem Arbeitsplatzwechsel wird dieser Schrank an die neue Arbeitsstelle mitgenommen. Für die Einstellung eines Metall-Facharbeiters ist die Ausstattung des Werkzeugschrankes ein wesentliches Qualitätsmerkmal.

2.2.2.2 Transaktionskostenvorteile

Als Begründer der Transaktionskostentheorie gelten Commons (1934) und vor allem Coase (1937). Coase stellte die Frage nach der Natur der Unternehmung und machte die Entscheidung, ob Transaktionen im Umfeld einer Unternehmung oder zwischen selbständigen Marktteilnehmern ausgeführt werden, zur Variablen. Jede wirtschaftliche Transaktion verursacht Kosten, Transaktionskosten. Dazu sind beispielsweise Informationskosten, Kosten, die bei der Verhandlungsführung und der Vertragsschließung bzw. der Vertragsdurchsetzung für jede einzelne Übertragung von Eigentums- und Verfügungsrechten anfallen, zu zählen. Weiterhin gehören hierzu z. B. Kosten des Betreibens von Märkten, Kosten der Verringerung von Marktunsicherheit (z. B. Kosten zur Bestimmung von Qualitäten vgl. Barzel 1982, 1985) usw.

Institutionen und die Verteilung von Eigentumsrechten sind nach Coase (1937, 1960) dann von Bedeutung, wenn mit Transaktionskosten zu rechnen ist.

Zu hohe Koordinationskosten auf Märkten bewirken, daß eine Transaktion innerhalb einer Unternehmung durchgeführt wird; zu hohe Organisationskosten schaffen Anreize, die Transaktion besser auf Märkten durchzuführen.[40]

Williamson begründete die Evolution von Organisationsformen mit Effizienzüberlegungen unter gleichzeitiger Einbeziehung von Transaktions- und Produktionskosten. Er griff Coases Idee auf und entwickelte aus Verhaltensannahmen wie Opportunismus und beschränkter Rationalität sowie Umweltfaktoren wie Unsicherheit und Spezifität (vgl. Alchian 1984) seine Theorie der unterschiedlichen Organisationsformen.[41]

Während Williamson zunächst (1975) noch die strenge Trennung von Markt und Unternehmung untersuchte, erweiterte er seine Sichtweise später (1980, 1981, 1990, 1991) um Kooperationsformen zwischen Markt und Hierarchie.

Williamson erklärte das Versagen von Märkten mit dem Auftreten von Moral Hazard und Problemen der adversen Selektion, die aufgrund der obigen Verhaltensannahmen in einem Umfeld der Unsicherheit entstünden. Diese würden zu hohen Transaktionskosten führen und hätten eine Tendenz zur vertikalen Integration zur Folge. Jedoch geht die vertikale Integration und die Organisation innerhalb einer Unternehmung mit Bürokratiemängeln einher, die Williamson mit menschlichen Wahrnehmungs- und Informationsverarbeitungsdefiziten erklärt. Außerdem würden

---

[40]Die Unterscheidung von Koordinationskosten, Transaktionskosten und Organisationskosten wurde von Bössmann (1983) eingeführt. Koordinationskosten sind der Oberbegriff für Transaktionskosten und Organisationskosten. Transaktionskosten fallen auf Märkten an, Organisationskosten innerhalb einer Unternehmung. Zur Theorie der Unternehmung, inbesondere den "Grenzen der Unternehmung" vgl. Wagner (1994).

[41]Die Verhaltensannahmen wurden zu Recht heftig kritisiert. Vgl. zur Kritik am Ansatz der beschränkten Rationalität Schlicht (1990).

in einem Klima, das von Ehrgeiz und wechselseitiger Kooperation geprägt sei, wesentliche Unternehmensziele aus den Augen verloren (Williamson 1990, 170-175, Jones 1983).

Williamson untersucht die Effizienz von Institutionen, wobei der Vertrag die Basis seiner Überlegungen darstellt (vgl. Aoki/Gustafson/Williamson 1990). Er zeigt an einem Beispiel, wie die Auswirkungen von Opportunismus auf die effiziente Investitionsentscheidung von Zulieferern Einfluß nehmen. Relevant werden die unterstellten Verhaltensannahmen der Individuen vor allem dann, wenn spezifische Investitionen getätigt werden sollen. Transaktionsspezifische Investitionen, beispielsweise in eine spezielle Technologie (z. B. Sondermaschinen), gehen mit Kostenersparnissen einher, dafür reduziert sich die allgemeine Einsatzmöglichkeit der Investition für andere Aufgaben. Eine solche Investition ist in der Regel irreversibel und verursacht deshalb versunkene Kosten, Sunk Costs.[42]

Die monetär bewertete Differenz des Wertes einer Investition im Vergleich zu seiner nächstbesten Verwendung wird als Quasi-Rente bezeichnet (vgl. Klein/Crawford/ Alchian 1978).

Transaktionsspezifische Investitionen gehen mit hohen Quasi-Renten einher, d. h. der Wert einer spezifischen Investition in der für sie vorgesehenen Transaktion ist erheblich höher als der ihrer zweitbesten Verwendung. Dadurch, daß transaktionsspezifische Investitionen oft unterschiedlichen Wert für die eine oder andere Verhandlungspartei (z. B. bei Zulieferer und Abnehmer) besitzen, kann es insofern zu Problemen kommen, daß eine Partei versucht, sich den Wert der Quasi-Rente der anderen Seite in opportunistischer Weise anzueignen. Dies hat zur Folge, daß an sich notwendige und sinnvolle Investitionen unterbleiben.

Als effiziente Vertragsbeziehungen sind letzten Endes diejenigen zu bezeichnen, die es erlauben, die Summe aus Produktionskosten und Transaktionskosten zu mini-mieren. Dabei ergibt sich als Lösung, die hohen Anreize einer Marktlösung mit den Vorteilen von spezifischen Investitionen zu kombinieren, die sich allerdings am besten innerhalb einer Unternehmung absichern lassen. Entscheidend für das Ergebnis der Vertrags- oder Organisationsalternativen außerhalb einer Unternehmung ist daher die Frage, wie die Verhandlungspartner ihre transaktions-spezifischen Investitionen absichern können, damit gewährleistet ist, daß sie auch erfolgen können. Für den Fall, daß ein Unternehmen Überlegungen anstellt, die den Fremdbezug von Teilen betreffen, ergeben sich folgende Alternativen (vgl. Williamson 1990, 196):[43]

---

[42]Der eher "graduelle" Unterschied von versunkenen und fixen Kosten nach Tirole wird an dieser Stelle nicht erörtert (vgl. Tirole 1989, 307-308).
[43]Interessant in diesem Zusammenhang: Monteverde/Teece (1982) und Walker/Weber (1984).

1) Der Käufer erwirbt die spezifischen Anlagegüter und überläßt sie einem Zulieferunternehmen, das den niedrigsten Preis für die Produktion der herzustellenden Güter verlangt.

2) Das Zulieferunternehmen tätigt die spezifischen Investitionen und erhält vom Käufer einen angemessenen Preis für seine Produkte, wenn es den Auftrag erhält, andernfalls erhält es nichts. Der Preis für das Gut wird eine Risikoprämie enthalten müssen.[44]

3) Der Zulieferer tätigt spezifische Investitionen und erhält im Auftragsfall vom Auftraggeber einen kostendeckenden Preis, andernfalls erklärt sich das nachfragende Unternehmen verbindlich bereit, eine Art Entschädigung zu zahlen.

Im Effizienzvergleich dieser drei Vertragsgestaltungen erweist sich das Ergebnis des Vertrags 1 als effiziente Lösung, wenn das Gut tatsächlich zu minimalen Kosten hergestellt und beschafft werden kann. Jedoch stehen dieser Lösung in der Regel große organisatorische Probleme entgegen. Deshalb verbleiben oft nur die Vertragsalternativen 2 und 3. Der Vertragstypus 2 erweist sich als "teure" Lösung, da der Zulieferer in den Preis seiner Güter eine Risikoprämie einkalkulieren wird. Das Vertragsschema 3 wäre dann effizient, wenn Opportunismus ausgeschlossen werden könnte. Ein Mechanismus, der solches instrumentalisieren könnte, wäre nach Williamson der Einsatz von (wechselseitigen) Unterpfändern, die als glaubhafte Zusicherung angesehen werden könnten (vgl. Williamson 1990, 198). Der Vertrag, der zum Ergebnis 3 führt, müßte dem Anbieter eine vollkommene Absicherung seiner Investition bieten und hat deshalb eine niedrigeren Preis als Vertragsalternative 2 zur Folge.

Die oben beschriebenen Überlegungen lassen sich relativ leicht auf die Vertragssituation beim Franchising übertragen.

Unterpfänder zur Sicherung von spezifischen Investitionen

Williamson versucht, Nichtstandard-Vertragspraktiken, die für Franchising typisch sind wie Eintrittsgebühren und Absatzgebietsbeschränkungen, theoretisch einzuordnen. Die Transaktionskostentheorie geht von der Hypothese aus, solche Vertragskonstrukte dienten dem Zweck der Absicherung von Transaktionen ohne ein Eingreifen des Staates. Wechselseitige Unterpfänder seien nicht unfaire Mittel zur Maßregelung von Geschäftspartnern, sondern dienten der Effizienzsteigerung von

---

[44] Im Zweifel wird sich der Zulieferer weigern, eine transaktionsspezifische Investition zu tätigen, wenn er befürchtet, vom Abnehmer übervorteilt zu werden. Dadurch werden lediglich unteroptimale Investitionen mit der Konsequenz eines Effizienzverlustes ermöglicht.

Verträgen (vgl. Klein 1980). Dabei führt Williamson an, daß wechselseitige Unterpfänder sehr oft die bemerkenswerte Eigenschaft besitzen, daß sie real nicht ausgetauscht werden. Beim Scheitern eines Vertrages hat jede Partei ihren eigenen Schaden, ohne daß der andere Vertragspartner Nutzen davontragen könnte. Analog waren die Geiseln im Mittelalter durch die ungeschriebenen Gesetze der Ritterlichkeit geschützt. Mittels glaubhafter Zusicherungen (bzw. glaubhafter Drohungen) sollen sich die geschlossenen Verträge zwischen den Vertragspartnern ohne staatliche Regulierungsmechanismen durchsetzen lassen. Während glaubhafte Zusicherungen eher zur Festigung von Vertragsverhältnissen und zur Förderung des Tauschs dienen, werden glaubhafte Drohungen (vgl. Schelling 1960, Kreps 1990b, 65) eher im Konfliktfall eingesetzt.

Williamson argumentiert weiter:

Ein Unternehmen entwickelt eine deutlich von anderen unterscheidbare Sach- oder Dienstleistung, die über Franchise-Nehmer innerhalb selbständiger, räumlich verteilter Verkaufsgebiete vertrieben werden soll. Die Franchise-Nehmer können nicht nur an die ortsansässige Bevölkerung, sondern auch an mobile Gäste verkaufen. Die Käufe der mobilen Konsumenten erfolgten nicht aufgrund der Reputation des einzelnen Franchise-Nehmers, der zufällig in diesem Verkaufsgebiet ansässig ist, sondern aufgrund der "Vorstellung der Kunden von der Qualität des Produkts" (Williamson 1990, 207). Dadurch werden positive externe Nachfrageeffekte, die sich aus der Reputation ("Brand Name Capital") des Systemgebers ergeben, genutzt.

Würde ein Franchise-Nehmer nur an Ortsansässige verkaufen, käme ihm der Nutzen seiner Service- und Verkaufsverbesserungsanstrengungen selbst zugute. Bei mobilen Gästen mit geringer Rückkehrwahrscheinlichkeit könnte er kurzfristig versuchen, seinen Gewinn auf Kosten der Qualität zu maximieren.

Für die übrigen Franchise-Nehmer ergeben sich dadurch negative externe Effekte. Ein Franchise-Geber, der die Expansion seines Franchise-Systems abgeschlossen hat und deshalb dem Verhalten der Franchise-Nehmer gegenüber indifferent ist, könnte von diesen zur Qualitäts- und Serviceüberwachung eingesetzt werden mit der Machtbefugnis, reputationsschädliche Franchise-Nehmer durch Ausschluß aus dem System zu bestrafen.

Klein und Leffler (1981, 629 (FN 14)) betonen, daß Franchise-Nehmer vertraglich zu transaktionsspezifischen Investitionen verpflichtet werden können. Damit werde das gesamte Franchise-System gegen Qualitätsminderungen von seiten der Franchise-Nehmer gesichert (vgl. hierzu auch Klein 1980, 359, Stiglitz/Weiss 1983), wenn der Franchise-Geber in der Lage ist, die Kündigung des Vertrages als sanktionierende Maßnahme einzusetzen. Transaktionsspezifische Investitionen einerseits und Brand Name Capital andererseits als Unterpfand der jeweils anderen Seite dienten nach Klein und Leffler (1981) aber nicht ausschließlich dazu, auf diese Weise das Franchise-System gegen Qualitäts- und Leistungsminderungen zu sichern, vielmehr gelte es, für Konsumenten positive Reputationssignale auszusenden.

Auch Dnes (1991, 1992b) wies darauf hin, daß in den von ihm untersuchten Franchise-Systemen die Instrumente der spezifischen Investitionen und der Mietkontrolle weniger der potentiellen Bedrohung der Franchise-Nehmer dienten. Sie dienten eher als Bedingungen für eine effiziente Auswahl der potentiellen Franchise-Nehmer (Screening-Funktion) bei gleichzeitiger Anreizkompatibilität des Vertrags (vgl. Dnes 1992b, 485). Dazu untersuchte Dnes in Fallstudien die Vertragsgestaltung von ausgewählten britischen Franchise-Gebern in Bezug auf Mietkontrollen, spezifische Investitionen, Gebührenstaffelung, Vertragsauflösungsklauseln und wettbewerbsbeschränkenden Klauseln.

Er konzentrierte sich dabei auf die Tatsache, daß einem potentiellen Franchise-Geber theoretisch zahlreiche Möglichkeiten offenstehen, den Vertrag mit Franchise-Nehmern ex post opportunistisch auszunutzen. Einerseits könnte der Franchisor den Franchise-Nehmer zu spezifischen Investitionen zwingen, um später den Vertrag vor seinem geplanten Ende aufzulösen und sich die spezifischen Investitionen (z. B. Einrichtungen) anzueignen.[45]

Dnes´ Studien und Befragungen deuteten jedoch darauf hin, daß eine Franchise-Beziehung weitaus mehr Elemente enthält, die auf den symbiotischen Charakter der Franchise hinwiesen als auf potentielle Sanktionierungsmechanismen (vgl. Dant/Schul 1991).

Mietkontrollen und spezifische Investitionen der Franchise-Nehmer seien aus Sicht der Franchise-Geber erforderlich, weil hohe Kosten für die Suche und Etablierung von neuen Stützpunkten entstünden und Fluktuationskosten vermieden werden müßten. Zusätzlich bestünde ein gesetzlicher und zum Teil vertraglich verankerter Schutz eines Franchise-Nehmers für dessen versunkenen Kosten.

Zu den versunkenen Kosten zählen nicht nur die spezifischen Investitionen für markengebundene Ausrüstung und Ausstattung der (Miet-)Räumlichkeiten, sondern auch besondere Anstrengungen zur lokalen Etablierung des Markennamens (Local Goodwill), Ausbildungskosten und letztlich die Eintrittsgebühr. Dnes gewann in

---

[45]Franchise-Nehmern stehen unter Umständen zahlreiche Möglichkeiten offen, die Franchise-Nehmer zu betrügen. Zum einen könnte ein Franchise-Geber Franchise-Gebühren für die Franchise verlangen, um dann aber keine weiteren Anstrengungen mehr für das System zu unternehmen, obwohl dies vertraglich vereinbart gewesen sein kann. Des weiteren besteht die Möglichkeit, den Gebietsschutz der Franchise-Nehmer zu verletzen und zusätzliche Franchise-Rechte zu verkaufen. Dadurch, daß der Franchise-Geber den Fortbestand des Vertrages kontrollieren kann und einen großen Teil der Leistung des Franchise-Nehmers bereits erhalten hat, entstehen zahlreiche Hold-up Situationen, jedoch kann es im Interesse der Franchise-Nehmer sein, daß der Franchise-Geber das System kontrolliert (vgl. Rubin 1978, 227-229).

seinen Befragungen den Eindruck, daß Franchise-Geber de jure und de facto nicht von einer Beendigung des Vertragsverhältnisses profitierten. Die Gründe hierfür lagen in der expliziten (gesetzliche und vertragliche) und impliziten (Reputations-) Verpflichtung zu einer "fairen" Behandlung des Franchise-Vertragspartners, die ihn zu einer weitgehenden Entschädigung des Franchise-Nehmers bei Beendigung des Vertrages zwängen.

Außerdem werde in der Literatur der Wert der Unterpfänder des Franchise-Nehmers für den Franchise-Geber erheblich überschätzt.[46]

Vielmehr befürchteten Franchise-Geber, das wirtschaftliche Scheitern eines Franchise-Nehmers könne sich negativ auf die Reputation ihres Systems auswirken. Deshalb sei es überaus selten, daß Systemgeber von sich aus Verträge auflösten, und bevorzugten, eine Franchise zurückzukaufen, was auch selten genug vorkomme (vgl. Dnes 1992a, 488).

Durch die Besonderheit des Franchise-Vertrags, Eigentum langfristig zu binden, ist es nicht mehr notwendig, daß ein explizites Vertragswerk für das Verhältnis zwischen Franchise-Nehmer und Franchise-Geber verfaßt werden muß, vielmehr werden dadurch implizite, relationale Verträge ermöglicht, die auf dem gegenseitigen Einvernehmen der Partner beruhen (vgl. Macneil 1978).[47]

In Ergänzung zu dieser Argumentation kann folgendes eingewendet werden.

In der Spieltheorie wird oft der sog. "Boiling in Oil" - Kontrakt angeführt.[48]

Hier wird das aus Sicht des Franchise-Gebers gute Verhalten des Partners mit relativ kleinen Anreizen belohnt. Schlechtes Verhalten dagegen wird mit überaus harten Strafen bedroht. Im Franchising kann dies bedeuten, daß der Franchisee im normalen Geschäft seinen Lebensunterhalt verdienen kann. Bei Verstößen gegen die Vorgaben des Franchise-Gebers droht ihm ein großer Schaden (Verlust des Arbeitsplatzes, seines Vermögens etc.).

Das spieltheoretische Ergebnis dieser Konstellation ist, daß es bei Annahme von rationalem Verhalten der Betroffenen nie zu einem "Boiling in Oil" kommt; dafür wird in der Regel ein effizientes Ergebnis erreicht, weil sich die Partner auf ein vertragskonformes Verhalten einstellen. Es läßt sich daher möglicherweise nicht eindeutig widerlegen, ob und inwieweit Franchise-Verträge auf der Sanktionierungswirkung von spezifischen Investitionen basieren.

---

[46]Dies entspricht der Analogie Williamsons, der für die Entscheidung eines Königs mit zwei Töchtern, einer hübschen und einer häßlichen, die weniger attraktive dem Feind als Unterpfand zu geben vorschlägt (vgl. Williamson 1990, 202).

[47]Unter relationalen Verträgen sind in diesem Zusammenhang Verträge zu verstehen, die nicht bis ins einzelne Detail geregelt werden, sondern die auf dem gegenseitigen Vertrauen der Vertragspartner basieren und in gewissem Maße Spielraum für unbekannte zukünftige Entwicklungen lassen.

[48]Vgl. Rasmusen (1990, 148-150). Die Voraussetzungen für einen wirksamen Boiling-in-Oil Kontrakt sind nach Rasmusen geringe Risikoaversion des Agenten, gute Beurteilungsmöglichkeiten von Shirking ex post, hartes Strafmaß, Glaubhaftigkeit der Strafandrohung.

Zudem wäre die effizienzsteigernde Wirkung von spezifischen Investitionen allein kein plausibler Grund für die Vergabe von Franchisen. Dergleichen Effekte könnten ebenso durch die Organisation innerhalb einer Unternehmung genutzt werden, wenn es gelänge, die Kosten der Bürokratie zu senken. Ebenfalls unklar bleibt, was geschieht, wenn die Sicherungsmechanismen, die Unterpfändern unterstellt werden, nicht als glaubhafte Zusicherungen (glaubhafte Drohungen) wirksam werden.

Eigentum und effiziente Investitionen

In der Neuen Institutionenökonomik wird insbesondere in den individualistischen Ansätzen die Verteilung von Eigentumsrechten als glaubhafte Basis für die Verteilungsregeln bei der Aufteilung von Überschüssen oder bei der Ausübung von Kontrollrechten gesehen. Eigentumsrechte werden als Basis eines Mechanismus gesehen, der vor Vertragsbeginn die Grundlage von Verhandlungsregeln festlegt bzw. die Menge der möglichen Verhandlungslösungen eingrenzt (vgl. Kubon-Gilke 1994b). Damit lassen sich unter Umständen wichtige Erkenntnisse für die Theorie der Unternehmung gewinnen.[49]

Abgesehen von den motivationssteigernden Eigenschaften des Eigentums, die im Rahmen der einfachen Prinzipal-Agent-Modellen angesprochen wurde (Selling the Store), können spezielle Eigentumsregelungen für effizientes Institutionendesign entscheidend sein.[50]
Beispielsweise zeigen Hart/Moore 1990, daß Eigentumsverhältnisse entscheidend für effiziente Investitionsentscheidungen sind. Die Autoren gehen ebenso der Frage nach, welche Wechselwirkungen zwischen der Effizienz von institutionellen Regelungen und der Verteilung von Eigentumsrechten bestehen.[51]

Das die theoretischen Überlegungen verdeutlichende Beispiel handelt von einem Koch, einem Bootsführer und einem Geschäftsmann. Der Geschäftsmann möchte mit dem einzig verfügbaren Schiff, das für seine Zwecke geeignet ist, eine Gourmet-Seefahrt unternehmen. Seemann und Koch sind lediglich in der Lage, ihrer erlernten Tätigkeit nachzugehen, d.h. der Koch besitzt weder seefahrerische Fähigkeiten noch beherrscht der Seemann die Kochkunst. Beide besitzen keinerlei spezifischen

---

[49]Vgl. in diesem Kontext auch Demsetz/Lehn (1985) und Fama/Jensen (1985).
[50]Grossman und Hart (1986) interpretieren Eigentumsrechte als Kontroll- und Entscheidungsrechte. Die Verteilung der Eigentumsrechte kann den Drohpunkt der Verhandlungsprozesse verschieben und damit ex ante Einfluß auf die spezifischen Investitionen haben.
[51]Dabei setzen sie Gedanken von Alchian/Demsetz (1972) fort, die die Auswirkungen von Team-Produktion zum Ausgangspunkt ihrer Analyse machten. Der Eigentümer derjenigen Ressource, zu der andere spezifisch sind, besitzt strategische Vorteile.

Kenntnisse und könnten theoretisch gegen andere Seeleute bzw. Köche ausgetauscht werden. Nun stellt sich die amüsante Frage, wem das Schiff gehören muß, damit sich der Koch bereiterklärt, die Kosten eines speziellen Kochkurses für das vom Geschäftsmann gewünschte außergewöhnliche Menü auf sich zu nehmen.

Hart und Moore nehmen an, daß der durchschnittliche Grenzbeitrag, den Individuen durch ihren Beitritt in eine Koalition erzielen können, maßgebend für deren Entscheidung ist, ex ante spezifische Investitionen zu tätigen.[52]

Dabei besteht eine Koalition aus Individuen, die ein gemeinsames Ziel verfolgen und aufgrund unterschiedlicher Eigentumsverhältnisse eine Regelung finden müssen, das Residualeinkommen so aufzuteilen, daß es sich für jeden Beteiligten lohnt, der Koalition beizutreten und nötigenfalls erforderliche spezifische Investitionen zu tätigen.

Im obigen Beispiel wäre der Schiffskoch gezwungen, einen Teil des von ihm erzeugten Produktionswertes an diejenigen abzugeben, auf deren Mithilfe er dringend angewiesen ist. Der Kochkurs wäre sinnlos, wenn es z. B. keinen Geschäftsmann gibt, der bereit wäre, für eine solche Gourmet-Seefahrt zu zahlen.

Wenn paritätische Verhandlungsmacht unterstellt wird, verringert sich die Wahrscheinlichkeit einer spezifischen Investition mit zunehmender Zahl an unentbehrlichen Verhandlungspartnern. Die beste Situation wäre, wenn das Schiff entweder dem Koch oder dem Geschäftsmann gehören würde, da hierbei lediglich zwei unentbehrliche Verhandlungspartner den residualen Produktionsüberschuß untereinander aufteilen müßten. Würde das Schiff dem Seemann gehören, wäre ein weiterer unverzichtbarer Verhandlungspartner zu befriedigen, was den monetären Rückfluß aus der spezifischen Investition entsprechend schmälerte.

Die Erweiterung des Beispiels, die auch den Bootsführer den Erfordernissen einer spezifischen Investition aussetzt, zeigt allgemein, daß Eigentumsrechte die Verhandlungsposition einer Partei stärken können und ihr dadurch einen größeren Anteil am Überschuß sichern. Damit gelangt man zur Einsicht, daß nicht unbedingt derjenige unabkömmlicher Verhandlungspartner ist, der die spezifischste Investition tätigt, sondern daß demjenigen Eigentum zugesprochen werden sollte, auf den am wenigsten verzichtet werden kann.

Auf Franchising übertragen bedeutet dies, daß offensichtlich der Franchise-Nehmer ein unverzichtbarer Vertragspartner ist. Wenn dies zuträfe, wäre die Investition in Humankapital und Realkapital untrennbar verknüpft. Der Arbeitseinsatz, die Ausbildung und die Sorgfalt beim Einhalten von Qualitätsstandards entspricht der Investition in spezifisches Humankapital. Die Investition in Ausrüstung, Franchise-Rechte u. a. entspräche der Investition in Realkapital. Die Tatsache, daß ein Franchise-

---

[52]In dem Modell von Hart/Moore wird der Shapley-Wert als Wert des durchschnittlichen Grenzbeitrages eines Individuums zu allen möglichen zufällig bestimmten Koalitionen verwendet.

Nehmer von seinen Anstrengungen direkt profitiert, würde ihn veranlassen, eine effiziente Investitionshöhe in Human- und Realkapital zu wählen. Jedoch bleibt offen, inwiefern alternative ökonomische Mechanismen, die vom Eigentum entkoppelt sind, ebenfalls zu einem solchen Ergebnis führen können.

Eigentum und Motivation

Einer der entscheidenden Punkte, die als Argument für Franchising angeführt werden können, scheint die Tatsache zu sein, daß der Eigentümer (Owner-Manager), möglicherweise besser motiviert werden kann als ein angestellter Manager. Dadurch könnte eine Verkaufsstelle zu niedrigeren Kosten betrieben werden, und es entstünden Effizienzgewinne (vgl. hierzu z. B. Blair/Kaserman 1982, Norton 1989, Krueger 1991). Obwohl diese Annahme weit verbreitet ist und mit Hilfe der neueren Prinzipal-Agent-Ansätze und des Spezifitätsansatzes auch ökonomisch modelliert wurde, scheint die theoretische Basis unvollständig zu sein. Zum einen sind alternative Mechanismen denkbar, die eine effiziente Verteilung von Residual- und Kontrollrechten begründen, zum anderen ist auch der Eigentumsmechanismus nicht immer voll verständlich.

Die nähere Betrachtung der gängigen Franchise-Systeme in der Praxis erweckt den Eindruck, als ob die Franchise-Nehmer in ihrer Tätigkeit als Selbständige ein Einkommen erzielten, das sich nicht sehr von ihrem Reservationseinkommen unterscheidet. Dafür scheint jedoch die zeit- und aufwandsbezogene Entlohnung niedriger zu sein als z. B. in vergleichbaren Angestelltenverhältnissen, da Shirking-Effekte und ansonsten fällige Lohn-Zusatzleistungen internalisiert werden.

Vielfach wird der "Kauf" einer Franchise mit dem Streben nach dem Status der Selbständigkeit begründet, der gleichzeitig mit hohem Ansehen, freier Entscheidung und hohem Einkommen assoziiert wird (vgl. Maus/Hommerich 1992).[53]

---

[53]Zu den Anreizen des Managements vgl. Holmström/i Costa (1986).

Zweifellos werden die höchsten Einkommen in der Selbständigkeit erzielt.[54] Es darf jedoch nicht vergessen werden, daß die Einkommensstruktur der Selbständigen einer hohen Streuung unterliegt, wie ein Blick in die Statistik der bundesdeutschen Einkommensverteilung zeigt. Berichte über große Erfolge einiger Franchise-Nehmer stimulieren die Interessenten, die sich von der Selbständigkeit Wohlstand erhoffen.

Das Konjunktur- und Investitionsrisiko, das bei einer selbständigen Tätigkeit zu berücksichtigen wäre, findet jedoch im Einkommen der Franchise-Nehmer keinen Niederschlag.

Interessanterweise zeigt sich in Befragungen von Franchise-Nehmern fast durchgängig eine positive Einschätzung der Verdienstmöglichkeiten. Eine Abnahme der Arbeitsmotivation tritt erst dann ein, wenn die Grenze zur Selbstausbeutung deutlich überschritten scheint.

Was aber bringt die Franchise-Nehmer dazu, mehr Leistung zu bringen und ein höheres Risiko zu tragen, ohne daß dies monetär ausgeglichen wird.[55]

In diesem Fall gestaltet sich die Annahme von vollkommenen Rationalität der Beteiligten selbst in der Form eines "Als-ob" Ansatzes schwierig. Schlicht (1990) erkennt diese Schwierigkeiten und verweist auf die strategische Rolle von Emotionen.[56]

Möglicherweise wären der Nutzenfunktion der Franchise-Aspiranten nicht nur monetäre Komponenten, sondern beispielsweise auch emotional beeinflußte Bestandteile zuzurechnen.[57]

---

[54]Der Anschein, daß in der Selbständigkeit höhere Einkommen erzielt werden, wird auf den ersten Blick durch die Statistik bestätigt. 22,1% (450.000) der vom statistischen Bundesamt erfaßten 2.034.000 Selbständigen erzielten 1991 ein Nettoeinkommen von monatlich mehr als 5.000,00 DM. Der gleichen Einkommensgruppe gehörten nur 0,2% (24.700) der 12.344.000 Arbeiter an. Was aber erstaunlich ist, ist die Tatsache, daß schon 6,1% (801.000), also zahlenmäßig fast doppelt so viele, der 13.136.000 Angestellten in der höchsten Einkommensgruppe zu finden sind. Die Beamten stellen auch eine beachtliche Anzahl der Gutverdiener. 223.500 (10,1%) der 2.213.000 Beamten verfügen über Nettobezüge von über 5.000,00 DM. Besonders frappierend ist die Gegenüberstellung der beiden etwa gleich großen Einkommensgruppen der Selbständigen und der Beamten. Knapp die Hälfte beider Einkommensgruppen (48,8% der Selbständigen; 48,1% der Beamten) verfügen über ein Nettoeinkommen von über 3.000,00 DM. Diese Einkommensstufe wird nur von 24,8% der Angestellten und 6,7% der Arbeiter überschritten. Die Tatsache, daß die Erhebung in einem konjunkturell guten Jahr (1991) gemacht wurde, täuscht über die Tatsache hinweg, daß das Einkommen der Selbständigen sehr starken Konjunkturschwankungen unterliegen kann. Selbständige erzielen zwar z. T. sehr hohe Einkommen, jedoch sollte nicht übersehen werden, daß mehr als die Hälfte der Selbständigen (Landwirtschaft nicht berücksichtigt) über ein Nettoeinkommen von unter 3.000,00 DM verfügt, wobei die soziale Sicherung dem Einzelnen selbst obliegt (Statistisches Bundesamt 1993, 118).

[55]Zur Konstruktion von Anreizmechanismen vgl. Harris/Raviv (1979), Laffont/Tirole (1991); unter Berücksichtigung von Karrieregesichtspunkten vgl. Baker/Jensen/Murphy (1988), bzw. Gibbons/Murphy (1990), Holmström/i Costa (1986).

[56]Vgl. Stigler/Becker (1977), Frank (1988), Milgrom/Roberts (1990).

[57]Zu nennen ist hier beispielsweise der Wunsch, sein eigener Herr zu sein, der Stolz, selbst etwas erreichen zu können und andere Gründe. Natürlich ergibt sich hier das technische Problem, daß sich derartige Präferenzen nur unzureichend in eine allgemeine Nutzenfunktion integrieren lassen.

Beispiele für scheinbar irrationales Verhalten sind auch in anderen Bereichen zu finden. Der Wunsch nach einem Eigenheim hat eine wesentlich höhere monatliche Zahlungsbereitschaft für Wohnraum zur Folge. Werein Eigenheim ausbaut, ist in der Regel bereit, mehr Geld und Zeit aufzuwenden als für eine Mietwohnung. Beim eigenen Wagen steigt die Zahlungsbereitschaft für individuell zurückgelegte Kilometer im Vergleich zu beispielsweise öffentlichen Verkehrsmitteln.

Emotionen, die wie beim Franchising in Verbindung mit Eigentum auftreten, verstärken offenbar die Arbeits- und Investitionsbereitschaft der Beteiligten. Dabei stellt sich prinzipiell die Frage, bis zu welchem Umfang solche Mechanismen wirken und wo deren Grenzen liegen. Offensichtlich bestehen Motivationsunterschiede zwischen einem Franchise-Nehmer und einem Banklehrling, der Aktien seines Arbeitgebers gekauft hat. Obwohl beide Eigentum an "ihrem" Unternehmen erworben haben, unterscheidet sich die individuelle Haltung zu dieser Maßnahme. Selbst wenn, wie oft argumentiert wird, der Banklehrling einen wesentlichen Teil seines Vermögens angelegt hat, dürfte dies wenig an seiner Einstellung zur Arbeit ändern. Ähnliche Überlegungen gelten für von Arbeitern selbst verwaltete Unternehmen, ein Konzept, das sich, obwohl von bestimmten politischen Gruppierungen oft gefordert, nie in nennenswertem Umfang durchgesetzt hat.[58]

Von einem Franchise-Nehmer dagegen, der sich mit einem Großteil seines Vermögens in eine Franchise eingekauft hat, ist anzunehmen, daß er sich mit ganzer Kraft einsetzt, obwohl auch ihm nur ein Bruchteil der Franchise-Kette gehört. Anscheinend gilt dieser Zusammenhang erst, wenn das Grenzprodukt der Arbeit in direkter Relation zum erbrachten marginalen Arbeitseinsatz steht und dem Investor außerdem die Irreversibilität seiner Investition und die damit verbundenen Risiken, die eine Art Festlegung auf seine Handlungsstrategie in der Zukunft bedeutet, voll bewußt wird. In den individualistischen Theorien (z. B. Prinzipal-Agent- und Spezifitätsansätzen) werden die besonderen Eigenschaften des Eigentums vorausgesetzt, es fehlt jedoch eine theoretische Fundierung.

Die Tendenz zur Selbstausbeutung läßt sich vielleicht noch durch Akerlofs Beispiel des "Rat Race" verdeutlichen (vgl. Akerlof 1976). Trotzdem sind an dieser Stelle tiefergehende psychologisch fundierte Erkenntnisse gefordert (vgl. zum Franchising Maas 1990, Withane 1991).

In einer Untersuchung über die Lohnstruktur der Bundesrepublik ermittelt Schlicht (1992), daß Tariflöhne, obwohl nicht bindend, offensichtlich die Lohnentwicklung beeinflussen. Als Erklärung wird die "Fair Wage/Effort" - Hypothese nach Akerlof/Yellen (1990) herangezogen. Die Mechanismen der Lohnfindung können unter Umständen sehr sensibel auf die Faktoren reagieren, die nicht unbedingt der "ökonomischen Ebene" der Lohnfindungsmechanismen angehören.

---

[58]Vgl. hierzu auch Jensen/Meckling (1979).

Zu diesen Faktoren gehört möglicherweise die Einbeziehung von vertraglichen Eigentumsbindungen.

Ein ökonomisch-gestaltpsychologisch orientierter Ansatz zu den Grundlagen der Eigentumsauffassung wird in Kubon-Gilke/Schlicht (1993) behandelt. Darin wird der Frage nachgegangen, inwiefern die Bildung von Regeln am Beispiel des Eigentums durch das Prägnanzgesetz der Gestaltpsychologie bestimmt wird. Es wird sich möglicherweise anbieten, den überindividuellen Charakter von biologisch-psychologischen Gesetzmäßigkeiten (z. B. des Prägnanzgesetzes) als Basis des überindividuellen Charakters von Institutionen zu verstehen und jene als einen Ausgangspunkt der Institutionenanalyse zu wählen.[59]

---

[59]Vgl. als kleine Auswahl mit ähnlichen Ansätzen: Schelling (1960, 1978), Harris/Raviv (1978), Schein (1980) March/Simon (1976), Schlicht (1991a, b), Lazear (1991), Schlicht (1992). Baker/Jensen/Murphy (1988, 594) fordern eine Einordnung der bisher in "unökonomischer Weise" betrachteten Anreizinstrumente in die traditionelle ökonomische Theorie.

2.2.3 Monopolbetrachtungen

Eine Reihe von Autoren (vgl. z. B. Inaba 1980, Blair/Kaserman 1980, 1982, Lee 1984, Schmidt 1990) führen die Institution Franchising auf Anreizwirkungen möglicher Monopolgewinne zurück. Auf die praktische Relevanz dieser Annahme weist die intensive kartellrechtliche Auseinandersetzung um das Franchising hin (vgl. u. a. Blair/Peles 1977, Blaurock 1984, Klein/Saft 1985, Martinek 1987 (Teil III), Kommission der Europäischen Gemeinschaften 1987, Mathewson/Winter 1989, Joerges 1991).[60] In der Tat ist für das Franchising das Wettbewerbsrecht von besonderer Bedeutung. Franchise-Verträge enthalten sehr oft Klauseln, die als wettbewerbsbeschränkend angesehen werden, beispielsweise über Art und Methode des Produktvertriebs, Bezugsbindungen, Wettbewerbsverbote und Preisempfehlungen (vgl. Tietz 1987, 491-500). Die potentielle Gefährdung des Wettbewerbs durch Franchise-Verträge mit wettbewerbsbeschränkenden Elementen wurde beispielsweise 1986 im sog. "Pronuptia-Urteil" durch den Europäischen Gerichtshof bejaht (vgl. Kommission der Europ. Gemeinschaften 1987, 259).

Aus ökonomischer Sicht lassen sich zwei Betrachtungsweisen der Monopolmacht im Franchising isolieren. Zum einen tritt der Franchisor den Franchisees gegenüber als Monopolist auf. Durch Preis- und Mengenrestriktionen kann auf diese Weise Monopolmacht auf die Franchise-Nehmer ausgeübt werden, die oft durch ihre Verträge gezwungen sind, auf Preis- und Mengenvorgaben einzugehen.[61]
Zum anderen kann das Franchise-System als Ganzes auf dem Absatzmarkt betrachtet werden. Durch die Auswahl und Anwendung vielfältiger produkttechnischer, patentrechtlicher und absatzwirtschaftlicher Instrumente besteht die Möglichkeit, das franchisierte Produkt von ähnlichen Konkurrenzprodukten abzugrenzen. Mit einer kalkulierbaren Preis- und Mengenpolitik in genau abgegrenzten Verkaufsgebieten könnten Monopolgewinne möglich werden.

2.2.3.1 Monopolstellung des Franchise-Gebers

In einigen Franchise-Verträgen sind die Franchise-Nehmer gezwungen, Rohmaterialien, Vorprodukte oder Betriebsmittel von ihrem Franchise-Geber oder von einem von ihm benannten Lieferanten zu beziehen. Sehr oft finanziert die Marge, die aus

---

[60]Den Einfluß der Transaktionskostenökonomie auf Rechtsprechung und -bildung dokumentiert z. B. Joskow (1991).
[61]Zum Teil sind Franchise-Nehmer dazu gezwungen, nicht nur die Waren (vgl. Frazier/Summers 1986), sondern auch Investitionsausrüstungen vom Franchise-Geber zu kaufen.

dem Verkauf von Waren an die Franchise-Nehmer stammt, die laufenden Kosten des Franchise-Gebers. Andererseits können Franchise-Nehmer von Staffelrabatten profitieren, die der Franchise-Geber auf dem Markt für Input-Güter erhält. Sie laufen ebenfalls nicht Gefahr, durch schlechte Vorlieferanten schlechtere Qualität zu erhalten. Die Waren entsprechen qualitativ dem geforderten Standard und werden zu Preisen geliefert, die vor Vertragsbeginn bekannt und damit kalkulierbar sind.

Die Existenz der fixen Franchise-Gebühr, die hier als Kapitalwert, als Wert der Franchise in der Zukunft interpretiert wird, ist für einige Autoren ein Indiz für vertikale (Preis-) Kontrolle und damit mögliche Monopolgewinne. Blair und Kaserman verweisen auf die Merkmale, wodurch Franchising als eine ökonomisch äquivalente Form der vertikalen Kontrolle aufgefaßt werden könne (vgl. Blair/Kaserman 1982, 494).

Die Aufteilung des vom Franchise-Nehmer zu zahlenden Betrages in einen fixen und einen variablen Anteil beruhe auf den unterschiedlichen Zukunftserwartungen von Franchise-Geber und Franchise-Nehmern. Den vollen, theoretisch erreichbaren Monopolgewinn könne der Franchise-Geber nur dann- erhalten, wenn er die Franchise an konkurrierende potentielle Franchise-Nehmer fix versteigere (vgl. Auktions- und Prinzipal-Agent-Theorien). Wegen des Trade-Off aus Risikoverteilung und Moral Hazard im Verhältnis zwischen Franchise-Geber und Franchise-Nehmer müsse oft sowohl ein fixer Betrag als auch ein variabler Umsatzanteil angesetzt werden. Dann sei allerdings das vollständige Erreichen des theoretischen Monopolgewinnes nicht mehr möglich (vgl. Blair/Kaserman 1982, 499). Es entstünden dadurch Spannungen, die Anreize zur vertikalen Integration oder anderen Formen der vertikalen Kontrolle beinhalteten. Allerdings existierten noch Hemmnisse, die einer vertikalen Integration im Wege stehen könnten. Hierzu gehörten beispielsweise Fragen des Kartellrechts, Überlegungen zu X-Ineffizienzen, Reputationsfragen und ähnliche Gesichtspunkte. Im Ergebnis allerdings unterscheide sich Franchising nicht wesentlich von einer vertikalen Integration, da der drohende Verlust der fixen Franchisegebühr die Franchise-Nehmer davon abhalten würde, andere Bezugsquellen zu erschließen.

Auch Rubin interpretiert die Unterschiede zwischen Franchise-Systemen und Unternehmen eher auf gesetzlichen als auf ökonomisch relevanten Merkmalen basierend (Rubin 1978, 225). Im Ergebnis unterscheide sich Franchising nicht wesentlich von der vertikalen Integration, da der drohende Verlust der fixen Franchisegebühr die Franchise-Nehmer davon abhalten würde, andere Bezugsquellen zu erschließen. Ebenso bezeichnen Klein, Crawford und Alchian die im Franchising implizit vorhandene Vertragsgarantie durch Entzug des Marktzuganges für Konkurrenten und die Existenz entsprechender Renten als eine Alternative zur vertikalen Integration (vgl. Klein/Crawford/Alchian 1978, 303). In diese Richtung kann auch die rechtliche Einordnung von Franchise-Nehmern als "Schein-Selbständige" (de facto Angestellte) gehen, wenn die Weisungsbefugnis des Franchise-Gebers sehr stark ausgeprägt ist.[62]

2.2.3.2 Monopolstellung des Systems

Ein zweiter Ansatzpunkt für die Annahme von Monopolstrukturen besteht darin, die angebotenen Waren und Dienstleistungen vom Wettbewerbsangebot abzugrenzen und sie im Modell als differenziertes Gut auf einem Absatzmarkt, auf dem Informationskosten und Kosten der Reisetätigkeit angenommen werden können, anzubieten.

Dabei kann ein Franchise-Geber die Absatzgebiete auch so groß wählen, daß es sich aus (Transport-) Kostengründen gerade nicht mehr lohnt, daß sich die Anbieter des franchisierten Gutes (Franchise-Nehmer) preislich gegeneinander ausspielen.[63,64]

Es ergibt sich damit ökonomisch ein Fall der monopolistischen Konkurrenz.[65] Voraussetzung dabei ist die Existenz nichthomogener Güter und bestimmter Nachfragerpräferenzen.

Inaba (1980) argumentiert, es sei mit Franchising durchaus möglich, Monopolrenten zu erwirtschaften, solange stabile Nachfrage und Wettbewerbspreise für alle Inputgüter vorausgesetzt werden können.

Lee (1984) ermittelt in seinem Modell zur Produktdifferenzierung einen signifikanten Unterschied zwischen Franchise- und vertikal integrierten Systemen und weist entschieden auf die Sinnhaftigkeit hin, Franchising als einen monopolistisch einzuschätzenden Bestandteil der Theorie der Unternehmung anzusehen (Lee 1984, 220). Das Modell läßt sich durch folgende, vereinfachende Annahmen charakterisieren:

In einem zweidimensionalen Raum-Modell, charakterisiert durch eine bestimmte Verteilung der Nachfrager, sollen Güter abgesetzt werden, wobei eine Dimension des Raumes die geographische Lage der Vertriebsstelle (entweder Franchise oder

---

[62]Zur Abgrenzung von Franchise- und Arbeitsverträgen vgl. u. a. OLG Schleswig (1987), Weltrich (1988).

[63]Diesen Ideen können die Modelle der räumlichen Konkurrenz zugrundegelegt werden.

[64]Wenn man den Franchise-Geber als Monopolisten gegenüber seinen Franchise-Nehmern ansieht, der die Summe der gesamten Franchise-Gebühr maximieren möchte, kann dieser die Verkaufsgebiete auch beliebig verkleinern, indem er zusätzliche Franchise-Nehmer in bereits bestehenden Franchise-Gebieten zuläßt. Eine ökonomische und rechtliche Analyse dieses Problems findet sich in Mathewson/Winter (1989).

[65]Vgl. z. B. die Ideen zum monopolistischen Wettbewerb in Chamberlin (1948(1933)), Eaton/Lipsey (1975), Salop (1976, 1979a, 1979b), Hart (1979), Stiglitz (1986), Lee (1984).

Unternehmenszweigstelle) darstellt, während die andere Dimension die Markendifferenzierung der Konsumenten repräsentiert.[66]

Alle Konsumenten sind geographisch gleich verteilt, wobei jeder Nachfrager ein Gut kaufen möchte. Jede Vertriebseinheit repräsentiert nur eine Marke und besitzt nur eine Vertriebsstelle. Für jede Marke gibt es gleich viele Niederlassungen.

Jeder Konsument hat eine implizite Zahlungsbereitschaft (P), die mit verbessertem Service s zunimmt: $P'(s) > 0$ (mit fallenden Grenzraten $P''(s) < 0$). Es entstehen Kosten für den Konsumenten, wenn er seinen Einkaufsraum verläßt und/oder die Marke wechselt. Kosten für Markenwechsel sind als ein Faktor, der die Markentreue beschreibt, anzusehen.

Lees komparativ statisch ermittelten Ergebnisse zeigen, welchen Einfluß verschiedene exogene Parameter auf Preise (Wiederverkaufspreise/Endpreise) und Serviceanforderungen bei unterschiedlichen Organisationsformen haben.

Er kommt zu dem Ergebnis, daß der direkte Vergleich von franchisierten zu filialisierten Verkaufsstellen nicht immer eindeutig ist. Dies beruhe darauf, daß die Interessen des Franchise-Nehmers und des Franchise-Gebers gegensätzlich seien. Während der Franchise-Geber einen hohen Großhandelspreis wünsche und mit einer höheren Serviceanstrengung einen dadurch höheren Endverkaufspreis rechtfertigen möchte, ist ein niedriger Großhandelspreis sowie relativ niedrige Serviceanstrengungen im Sinne der Franchise-Nehmer.

Die Unterschiede zwischen Franchising und integrierten gesellschaftseigenen Unternehmen äußert sich in verschiedenen Punkten. Das wichtigste Ergebnis in dieser Analyse ist, daß die Endverkaufspreise in franchisierten Systemen in der Regel höher als bei direkter Vermarktung sind. Deshalb stellten sich die Produzenten unter Umständen besser, wenn sie ihre Produkte über ein Franchise-System an den Endverbraucher weitergeben.

Daher vertritt Lee die Ansicht, daß die direkte Vermarktung sozial effizienter als Franchising und dieser deshalb prinzipiell vorzuziehen sei.[67]

"Since there is a deadweight loss in a market of franchised products and since franchisors and franchisees combined receive more profit in this market than producers in the ownership system, consumers clearly are the loosers."[68]

---

[66]Zur Produktdifferenzierung unter Wohlfahrtsgesichtspunkten vgl. Lancaster (1975), Spence (1976).

[67]Lee konstituiert, daß das Gewinnmaximierungskalkül der Filialisten mit der Marginalbedingung für den effizienten Einsatz von Serviceanstrengungen unter Berücksichtigung der entstehenden Kosten kompatibel sei (Bedingung 18) und kommt daher zu dem Ergebnis, daß die Existenz eines Filialsystems gegenüber dem Franchise-System aufgrund von Effizienzvorteilen sozial wünschenswerter sei. Der Effizienznachteil der Franchise-Lösung beruht nach Lee auf unterschiedlichen Verhalten im monopolistischen Wettbewerb und unterschiedlichem Ausmaß der Höhe des Service-Angebots vor Ort bei Franchise- und filialisierten Verkaufseinheiten.

[68]Lee (1984, 229 FN 9).

Wenn unterstellt werden kann, daß effizientere Institutionen weniger effiziente verdrängen, würde dies in letzter Konsequenz bedeuten, daß Franchising sich nicht auf
längere Sicht behaupten könnte. Auch Lee sieht dieses Problem und begründet damit
die Nicht-Existenz von Franchising in einigen Märkten.

Franchising hält sich in Lees Modell lediglich aufgrund der restriktiven Annahmen
der vollkommen unelastischen Nachfrage und der Unbeweglichkeit der Verkaufsstellen. Deshalb gebe es für Hersteller aufgrund höherer Gewinnchancen durch den
höheren erzielbaren Endverkaufspreis Anreize, Franchising als Vertriebsform zu
wählen.

Lee sieht Effizienzvorteile des Franchising, wenn überhaupt, dann in der
Dezentralisation von Entscheidungsbefugnissen, nicht in der effizienten Wahl der
Serviceanstrengung.[69]

Schmidt (1990) argumentiert bei unterstellter gleicher Kostenstruktur von Franchise-
Geber und Franchise-Nehmer im einfachst denkbaren Monopolmodell, daß ein
Franchise-Geber in Erwartung von Monopolgewinnen bestenfalls so gut gestellt sei
wie bei der Filialisierung. Jedoch sei diese Vereinfachung seiner Meinung nach nicht
zulässig. Er untersucht daraufhin die Hypothese, daß die Kostenstrukturen von
Franchise-Geber und Franchise-Nehmer unterschiedlich sein könnten. Unter
anderem sei dies auf verschiedene Risikoneigungen der Vertragspartner zurückzuführen. Schmidt versucht deshalb nachzuweisen, daß positive Effekte der
Risikoteilung ausreichen, um eine Franchise-Konstellation zu begründen. Hierzu
verwendet er ein Prinzipal-Agent-Modell, in dem der Franchise-Nehmer seinen
Output bei unsicherer Nachfrage bestimmt.

Das entsprechende Modell geht von einem Monopolmarkt aus, bei dem der Anbieter
als Mengen-Setzer agiert (Schmidt 1990, 34). Er unterstellt, daß es keine Agency-
Probleme im Unternehmen gibt. Ein Franchise-Eigner verkauft das Recht zur
Marktbearbeitung nur dann, wenn diese Aktion ihn mindestens so gut stellt, als wenn
er den Markt selbst bearbeiten würde. Auch ist er allein in der Lage, die
Vertragskonditionen festzusetzen. Er hat die Möglichkeit, die Bedingungen für den
Vertrag vorzuschlagen und wird, falls diese nicht angenommen werden, den Vertrieb
selbst übernehmen. Aufgrund dieser strategischen Vorteile könne der Franchise-
Geber Monopolgewinne erwirtschaften.

An diesem Punkt könnte man mit der Kritik an den Grundannahmen dieses
speziellen Modells ansetzen. Der Gedanke, daß durch Franchising höhere Preise am
Markt durchzusetzen sind, was die Erwartung auf Monopol- bzw. auf
gewinnmaximierende Preise fördert, kann pauschal nicht von der Hand gewiesen

---

[69]Die aktuelle Managementliteratur favorisiert derzeit in hohem Maße die Dezentralisierung von
Entscheidungsbefugnissen (vgl. Peters 1993).

werden, wobei immer zu hinterfragen ist, auf welchen Mechanismen Preisprämien beruhen können.

Außerdem ist nicht klar, wie die Arbitragegewinne aus unterschiedlichen Kostenstrukturen von Franchise-Gebern und -Nehmern die kostspieligen Verhandlungen mit Franchise-Nehmern kompensieren sollen. Dabei sind deren Anreize, eine Franchise beispielsweise durch Qualitätsreduktion auszubeuten, noch nicht berücksichtigt.

Eine weitere monopolorientierte Sichtweise der Franchise wird in einem Modell von Stiglitz (1986) deutlich. Stiglitz sieht hier die Organisationsform als eine Möglichkeit, implizite Versprechungen (Commitments) gegenüber Geschäftspartnern zu offenbaren. Sein Modell mit räumlichem Wettbewerb interpretiert einen Franchise-Geber als Monopolisten, der viele Verkaufsstellen betreibt und für den es sich lohnt, diese Verkaufsstellen als Franchisen aufrechtzuerhalten. Die organisatorische Form diene dabei als ein effektives Commitment, daß auf diesem Wege der Markteintritt effektiver verhindert werden würde (vgl. Stiglitz 1991, 19). Auf diese außerordentlich interessante Sichtweise, die organisatorische Form als Commitment aufzufassen, wird später noch genauer eingegangen.

Franchising zeigt sich in der ökonomischen Betrachtung als ein vielseitiges Instrument, das unter vielfältigen Aspekten gesehen werden muß und zahlreiche Dimensionen wirtschaftlicher Kooperation erfaßt. Bedauerlicherweise beschränken sich die meisten Theorien darauf, einzelne Bestandteile des Franchising zu analysieren, vornehmlich die außergewöhnliche Entgeltregelung. Der Versuch, Franchising als Ganzes aufzufassen, wird nur von wenigen Autoren (z. B. Rubin 1978 und Dnes 1992a) unternommen, so daß letztendlich bis auf die beiden erwähnten Ausnahmen auch keine Aussagen über die Struktur von Märkten, für die sich Franchising eignen oder gerade nicht eignen würde, getroffen werden.

Die theoretischen Schwierigkeiten, die Komplexität einer Vertragskonstruktion wie Franchising in geeignetem Umfang zu erfassen und auf die entscheidenden Wesensmerkmale hinzuweisen, lassen sich nicht ohne Fallstudien und genaue Betrachtung der Realität bewerkstelligen. Deshalb erscheint es sinnvoll, anhand einiger Praxisbeispiele die theoretischen Ansätze auf ihre Relevanz zu überprüfen und entsprechend der Gewichtung der theoretisch hergeleiteten Argumente eine konsistente Sicht der Dinge aufzubauen.

3 Franchise-Beispiele aus der Praxis

Die beiden Hauptformen des Franchising, Warenfranchising (Straight Product Franchising) und Leistungsprogramm-Franchising (Business Format Franchising) unterscheiden sich lediglich in der Intensität der Vertragsbeziehungen bezüglich der zusätzlich zum Produktprogramm gewährten bzw. geforderten Leistungen der Vertragspartner.

Die wissenschaftlich forcierte, raumgreifende Subdivisionalisierung des Franchising-Begriffes nach unterschiedlichsten Gesichtspunkten soll an dieser Stelle nicht weiter verfolgt werden. Vielmehr wird angestrebt, anhand einiger kurz dargestellter Franchise-Systeme das Wesen dieser Organisationsform mit seinen Besonderheiten zu erfassen, um eine Einordnung in die Theorie der Unternehmung vornehmen zu können.

Wegen der wachsenden Bedeutung des Leistungsprogrammfranchising werden vor allem Beispiele dieser Organisationsform betrachtet, wobei die theoretischen Erkenntnisse auch für das Warenfranchising gelten müssen. Die Darstellung der Franchise-Systeme erfolgt nach einem einfachst möglichen deskriptiven Schema, von dem angenommen wird, daß es die wesentlichen Aspekte dieser Organisationsform erfaßt.

3.1 Das Beispiel McDonald's

3.1.1 Kurzbeschreibung des Systems

McDonald's ist wohl das bekannteste Franchise-System der Welt. Das Unternehmen basiert auf der Geschäftsidee der Brüder McDonald, die in Kalifornien ein erstes Fast Food-Restaurant nach einem neuen Muster betrieben. Ray Kroc, der Gründer der McDonald's Corporation, erwarb Know-How, Lizenz und den Markennamen von den Brüdern und begann nach dem erfolgreichen Start 1954 in Des Plaines, Illinois, USA, das Unternehmen national und international auszubauen.

Das damals absolut als neu zu bezeichnende Konzept basiert auf dem Gedanken, preiswert und schnell ein Fast Food-Gericht an mobile Kundschaft zu verkaufen. Die Firmenphilosophie war und ist: Jeder Kunde muß mit erstklassigen Produkten, erstklassiger Sauberkeit und erstklassiger Höflichkeit bedient werden.

Das Nachfragerpotential ist klar abgesteckt. Hauptsächlich Kunden vom Kindesalter bis etwa 35 Jahre sollen von den Leistungen des Unternehmens angesprochen werden, wobei Familien besonders willkommen sind. Dem entsprechend ist die Preisgestaltung den finanziellen Verhältnissen der Gäste angepaßt.

3.1.2 Produktspezifika

Die McDonald's Produktpalette unterscheidet sich durch ihr Fast-Food-Konzept stark von der herkömmlichen Gastronomie. Mittlerweile gibt es eine Anzahl von Wettbewerbern, die ein vergleichbares Sortiment an Speisen und Getränken anbieten. McDonald's erwies sich in vielen Ländern als Pionier für die neue, "amerikanische" Eßkultur. In den Staaten, in denen McDonald's als Pionier der Fast Food Gastronomie Marktführer werden konnte, war das Unternehmen in der Lage, diese Spitzenposition zu halten und auszubauen. In Europa hat sich das Unternehmen am stärksten in der Bundesrepublik und in Großbritannien etabliert.

3.1.3 Innenverhältnis

Der Franchise-Vertrag regelt die wichtigsten Bestimmungen zwischen Zentrale und Lizenz-Nehmer, wobei an diesen strenge Anforderungen gestellt werden. Betreiber des oder der Restaurants ist der Franchise-Nehmer selbst, der als "Owner Manager" die Leitung der betrieblichen Abläufe steuert.[1]

---

[1]Die Bezeichnung Lizenz-Nehmer für deutsche McDonald's Franchise-Nehmer entstand in den ersten Jahren der Anwesenheit auf dem deutschen Markt.

Investoren oder stille Beteiligungen werden in der Regel nicht geduldet. Der Franchise-Nehmer zahlt eine Eintrittsgebühr von ca. 45.000,00 DM, umsatzabhängige Franchise-Gebühren (5%) sowie eine umsatzabhängige Werbegebühr (5%) an die zuständige Systemzentrale. Alle Investitionen in Geräte, Innenausstattung und Werbeanlagen sowie deren Risiken trägt der Franchise-Nehmer (insgesamt ca. 1-1,2 Mio. DM). Deshalb sollte ein Partner etwa 450.000,00 bis 500.000,00 DM an Eigenkapital aufbringen. McDonald's Deutschland kauft oder pachtet die Immobilie und verpachtet sie weiter an die Franchise-Nehmer.[2]

Alle Lebensmittel werden von vertraglich gebundenen Herstellern bezogen, so daß eine einheitliche Produktqualität national und international gewährleistet werden kann. Die erzielbaren Einkaufsvorteile werden direkt an die Franchise-Nehmer weitergegeben, womit sich die Zentrale auch dem Verdacht entzieht, dem Franchise-Nehmer Profitmöglichkeiten vorzuenthalten. McDonald's ist bemüht, den Franchise-Nehmern ausreichende Gewinne zu sichern.

Deshalb nutzt das Unternehmen auch die vorhandenen Möglichkeiten, die Franchise-Nehmer aus einer großen Anzahl von Bewerbern zu selektieren.

Mehr als 9000 der weltweit insgesamt 13000 McDonald's Restaurants werden von Franchise-Nehmern bewirtschaftet. In Deutschland erzielten 1992 die 153 Franchisees mit 292 Restaurants 1,2 Mrd. DM Umsatz, während die 146 unternehmenseigenen Filialen einen Umsatz von 0,7 Mrd DM erwirtschaften. Wenn diese Zahlen korrekt angegeben wurden, ergibt sich damit, daß ein durchschnittliches McDonald's Restaurant, das von einem Franchise-Nehmer betrieben wird, eine Umsatzgrößenordnung von ca. 4,1 Mio DM erreicht. Ein Restaurant, das von der Unternehmung selbst geleitet wird, setzt ca. 4,8 Mio. DM um. Dies würde die Hypothese bestärken, daß ein Franchise-Geber umsatz- und ertragsstärkere Betriebe für sich beansprucht, wo sich möglicherweise vorhandene Kostenunterschiede zu Franchise-Nehmern nicht spürbar auswirken.

Der Gewinn vor Steuern eines durchschnittlichen franchisierten McDonald's Restaurants wird mit ca. 5 bis 8% des Umsatzes angegeben.[3]

Seit dem Beginn des Systemaufbaues sicherte die Eintrittsgebühr die Expansion des Unternehmens, da sie und die stetige Refinanzierung der Immobilien, Kauf und Vermietung an die Franchise-Nehmer, für sichere Zahlungsströme sorgte (vgl. Love 1986). Aufgrund des so aufgebauten großen Grundstücksbesitzes gewann das Unternehmen Stabilität in seinem Aufbauprozeß und war dadurch in der Lage, den Gang an die Börse zu wagen. Das McDonald's Franchise-System behielt, im

---

[2]Vgl. Schurk/Maus/Frey (1992, 31).
[3]Vgl. Frankfurter Allgemeine Zeitung (23.03.1993, 24, 28.06.1993, 16). Dies würde einen Durchschnittsertrag vor Steuern je McDonald's Restaurant von 200.000,00 bis 350.000,00 DM bedeuten.

Gegensatz zu den meisten seiner Wettbewerber, seine eigenständige Identität und wurde als Unternehmen nicht verkauft. McDonald´s betreibt eine zweigleisige Vertriebspolitik, in der sowohl Filialen als auch Franchise-Unternehmen Platz finden. Da McDonald´s auch weiterhin expandiert, der Anteil an eigenen Filialen jedoch in etwa konstant bleibt, nimmt auch die absolute Anzahl an Filialen stetig zu.

Das Unternehmen bemüht sich, neue Produkte an einigen Pilotstandorten zu testen, um eine marktdeckende Einführung zu erproben. Für die systematische Verbesserung des Angebots und die Schulung von Mitarbeitern werden mehrere Trainingszentren aufrechterhalten. Die Schulung der Franchise-Nehmer erfolgt in intensiven Aus- und Fortbildungsprogrammen (ca. 6 Monate), die jedoch zeitlich erheblich kürzer angelegt sind als die traditionelle Ausbildung in Lehrberufen.

3.1.4 Außenverhältnis

McDonald´s bezeichnet sich als weltweit größten Franchise-Geber.
An erster Stelle der unternehmerischen Aufgaben steht die Qualitätssicherung. Mit Hilfe eines aufwendigen Systems der Überwachung werden ständig sowohl Lieferanten als auch Franchise-Nehmer überprüft, so daß eine größtmögliche Stabilisierung des Qualitätsstandards erreicht werden kann.
Der Franchise-Geber bietet dem Franchise-Nehmer lediglich Markennamen, Know-How und Beratungs- bzw. Überwachungsdienstleistungen. Deshalb sind keine Bezugsbindungsverträge mit McDonald´s erforderlich. Trotzdem wird von den Franchise-Nehmern verlangt, daß sie ihre Waren von Vertragslieferanten beziehen. Auch die Einrichtungen der Restaurants kommen von eigens dafür ausgewählten Lieferanten. Die Sicherung der Verträge erfolgt durch die Langfristigkeit des Vertrags und durch ein Klima gegenseitigen partnerschaftlichen Einvernehmens. Die Verantwortung, die ein Systemnehmer gegenüber der Zentrale übernimmt, wird von der Zentrale dadurch abgesichert, daß er eine Investition in eine nicht ihm gehörende Immobilie tätigen muß, abgesichert. Die Notwendigkeit dafür beruht darauf, daß das Image von McDonald´s für die Zentrale von entscheidender Wichtigkeit ist und die Öffentlichkeit das Unternehmen McDonald´s argwöhnisch beobachtet.[4]

---

[4]Dazu gehört beispielsweise die Kritik, daß McDonald´s Franchisees oft jugendliche Teilzeitkräfte einstellen, die zu einem relativ geringen Stundenlohn arbeiten. Ebenso kritisiert wurde die Einseitigkeit der Ernährung mit McDonald´s Produkten. Auch wurde vor einigen Jahren der Versuch unternommen, durch einen eingeschmuggelten Journalisten angebliche Mißstände aufzudecken. Hinzu kam in letzter Zeit die Kampagne von Umweltschützern aufgrund der aufwendigen Verpackung der Speisen und Getränke sowie die Umweltaspekte bei der Verwendung von Rindfleisch. Auf all diese Kampagnen reagiert die Zentrale sehr schnell, um so bald wie möglich aus den Schlagzeilen zu kommen.

McDonald's verfolgt eine weltweite Expansionspolitik, wobei nationale Unterschiede bei der Sortimentsanpassung z. T. Schwierigkeiten verursachen. Das internationale Angebot an Gerichten ist dennoch größtenteils standardisiert. Es ist das Ziel, international ein standardisiertes Sortiment anzubieten, wobei national durchaus spezielle Gerichte zusätzlich angeboten werden können.

Offenbar gibt es z. T. Bestrebungen, Innovationsrenten wahrzunehmen. Beispielsweise bei der Neuetablierung von Restaurants in den Hauptstädten des ehemaligen Ostblocks, Moskau und Peking, wurden für das Angebot, gemessen an der Kaufkraft der Durchschnittsverdiener in den betreffenden Ländern, sehr hohe Preise verlangt. Nach Etablierung der Kette in einem Land werden langfristig sicherlich Preise festgesetzt, die der Kaufkraft der Bevölkerung angemessen sind.

Man ist aufgrund der vertraglich vereinbarten finanziellen und organisatorischen Mitwirkung der Franchise-Nehmer an den Werbeaktivitäten der Kette in der Lage, durch entsprechende Werbeoffensiven seinen Absatz spürbar zu fördern. Konkurrenz für McDonald's sind neben den bekannten Anbietern für Fast Food auch Schnellimbiß-Verkaufsstellen sowie der Lebensmitteleinzelhandel.

Tabelle 3.1.4.1: Die größten Gastronomie-Betriebe in Deutschland[5]

Unternehmen	Netto-	Umsatz	Zahl der	Betriebe
	1991	1992	1991	1992
Mc Donald's Deutschland	1502	1907	391	438
Lufthansa Service GmbH	921	1120	19	21
Raststätten und Erfrischungsdienste GfN	853	983	281	317
Deutsche Service GmbH der Bahn	386	380	396	423
Nordsee GmbH	303	334	279	287
Mövenpick Deutschland	321	333	44	48
Karstadt AG	287	310	140	136
Burger King GmbH	313	310	85	86
Kaufhof Gastronomie	232	248	141	148
Wienerwald GmbH	241	231	178	174

In allen Märkten, in denen ein Eindringen ermöglicht wurde, erreichte McDonald's als Anbieter von Fast Food eine dominierende Stellung. In der Bundesrepublik hält

[5]Vgl. Frankfurter Allgemeine Zeitung (23.03.1993, 24); Quelle: "Food Service", Deutscher Fachverlag GmbH. Umsatz in Mio. DM.

McDonald's als größter Gastronomiebetrieb bei weitem die Spitze an Umsatz. Die Konzentration im Bereich der Schnellgastronomie ist sehr hoch. Allein die führenden fünf Unternehmen repräsentieren zusammen die Hälfte des Umsatzes der 70 größten Unternehmen.

Die Tabelle 3.1.4.1 zeigt, daß das Unternehmen in seinem Marktsegment eine dominierende Rolle spielt. Durch die bereits erworbene Marktdurchdringung und Ertragskraft wäre McDonald's sicherlich in der Lage, Konkurrenten so weit wie möglich zu kontrollieren. Die Wettbewerber im Fast Food Bereich jedenfalls erreichen nicht annähernd die Steigerungsraten wie McDonald's. Tendenzen zur Diversifizierung bestehen jedoch anscheinend nicht.

Dem Nachfrager wird ein fröhliches, sympathisches Bild der Unternehmung vermittelt. Es wird zudem noch durch einen hohen Einsatz an Werbung auf spezielle Produkte aufmerksam gemacht, und diese werden als solche namentlich von Konkurrenzprodukten differenziert.

Durch die äußere Gestaltung und den Service in McDonald's Restaurants findet eine automatische Nachfragerselektion statt.

Das Unternehmen nutzt die Organisationsform der Franchise zur Expansion in neue Märkte. Dabei muß das Produktkonzept in den jeweiligen Märkten sehr oft neu eingeführt werden. Mit Hilfe aufwendiger Werbekampagnen ist McDonald's in der Lage, Märkte zu öffnen, die Marktstellung nach gelungenem Markteintritt auszubauen und zu verteidigen. Das sehr breite Kundenpotential im Nahrungs- und Genußmittelbereich und die Änderung der Eßgewohnheiten in den meisten westlichen Staaten tragen zum Erfolg des McDonald's Konzeptes bei. Die Sicherung des Qualitätsstandards wird durch eine weitestgehende Automatisierung der Arbeitsgänge und sehr strenge Kontrollen ermöglicht.

3.2 Das Beispiel Aufina

3.2.1 Kurzbeschreibung des Systems

Der Begriff Aufina ist eine Wortschöpfung aus der Firmenbezeichnung Aufbaufinanzierung Naumann. Elfriede Naumann, die vor dem Krieg als Immobilienmaklerin für eine Bank in Dresden gearbeitet hatte, gründete das Unternehmen als Büro für Immobilienberatung 1956 in Wiesbaden.[6] Der wirtschaftliche Erfolg wuchs durch das Engagement des Sohnes der Firmengründerin, Hans Eberhardt Naumann, der das Unternehmen auf sechs Büros im Rhein-Main-Gebiet erweiterte. Im Jahre 1986 startete die Aufina GmbH als Franchise-Geber durch den Verkauf von drei Maklerbüros. Der Aufstieg gelang schnell und war erfolgreich (1987: 17 Franchise-Partner; 1992: 120 Partner). Im Jahre 1988 beteiligte sich die DBV Versicherungsgruppe mit 50 Prozent am Stammkapital der Aufina GmbH. Durch das Engagement der Commerzbank an der DBV Versicherung erhielt das Unternehmen zusätzlich noch enge Bindung an ein Kreditinstitut.

3.2.2 Produktspezifika

Das Nachfragepotential nach Beratungs- und Maklerdienstleistungen im Immobilienbereich besitzt industrielle Größenordnungen. Branchen-Insider sprechen von einem Umsatzvolumen von 200 bis 270 Mrd. DM an Immobilien pro Jahr in Deutschland. Davon wird in der Bundesrepublik nur etwa ein Drittel durch Makler vermittelt.

An Maklerprovision werden durchschnittlich etwa 4-6% des Verkaufswertes einer Immobilie verlangt. Für Deutschland typisch ist, daß in der Regel der Käufer diese Gebühr zu entrichten hat.[7]

Immobilienmakler besitzen einen außerordentlich schlechten Ruf. Dies kann auf verschiedene Faktoren zurückzuführen sein. Zum einen ist es psychologisch aus der Sicht des Käufers schwierig nachzuvollziehen, daß er für die Vermittlung seines Eigenheims eine fünfstellige Summe zahlen soll. Zum anderen haben Makler auch deshalb einen schwierigen Stand, weil die erzielte Verkaufssumme für den Verkäufer in der Regel zu niedrig und für den Käufer zu hoch erscheint. Schlechte Erfahrungen mit Maklern sprechen sich sehr schnell herum.

---

[6]Vgl. Aufina Presseschau (5/93), Aufina GmbH, Exel/Schmitt (1993).
[7]In einigen Bundesländern ist es üblich, daß Käufer und Verkäufer jeweils 3% Courtage zahlen. In den Vereinigten Staaten und in den meisten europäischen Staaten wird üblicherweise die Maklerprovision durch den Verkäufer gezahlt.

Prinzipiell bestehen für jeden Makler Anreize, bevorzugt unterbewertete Immobilien zu verkaufen, da hierdurch ein schnellerer Verkauf möglich ist und sowohl Umsatz als auch Gewinn steigen. Die Annahme von Vermittlungsaufträgen für relativ hoch bewertete Immobilien kann sich negativ auswirken, da die wahrscheinliche Wartezeit bis zum Verkauf zunimmt, zum anderen der Veräußerer evtl. den Verkaufspreis zurücknehmen muß.

Maklerprovisionen erscheinen im Vergleich zum Arbeitsaufwand, den der Käufer beim Makler wahrnimmt, zu hoch. Auch die Tatsache, daß der bereits durch den Kaufpreis nicht unerheblich belastete Immobilienbesitzer in spe nochmals zur Kasse gebeten wird, verstärkt bei diesem den subjektiven Eindruck von Unfairneß.[8]

Die Folge ist ein unerbittliches Feilschen des Kaufinteressenten um den Kaufpreis, mit dem Ziel, zumindest die Maklerprovision herauszuschlagen.

Die subjektive Einschätzung von unfairem Verhalten ist deshalb auch der Grund dafür, daß Maklerprovisionen regelmäßig Gegenstand von Streitigkeiten sind. Die Folge sind verzögerte Zahlungseingänge und zum Teil erbittert geführte Rechtsstreitigkeiten.[9]

Diese Hauptprobleme wurden von der Aufina Geschäftsführung relativ früh erkannt, weshalb Mittel und Wege gesucht wurden, sich von dem allgemeinen Image des Maklers zu lösen.

Wenn ein Immobilienbesitzer sein Anwesen durch einen Aufina Immobilienberater verkaufen lassen möchte, erhält er zunächst ein kostenloses Verkaufswertgutachten. Dieses ist ein Festpreisangebot, für das sich der Aufina Immobilienberater imstande sieht, zu verkaufen. Etwa die Hälfte bis zwei Drittel der Einkaufsverhandlungen scheitern an der Preisrigidität dieses Angebots, was man bei Aufina jedoch in Kauf nimmt, um eine Reputation als seriöser Partner aufzubauen und zu bewahren.

Das Verkaufswertgutachten stellt für den Aufina-Makler die Basis des Verkaufspreises dar. Zu dieser wird die Provision hinzugerechnet, was als Ergebnis den Festpreis ergibt, zu dem die Immobilie öffentlich angeboten und meistens auch notariell beurkundet wird.

Man vereinbart anschließend mit dem Käufer, 10% der Kaufsumme bei Beurkundung durch einen Notar als Anzahlung zu leisten. Aus dieser Anzahlung werden normalerweise erst die Forderungen von Makler und Notar befriedigt. Die restliche Summe geht an den Verkäufer. Dadurch realisiert der Aufina-Makler seine

---

[8] Gesellschaftliche Standards von Fairneß werden sehr oft von den Begleitumständen beeinflußt. Beispielsweise erscheint eine Gehaltskürzung einer Unternehmung mit gutem Geschäftsverlauf in einem Gebiet mit hoher Arbeitslosigkeit unfair, während die gleiche Gehaltskürzung bei einer Unternehmung mit schlechtem Geschäftsverlauf als fair empfunden wird (vgl. zu diesen Problemen Kahnemann/Knetsch/Thaler 1986, 733).

[9] Zudem werden Makler oft der Ausnutzung der Wohnungsnot beschuldigt, wenn sie Mietwohnungen vermitteln.

Forderungen relativ früh, vermeidet Rechtsstreitigkeiten und erzielt betriebswirtschaftliche Finanzierungsvorteile gegenüber dem Wettbewerb.[10] Somit wird die nicht rational begründbare Abneigung der Käufer (und Verkäufer) gegen eine separat ausgewiesene Maklergebühr umgangen. Ein weiterer Vorteil dieser Art von Provisionszahlung ist, daß die Neigung zum Feilschen um den Kaufpreis wesentlich reduziert wird. Dies wird darauf zurückgeführt, daß keiner der Beteiligten mehr der Versuchung unterliegt, durch Verhandlungen zumindest die Maklerprovision zu kürzen.

Für einen Immobilienmakler mit einem Allfinanzangebot ergeben sich zusätzliche Möglichkeiten, auch außerhalb der reinen Immobilienvermittlung Provisionen zu erwirtschaften. Jedoch ist es auch hier von entscheidender Wichtigkeit, dem Kunden ein Angebot zu offerieren, ohne daß dieser den Eindruck gewinnt, als wolle man sich an ihm ungerechtfertigt bereichern. Deshalb wird durch das Angebot eines 5-Punkte-Sicherheits- und Servicepakets in Form eines Scheckheftes eine zusätzliche Leistung offeriert, die von unabhängigen Maklern nicht erbracht werden kann: Haustechnik-Garantie für Käufer (vom Verkäufer gezahlte DBV-Versicherungsleistung), ServiceClub (Einkaufsvorteile durch Mitgliedschaft in einem Einkaufsverbund), Finanzierungs-Service (Allfinanz-Dienstleistungsangebot mit verbindlicher Darlehenszusage und 80% Beleihungsgarantie des Verkaufswertgutachtens), bundesweiter Angebotspool, sowie zusätzliche Service-Leistungen (Finanzierungs-beratung, Marktbericht, Verkaufswertgutachten, Steuerhilfebroschüren, Checklisten, Vertragsformulare, Handwerkervermittlungs-Service usw.)
Dabei mischen sich für den Makler rentable mit "unrentablen" Serviceofferten, so daß der seriöse Eindruck, den die Vertragsparteien vom Makler gewinnen sollen, bestätigt wird.

Im Bereich der Immobilienvermittlung besteht große Unsicherheit bezüglich der Qualität der Beratung. Die Taxierung der Kaufsumme kann z. T. große Unterschiede aufweisen. Es ist in der Branche bekannt, daß in der Bundesrepublik 70% aller Immobilienübertragungen von Privat an Privat ohne die Einschaltung eines Maklers vorgenommen werden. Argumente für die Einschaltung eines Maklers, Schnelligkeit und Zuverlässigkeit des Verkaufs sowie Sicherheitsargumente durch die

---

[10]Letzten Endes stehen sowohl Verkäufer als auch Käufer einem Take-It-Or-Leave-It Angebot des Maklers gegenüber. Diese Situation bewirkt offensichtlich eine Abnahme der Verhandlungsneigung der Verhandlungspartner.
Die Interpretation der 10% Anzahlung als Bestandteil des Kaupfpreises einer neuen Immobilie übt offenbar psychologisch eine andere Wirkung aus als die Tatsache, daß nach der Vermittlung eine separate Maklerrechnung zu zahlen ist, obwohl beide Transaktionen de facto finanztechnisch identisch sind.

Vorselektion der Interessenten, könnten die Bereitschaft der Käufer und Verkäufer für Maklerdienstleistungen erhöhen. Dagegen ist es schwierig, das Produkt der Maklerleistungen vom durch Personengesellschaften und kleinere GmbHs geprägten Wettbewerb abzugrenzen. Dies kann nur durch massive Werbung, ein erweitertes Servicepaket und durch die positive Erfahrung von Immobilienverkäufern geschehen, die dies mit Mund-zu-Mund-Werbung an andere Interessenten weitergeben. Hierzu gehört beispielsweise die strenge, an korrektem kaufmännischem Vorgehen orientierte, Auftretensweise als "Aufina-Immobilienberater", der sich von dem gemeinhin bekannten und berüchtigten Maklerimage abhebt.[11]

Ein solches Auftreten äußert sich unter anderem auch darin, daß der Vertrag für das exklusive Verkaufsrecht, den der Immobilienbesitzer mit dem Aufina-Makler abschließt, nur auf der Vorderseite mit wenigen Sätzen bedruckt ist, die das Exklusiv-Verkaufsrecht beschreiben. Der Vertrag mag aufgrund seiner wenig ausführlichen Gestaltung zwar rechtlich anfechtbar sein, schafft jedoch Vertrauen, da sich z. B. keine kleingedruckten Allgemeinen Geschäftsbedingungen auf der Rückseite des Formblattes befinden. Der Vorteil ist, daß Sinn und Inhalt des Vertrags von beiden Seiten respektiert und eingehalten werden.

Der Beschaffungsmarkt für die Makler ist dadurch gekennzeichnet, daß sich zumeist von eigenen Vermarktungsversuchen frustrierte Verkäufer oder Verkäufer mit hohen Zeit-Opportunitätskosten an einen Makler wenden. Der Wunsch hierbei ist, die Immobilie in möglichst kurzer Zeit zu verkaufen. Durch den Verkauf über einen seriös erscheinenden Makler erhofft sich der Verkäufer zudem eine Vorselektion der Interessenten. Insbesondere Ausspähungen durch Kriminelle sollen dadurch weitgehend ausgeschlossen werden.

Ein besonderer Vorteil, der sich für Käufer mit Interesse am überregionalen Immobilienmarkt offenbart, ist, daß der Makler vor Ort Angebote von auswärts unterbreiten oder an einen "Kollegen" verweisen kann, von dem der Kunde annimmt, daß er ebenso seriös ist wie der ihm bekannte Makler.

Innovatorisch am Aufina Konzept ist die Art des "Verkaufens" und der Darstellung der Maklerdienstleistungen, das seinen Ursprung in den USA hat. Die Konzentration auf Privatkunden und das von ihnen bevorzugte Immobiliensegment an Eigenheimen und Eigentumswohnungen erscheint zwar auf den ersten Blick als eine Einschränkung, jedoch stellen diese den größten Teil des Immobilienmarktes dar.

---

[11]Hierzu gehört die Ablehnung von Preisverhandlungen mit dem Verkäufer, die professionelle Ausstattung der Mitarbeiter und das professionelle Ambiente, das einen solchen Makler auszeichnet. Zudem wird das Geschäft im wesentlichen auf die Vermittlung von Wohneigentum beschränkt. Andere Geschäftsfelder wie die Vermittlung von Mietwohnungen werden derzeit nur auf besonderen Wunsch bearbeitet.

Die innovatorische Leistung von Aufina besteht darin, das Sytem der Provisionszahlungen revolutioniert zu haben und neben der reinen Vermittlungstätigkeit eine Reihe von standardisierten Zusatzdienstleistungen anzubieten. Dabei wird versucht, durch den Kontakt der verschiedenen Büros untereinander Synergieeffekte freizusetzen. Gegenseitige Vorteile bietet auch die Zusammenarbeit mit DBV Versicherungen und Commerzbankfilialen.[12] Durch die Kooperation mit einer Großbank erhält der Immobilienberater beispielsweise zusätzliche Reputationsvorteile und erhält die Möglichkeit, interessante Adressen von gut betuchten Anlegern zu erhalten. Bank und Versicherung profitieren im Gegenzug von den durch einen Immobilienverkauf anfallenden Finanztransaktionen.

3.2.3 Innenverhältnis

Das Aufina-Konzept zeichnet sich dadurch aus, daß die Organisation in den unterschiedlichen Maklerbüros strenge Standards aufweist, die jedoch in einigen Details modifiziert werden können. EDV und dazugehörige Programme liegen in ausgereifter Form vor, wodurch sich beispielsweise für einen Neueinsteiger Probleme der Büroorganisation erheblich verringern. Für Aufina kommen nicht in erster Linie Makler in Betracht, die bereits selbständig sind oder sich als Mitarbeiter eines Maklerbüros profiliert haben. Der größte Teil der Aufina-Franchisees ist branchenfremd (90%). Anreizregelungen für die Partner bestehen darin, daß durch die Selbständigkeit eine eigenständige Existenz gesichert wird, wobei neben dem kalkulatorischen Unternehmerlohn auch Gewinne realisiert werden sollen. Die fixen Franchise-Gebühren erscheinen relativ hoch, werden jedoch von den Franchise-Nehmern auch in dieser Höhe voll akzeptiert. Zu der Franchise-Gebühr in Höhe von derzeit 50.000,00 DM kommen Ausbildungskosten in Höhe von nochmals 22.000,00 DM; empfehlenswert ist zudem die passende Bürosoftware für 3.000,00 DM. Der gesamte Investitionsbedarf inclusive dieser Gebühren wird mit ca. 160.000,00 bis 250.000,00 DM angegeben.

Dafür sind die erzielbaren Provisionssätze im oberen Bereich der üblichen auf dem Markt verlangten Margen angesiedelt, und die Zusammenarbeit mit etablierten Partnern aus der Kredit- und Versicherungswirtschaft verspricht zusätzliche finanzielle Vorteile.[13]

---

[12]Die DBV Versicherungen hatten ihren 50% Anteil an Aufina erworben, um neue Vertriebswege zu öffnen. Die Übernahme der DBV Versicherungen durch die Commerzbank vervollständigte die Partnerschaft von Makler, Versicherungen und Bank.

[13]Der Anreiz, den Verkaufspreis einer Immobilie niedrig zu halten, besteht natürlich auch für Aufina Makler. Wenn Hypothekenbanken durchschnittlich 50% des Verkehrswertes einer Immobilie als Beleihungsgrundlage akzeptieren, ergibt sich mit der 80% Beleihungsgarantie der Commerzbank

Eine von Aufina herausgegebene Berechnungsgrundlage zeigt, daß die Gewinnschwelle bei gutem Geschäftsverlauf frühestens im dritten Jahr der Zusammenarbeit erreicht wird. Somit erscheint der Franchise-Vertrag mit fünf Jahren relativ kurz, und alles deutet darauf hin, daß die Verlängerung der Zusammenarbeit bei erfolgreichem Zusammenarbeiten erwünscht ist.

Die Auswahl der Franchise-Nehmer erfolgt in einem Beurteilungsverfahren (Assessment Center, Einstellungsgespräche), in dem die Bewerber nach Branchenerfahrung, Verkaufs- und Kontaktfähigkeit, Finanzkraft usw. selektiert werden. Durch die Einsicht in die Buchhaltung, die Rückmeldung der Partner (DBV und Commerzbank) und die direkte Kontrolle der Verkaufszahlen, besitzt die Systemzentrale sehr gute Kontrollmöglichkeiten. Zudem nehmen die Franchise-Nehmer die Beratungsdienstleistungen ihres Franchise-Beraters in Anspruch, der dabei einen guten Einblick in das Geschäft des Franchise-Nehmers erhält. Der Franchise-Geber erhält Einblick in die Buchhaltung der Franchise-Nehmer und besitzt damit die Sicherheit, daß keine Vermittlungen ohne sein Wissen und ohne Zahlung der Umsatzgebühr stattfinden.

Die innovativen Konzepte der Provisionsverrechnung sowie des umfangreichen Dienstleistungspaketes helfen, die Pionierstellung von Aufina zu sichern. Erstaunlicherweise wird das elegante und effiziente Verfahren der Provisionsabrechnung nur von sehr wenigen Wettbewerbern nachgeahmt.

Durch die Zusammenarbeit mit der Commerzbank und den DBV Versicherungs-vertretern werden dem Aufina-Franchisee nicht nur potentielle Kunden zugeführt. Die Möglichkeit der Vermittlung von Kapital-Lebensversicherungen zur Finanzierung von Immobilien bietet weitere gute Einnahmequellen mit zusätzlichen Provisionen. Auch Banken zahlen Provisionen für die Vermittlung von Geschäften.

3.2.4 Außenverhältnis

Durch die Selektion der Bewerber und das bis ins Detail ausgearbeitete Konzept wird eine Standardisierung der Dienstleistung erreicht, die über alle Franchise-Nehmer hinweg homogen erscheint. Die Kontrolle der Leistung einzelner Franchise-Nehmer erfolgt über die Verkaufszahlen sowie durch die Hilfestellung der Franchise-Berater. Zudem geben Informationen, die durch die Vertriebspartner Commerzbank und DBV Versicherung an die Zentrale geliefert werden, Hinweise bei der Beurteilung der Franchise-Nehmer. Hierdurch wird eine einheitliche

---

bei Unterstellung gleicher Risikoneigung der Großbanken die (böswillige) Vermutung, daß das Aufina Verkehrswertgutachten lediglich 62,5% des Verkehrswertes einer Immobilie ansetzt. Dies wird in dieser extremen Form wohl nicht zutreffen, bedeutet aber tendenziell, daß die "Immobilienbeschaffung" schwierig sein wird. In der Tat ist das Beschaffen von Angeboten der Aufina Büros Chefsache.

Dienstleistungsqualität erreicht, die für das Aufrechterhalten des Systems notwendig ist. Die Zentrale liefert exklusiv alle Werbemittel, Druckvorlagen und Hilfsmittel zu Herstellungskosten. Ferner erhalten die Franchise-Nehmer einen Einkaufsführer an die Hand.

Mehrfaches Fehlverhalten von Franchise-Nehmern gegen die Grundsätze des Unternehmens kann durch den Ausschluß aus dem System bestraft werden. Der wirtschaftliche Erfolg und das Ausschöpfen des Marktpotentials sind Zielsetzungen der Systemzentrale. Trotzdem gibt es Franchise-Nehmer, die den Anforderungen nicht gerecht werden und deshalb scheitern.

Die Anbieter auf dem Markt für Maklerdienstleistungen im Immobiliensektor waren bis vor wenigen Jahren hauptsächlich mittelständisch strukturiert. Durch die Tendenzen des Allfinanzkonzeptes, den die Großbanken und die Verbundgruppen der Volks- und Raiffeisenbanken sowie die Sparkassen anstrebten, verstärkt sich derzeit die Konzentration in diesem Bereich. Ein Überblick über die Größenordnung und Bedeutung der Aufina-Gruppe gibt die Umsatzzahl von über 1 Mrd. DM Vermittlungsumsatz im Jahr 1992. Dies erscheint nicht viel auf einem Markt mit 200 bis 270 Mrd. DM Volumen. Jedoch strebt die Gruppe an, bis zum Jahr 2000 etwa 350 bis 400 Franchise-Nehmer unter Vertrag zu nehmen. Dies würde in etwa einer Verdreifachung des Umsatzes entsprechen. Gleichzeitig dürfte auch das qualitative Wachstum des Umsatzes der Büros zunehmen, da in der derzeitigen Expansionsphase sehr viele Neulinge mit noch relativ geringen Anfangserfolg den Durchschnittsumsatz aller Franchise-Nehmer drücken.

Das Unternehmen steht mit seinem Dienstleistungspaket in Konkurrenz zu den Immobiliengesellschaften der Großbanken sowie den Verbundgruppen der Genossenschaftsbanken und der Sparkassen. Der Vorteil, den Aufina dabei genießt, ist in der noch mangelhaften Zusammenarbeit dieser Verbundgruppen zu sehen, die dabei Größenvorteile nicht nutzen. Dennoch strebt Aufina nicht in erster Linie die Marktanteile der Konkurrenz an, sondern versucht, Marktanteile in dem bisher von Privat zu Privat vermittelten Marktsegment zu gewinnen. Es ist das erklärte Ziel der Geschäftsleitung, die qualitative und quantitative Marktführerschaft im Sektor der Immobilienvermittlung in Deutschland zu erreichen. Dazu gehört nicht nur eine offene Informationspolitik sondern auch intensive Öffentlichkeitsarbeit, die sich beispielsweise in der Veröffentlichung des "Aufina-Index" widerspiegelt.

Da die Marktbearbeitung bezüglich Immobilienmaklerdienstleistungen für Privatkunden von allen anderen Marktteilnehmern noch nicht weit genug entwickelt wurde, könnte die Gruppe durch ihr ausgereiftes Konzept die Vorteile eines Marktpioniers erlangen. Jedoch ist das Wachstum von Aufina bei noch nicht abgeschlossen, und auch die angestrebte Marktabdeckung ist noch nicht erreicht.

Der Vergleich mit einem "mittelständischen" Wettbewerber zeigt, daß auch bei einem Maklerfilialunternehmen enorme Leistungen möglich sein können.[14] Jedoch dürfte einem System, das ein Paket an Dienstleistungen erbringen kann und sich der logistischen Unterstützung etablierter Partner aus dem Banken- und Versicherungswesen bedient, bessere Expansionschancen haben als ein allein auf das Immobiliengeschäft beschränktes Unternehmen.

Durch die große Zahl an Bewerbern für eine Aufina Franchise und die kurzen Ausbildungszeiten bestehen gute Aussichten, das Ziel von 350-400 Aufina Partnern in Deutschland bis zur Jahrtausendwende zu erreichen. Aufina ist in der Lage, durch seine gute Reputation Marktanteile zu sichern.

Diversifizierungstendenzen in Richtung anderer Märkte werden derzeit nicht gezielt forciert. Unter Umständen ist eine Ausweitung des Geschäfts auf die Vermittlung von Gewerbeimmobilien denkbar.

Aufina ist in der Lage, ihr Markenzeichen und das dazugehörige Produktprogramm vom Markt abzugrenzen. Jedoch gibt es bereits Nachahmer des Franchise-Konzepts und die bereits bestehende Konkurrenz durch Banken angegliederte Maklerinstitute. Die Zukunftschancen des Systems berechnen sich danach, wie schnell es gelingt, den Markt zu besetzen, bevor andere Maklerketten eine bundesweite Deckung mit intensiver Zusammenarbeit erreichen können. Strategische Vorteile könnten hierbei die Großbanken sowie die Sparkassen und Genossenschaftsbanken nutzen, die das Bundesgebiet bereits mit einem Filialsystem überzogen haben. Für eine weitere Expansion über die Grenzen der Bundesrepublik hinweg können dann jedoch keine Aussagen gemacht werden. Die Gruppe sieht sich als partnerschaftlichen Verbund, wobei Erfahrungsaustausch, Partnerkonferenzen, Schulungen und die Auszeichnung besonders erfolgreicher Mitarbeiter mit zu den Leistungen des Systemgebers gehören. Vorteilhaft ist außerdem die Kooperation mit Commerzbankfilialen und DBV Versicherungsvertretern innerhalb des Verkaufsgebietes. Durch eine überregionale Partnerschaft der Aufina Franchise-Nehmer können Skalen- und Verbundvorteile realisiert werden. Die Zusammenarbeit mit einem Versicherer und einer Bank eröffnet die Möglichkeiten eines Allfinanzkonzeptes. Ein überregional geförderter Erfahrungsaustausch läßt einen schnellen Informationsfluß innerhalb des Systems zu. Verbundvorteile durch eine Vielzahl von Partnern, die Commerzbankfilialen als Vermittler kapitalkräftiger Kunden und die DBV Versicherungen als Kapitalgeber und Vermittler von Versicherungsdienstleistungen, lassen sich damit realisieren.

---

[14]Einer der größten Immobilienmakler im Rhein-Main Gebiet erreicht mit 182 Mitarbeitern in 19 Büros im Rhein-Main-Gebiet und Stuttgarter Raum etwa die Hälfte des Immobilienumsatzes der gesamten Aufina-Franchise. Der geschäftsführende Geschäftsführer hatte seine Karriere als Makler bei Aufina in Wiesbaden begonnen. Das Unternehmen versucht, als Filialsystem (im Wettlauf mit Aufina) zu expandieren und plant den Gang an die Börse (vgl. Dahlkamp 1993).

3.3 Das Beispiel Quick-Schuh

3.3.1 Kurzbeschreibung des Systems

Das Quick-Schuh Franchise-System gehört zum Verbund der Nord-West-Ring Schuh-Einkaufsgenossenschaft eG und ist in Form einer GmbH & Co. KG organisiert. Die Franchise-Nehmer beteiligen sich mit einer Kommanditeinlage an dieser Gesellschaft. Bereits 1919 wurde die Nord-West-Schuhwareneinkaufs-genossenschaft e. GmbH in Hamburg gegründet. Die Gruppe entwickelte sich nach der Fusion mit der Ring-Schuh-Gruppe 1971 zur heute größten europäischen Schuh-Einkaufsvereinigung. Die Nord-West-Ring-Gruppe umfaßt neben der Einkaufs-genossenschaft drei Franchise-Angebote, Dienstleistungsunternehmen in Form eigener Rechtspersönlichkeiten sowie eine Verbundgruppe im Sport- und Lederwarenfacheinzelhandel (vgl. Nord-West-Ring (Hrsg.) 1993, Nord-West-Ring/Neef o. J). Quick-Schuh ist als ein dem Niedrigpreissegment der Schuhbranche zuzurechnende Gruppe im Nord-West-Ring-Verbund das älteste Franchise-System (seit 1969). Arbell (seit 1991) bewegt sich im Mittelpreissegment, und Sport Studio wird als Sportartikel Shop-in-Shop Franchise-Lösung angeboten.

Die Dienstleistungsunternehmen sind die Nord-West-Ring Bank eG, die GEFAM (Gesellschaft für Akquisition und Marktentwicklung) sowie die SBH (Softwareberatung für den Handel GmbH). Angegliedert sind außerdem die Fach-Sport Handelsgesellschaft mbH (Muttergesellschaft für Sport-Studio) und die Anconia Lederwaren-Einkaufs-GmbH. Der Zentralregulierungsumsatz betrug für alle Gruppenfirmen 1992 knapp 1,4 Mrd. DM.

Das Franchise-System Quick-Schuh entwickelte sich seit 1969 parallel neben den im Schuh-Einzelhandel tätigen Mitgliedern der Schuh-Einkaufsgenossenschaft. Insgesamt werden ca. 2000 Mitglieder mit 3300 Verkaufsstellen betreut. Der Franchise-Organisation Quick-Schuh gehören davon derzeit über 500 Partnerbetriebe an (Stand November 1993 in Deutschland: 430 Franchise-Partnerbetriebe).

Interessant ist, daß die Quick-Schuh Geschäfte in direkter Konkurrenz zu den Genossenschaftsmitgliedern der Nord-West-Ring Gruppe (selbständige Schuh-Einzelhandelsfachgeschäfte) stehen. Noch Anfang der 70er Jahre hatten die Genossenschafter ein Optionsrecht auf die Eröffnung eines franchisierten Quick-Schuh-Geschäftes in ihrem Verkaufsgebiet. Mittlerweile sind nur noch etwa die Hälfte der 430 in Deutschland etablierten Franchiseunternehmen in der Hand von der Einkaufsgenossenschaft angeschlossenen Einzelhändlern. Die Tendenz dabei ist eher rückläufig. Was ursprünglich als ein zweites Standbein der am Markt etablierten Schuhhäuser geplant war, entwickelte sich als eine Art Selbstläufer, nachdem viele etablierte Schuh-Einzelhändler der Franchise-Idee sehr lange reserviert gegenüber-standen. Quick-Schuh konnte erst in den letzten Jahren, nachdem zahlreiche

branchenfremde Existenzgründer für das Franchise-Konzept gefunden werden
konnten, stark expandieren und den Hauptkonkurrenten im Niedrigpreissegment, das
Filialunternehmen Deichmann Schuhe, mit der Anzahl der Verkaufsstellen einholen.

3.3.2 Produktspezifika

Quick-Schuh vertreibt ein volles Sortiment an modischen Schuhen des
Niedrigpreissegmentes für die gesamte Familie, es wird jedoch nicht die unterste
Qualitätsstufe angeboten.

Im Schuhmarkt herrscht offenbar eine recht hohe Qualitätsunsicherheit über das
vorhandene Angebot und den zu erwartenden Service. Zudem ist nach Aussagen von
Marktkennern das Einkaufsverhalten im Schuhbereich durch ein mangelndes Schuh-
und unzureichendes Markenbewußtsein geprägt. Offensichtlich kann das fehlende
Markenbewußtsein bei Schuhen durch die Wahl des Geschäfts, das durch seine
Identität Aufschluß über das angebotene Sortiment gibt, kompensiert werden. Ein
großer Vorteil der Quick-Schuh-Geschäfte ist offensichtlich, daß der Kunde
"anonym" das angebotene Sortiment begutachten und bei Nichtgefallen das Geschäft
ebenso "anonym" wieder verlassen kann. Anscheinend ist es der Käufergruppe im
Niedrigpreissegment unangenehm, vom Verkaufspersonal allzu intensiv beraten und
dabei möglicherweise zum Kauf von Schuhen überredet zu werden. Interessant ist,
daß neben den bestehenden Nord-West-Ring Fachgeschäften Quick-Schuh-Läden
eingerichtet werden können, ohne daß das bestehende Geschäft Umsatzeinbußen
erleidet. Dies deutet auf eine starke Segmentierung des Marktes hin. Das Quick-
Schuh-Konzept war, als es eingeführt wurde, insofern innovativ als man das
Sortiment konsequent auf preiswerte, modische Schuhe für die gesamte Familie
beschränkte und Angebot und Service den sich ändernden Verbrauchergewohnheiten
anpaßte.

3.3.3 Innenverhältnis

Der Franchise-Nehmer schließt seinen Vertrag über eine Mindestlaufzeit von drei
Jahren ab. Es ist möglich und erwünscht, auch für eine erheblich längere Laufzeit
abzuschließen. Die Franchise-Nehmer haben je Geschäft eine Kommanditeinlage
von DM 5.000,00 zu erbringen, die jährlich mit 6% verzinst und nach Beendigung
des Vertrags zurückgezahlt wird. Zusätzlich ist eine Eintrittsgebühr in Höhe von DM
3.000,00 für jedes eröffnete Quick-Schuh-Geschäft zu entrichten. Die variable
Franchise- und Werbegebühr beläuft sich auf weniger als 3% des Umsatzes. Als
Gesamtinvestitionssumme ist von etwa DM 250.000,00 bis 300.000,00 DM

auszugehen. Der Franchise-Geber liefert das gesamte Know-How und die technischen Hilfsmittel, die zur effizienten Betriebsführung erforderlich sind (EDV, kaufm. Hilfsmittel, Schulungen usw.). Aufgrund seiner Konzeption würde sich das System hervorragend zur Filialisierung eignen. Daher ist es nicht verwunderlich, daß der größte Franchise-Nehmer von Quick-Schuh mittlerweile 15 Geschäfte leitet. Es ist erstaunlich, warum die Nord-West-Ring Gruppe deshalb nicht selbst eine Politik der Filialisierung betreibt. Offenbar befürchtet man Reputationsverluste bei den der Genossenschaft angeschlossenen Schuh-Einzelhändlern.[15]

Umso erstaunlicher ist vor diesem Hintergrund die Tatsache, daß die Genossenschafter im Gegenzug nicht erheblich höhere Franchise-Gebühren als Kompensation für den Wettbewerber aus dem eigenen Haus verlangen.[16]

Eine Quick-Schuh-Franchise bringt viele Vorteile mit sich. Zum einen sind die Einkaufskonditionen der Gruppe günstig, zum anderen kann die Verbundgruppe eine Vielzahl von Dienstleistungen selbst erbringen. Dazu gehören Marktforschung, Standortplanung, Werbung, EDV, betriebswirtschaftliche Beratung, Bankdienstleistungen, Buchführung, Steuerberatung usw.

Der Franchise-Interessent hat zwei Möglichkeiten, eine Quick-Schuh-Franchise zu erhalten. Zum einen bietet er sein bestehendes Ladenlokal in guter Geschäftslage an, zum anderen kann ihm, nach umfangreicher Standortanalyse, ein Ladenlokal mit Hilfe von Maklern vermittelt werden.[17]

Die Mitarbeiterselektion erfolgt nach kaufmännischer Eignung, Einsatzbereitschaft und finanziellen Möglichkeiten. Gesucht wird nicht ein Kapitalanleger, sondern der "unternehmerisch denkende Manager". Die Gruppe erhält ihre Innovationsfähigkeit durch ihre vertragliche Konstruktion aufrecht, die gewährleistet, daß die Franchise-Nehmer auch als Kommanditisten ein Mitspracherecht in der Gesellschafterversammlung der Gesellschaft haben. Zudem führt die EDV-technische Vernetzung dazu, daß sehr schnell auf Nachfrageänderungen reagiert werden kann. Der Franchise-Geber behält sich vor, Einblick in die Buchhaltung zu erhalten, womit eine aktuelle und effiziente Kontrolle erreicht wird. Dadurch reduziert sich die externe Kontrolle durch einen Außendienstmitarbeiter auf einen Besuch pro Jahr. Ein weiterer positiver Effekt der permanenten Kontrolle ist, daß das wirtschaftliche Scheitern eines Franchise-Nehmers bisher ausgeschlossen werden konnte.

---

[15]Ähnliche Überlegungen sind auch für das Unternehmen Wella AG von Bedeutung, das sich scheut, trotz vorhandenen Know-Hows Friseursalons zu filialisieren oder zu franchisieren (vgl. Kubon-Gilke1994a).
[16]Die günstige Gebührenregelung ist offensichtlich noch ein Relikt aus der Zeit, als man versucht hatte, die Genossenschafter zur Eröffnung einer Quick-Schuh Filiale als zweitem Standbein zu bewegen.
[17]Mittlerweile erreicht das Immobilienvermittlungsgeschäft der Gruppe einen derartigen Umfang, daß man überlegt, dieses als einen wirtschaftlich selbständigen Dienstleistungsbereich auszugliedern.

Die Sicherung der Qualität der angebotenen Waren erfolgt durch die Kontrolle der Lieferungen der Einkaufsgenossenschaft. Deshalb kann sich der Konsument sicher sein, daß er das von ihm erwartete Sortiment in der von ihm erwarteten Qualität vorfindet.

Durch die aktuelle Kontrolle der Buchhaltung ist es dem Systemgeber möglich, zu überwachen, ob die vorgeschriebene Abnahmequote der vom Nord-West-Ring zu beziehenden Waren auch tatsächlich bezogen wurde.

30% des Sortiments wird den Geschäften fest eingeteilt, um die in der Werbung offerierten Artikel auch tatsächlich in jedem Laden anbieten zu können, weitere 30% sind aus dem allgemeinen Quick-Schuh-Sortiment zu ordern. Der Rest kann frei bestellt werden (vgl. Schurk/Maus/Frey 1992, 103). Offenbar bereitet diese Regelung sehr wenig Probleme, im Gegenteil, es werden mehr Artikel aus dem Nord-West-Ring Angebot angefordert als dies verlangt wäre.

Ein zusätzliches "Bonbon" für die Quick-Schuh Franchise-Nehmer ist die Option auf eine "Arbell" Franchise, ein Schuhgeschäft im mittleren Qualitätssegment. Damit soll offensichtlich die Kooperation mit verläßlichen Partnern weiter aufrecht erhalten werden.

Die Möglichkeit, eine nahezu unbegrenzte Verlängerung der Franchise zu erhalten, verstärkt die Tendenz, die wechselseitigen impliziten Vereinbarungen einzuhalten und gibt beiden Seiten Planungssicherheit.

3.3.4 Außenverhältnis

Aufgrund der guten Einkaufskonditionen ist das Quick-Schuh Franchise-System sehr gut konkurrenzfähig. Die Vorteile, die der Verbund mit dem Nord-West-Ring bietet, schafft Möglichkeiten, dem Wettbewerb offensiv zu begegnen. Dadurch kann selbst Konkurrenten, die eine spürbare Größenordnung auf dem Markt erreicht haben oder die großen Warenhauskonzernen angeschlossen sind, erfolgreich gegenübergetreten werden. Dadurch, daß sich die Kunden offenbar in unterschiedliche Preissegmente einteilen lassen, konnte sich Quick-Schuh relativ problemlos neben dem Schuh-Einzelhandel etablieren, ohne diesem Umsatzverluste zuzufügen. Problematisch könnte sich die marktdeckende Einführung der Arbell Franchise erweisen, da diese zumindest teilweise das Segment der Nord-West-Ring-Einzelhändler berührt.

Das Unternehmen besitzt die Fähigkeit, in ausländische Märkte vorzudringen. Erste Schritte zu den europäischen Nachbarstaaten, z. B. Holland, Frankreich (Arbell), nach Skandinavien und in Richtung des ehemaligen Ostblocks, wurden bereits unternommen. Etwa 70 der über 500 Partner sind im Ausland etabliert.

Die Quick-Schuh-Franchise ist in der Lage, ihr Angebot so darzustellen, daß den Nachfragern nach nur einmaligem Besuch des Geschäftes klar wird, wo der Sortimentschwerpunkt liegt. Quick-Schuh-Geschäfte lassen sich zudem schnell identifizieren. Die günstigen Einkaufs- und Verkaufspreise lassen zu, daß man sich von der Konkurrenz auf dem Markt abhebt. Dadurch, daß sich die Verbraucher bezüglich ihrer Auswahl an Schuhen stark segmentieren lassen, ist eine automatische Selektion der Kunden möglich.

Durch die günstigen Einkaufskonditionen ist man in der Lage, eine überdurchschnittlich gute Aufschlagskalkulation durchzusetzen, so daß die Zukunftsaussichten des Systems als sehr gut angesehen werden kann.

3.4 Das Beispiel Eismann

3.4.1 Kurzbeschreibung des Systems

Die Firma Eismann Tiefkühl-Heimservice GmbH ist eine 1974 gegründete Tochtergesellschaft der Milchhof GmbH & Co. KG, Mettmann. Die Muttergesellschaft begann 1965, ein Jahr nach ihrer Gründung, mit der Herstellung von Tiefkühlprodukten. Sie ist besser unter den Marken Moha Eis und Eismann bekannt.

Die Eismann Heimservice GmbH & Co. wurde gegründet, um den Vertrieb von eigenen und zugekauften Tiefkühlprodukten zu forcieren. Damit wurde eine Marktlücke entdeckt, mit der hohe Umsatzzuwächse erwirtschaftet wurden. Seit 1978 wurden verstärkt Expansionsbemühungen unternommen, die auf einem System von teils angestellten, teils franchisierten Verkaufsfahrern basierten. Nach der Anzahl der Franchise-Nehmer war Eismann im Jahre 1992 der zweitgrößte Franchise-Geber überhaupt in der Bundesrepublik, wobei alle Franchise-Nehmer im Westen stationiert waren. Dies mag damit zusammenhängen, daß Eismann Mitarbeiter zunächst einige Zeit (in der Regel 1 Jahr) als angestellte Verkaufsfahrer bzw. Franchise-Nehmer-Anwärter beschäftigt.[18]

Diese Franchise-Nehmer-Anwärter haben zur Aufgabe, neue Verkaufsgebiete zu erschließen und zu testen. Damit verbunden war ursprünglich die Idee, die umsatzstärksten Kandidaten zu selektieren und nur diese in das Franchise-Verhältnis zu übernehmen. Vorgesetztenpositionen (Tourenleiter, Distriktmanager) wurden normalerweise extern besetzt, so daß sich nach der Probezeit für die Anwärter nur die Alternativen Austritt oder Franchise-Vertrag boten.

3.4.2 Produktspezifika

Eismann liefert im Haus-zu-Haus-Verkehr ca. 260 Artikel an tiefgekühlten Lebensmitteln der Warengruppen Eiskrem, Gemüse und Obst, Torten und Konditoreiprodukte, Fisch und Fleisch sowie Geflügel und Wild. Zu Beginn der Tätigkeit war die Belieferung von Tiefkühlprodukten ins Haus eine Innovation, die vor allem dadurch gefördert wurde, daß sehr viele Haushalte, insbesondere in entlegenen Gebieten, noch nicht mobil genug waren und die Bevorratung von Lebensmitteln bevorzugt in Kühltruhen erfolgte. Dadurch ergab sich ein sehr großes Nachfragepotential. Das Produkt, das Eismann den Nachfragern anbietet, besteht nicht nur aus den Tiefkühlprodukten selbst, sondern auch in der Leistung, diese

---

[18]Es gibt mittlerweile wieder Bestrebungen, die Franchise-Nehmer ohne Übergangsphase in das Franchise-Verhältnis zu übernehmen (vgl. Hanser 1993).

Produkte ohne Unterbrechung der Kühlkette zu einem dem Kunden angenehmen Termin auszuliefern. Durch den zusätzlichen Service der Heimlieferung entstand eine spürbar höhere Zahlungsbereitschaft der Nachfrager für Eismann-Tiefkühlprodukte. Wegen der Gefährdung, der Tiefkühlprodukte bei Unterbrechung der Kühlkette unterliegen, und der allgemein hohen Qualitätsanforderungen, die an Lebensmittel gestellt werden, ist die Sorgfalt und Qualitätskontrolle von großer Bedeutung. Die Gestaltung des Verkaufswagens und das einheitliche Auftreten der Eismänner in ihrer speziellen Arbeitskleidung dient der Abgrenzung vom Wettbewerb. Jeder Kunde erhält regelmäßig einen Katalog, aus dem die angebotenen Waren und deren Preise ersichtlich sind.

Eismann war mit bo*frost einer der Pioniere im Bereich der Tiefkühl-Heimdienste.

3.4.3 Innenverhältnis

Der Umsatz eines Verkaufsfahrers ist in hohem Maß von dessen Fleiß, Freundlichkeit und Beratungstalent abhängig. Zu seinen Aufgaben gehört deshalb nicht nur die reine Distributionsleistung, sondern mittlerweile ebenso die sorgfältige Beratung der Kunden. Auch die Akquisition von Neukunden kann in den Aufgabenbereich des Verkaufsfahrers fallen. Dadurch, daß die Verkaufsfahrer relativ unkontrollierbar zu arbeiten scheinen und die eingeteilten Verkaufsgebiete von nur einem Fahrer bedient werden, sind nicht unerhebliche Kontrollprobleme zu erwarten. Deshalb wurde das Verkaufs-Konzept als Franchise-System gestaltet. Der Franchise-Nehmer hat eine Eintrittsgebühr in Höhe von 20.000,00 DM zu leisten. Dazu kommen zusätzlich 16.200,00 DM für diverse Hilfsmittel, Warenbestand usw. Die Zentrale legt die Verdienstmöglichkeiten des Franchise-Nehmers insofern fest, als es die Größe des Verkaufsgebietes und die Staffelrabatte bestimmt, die zwischen 15 und 31% des Umsatzes liegen und sich bei guten Leistungen steigern lassen. Im Durchschnitt werden Rabatte in Höhe von ca. 22-24% gewährt. Als variable Franchise-Gebühr sind 6% vom Umsatz abzuführen. Nach Abzug dieser Franchise-Gebühr verringert sich der Rohertrag des Franchise-Nehmers auf zwischen 9 und 25% des Umsatzes. Eine Prämie von 60,00 DM gibt es für das Anwerben von Neukunden, wobei verlorengegangene Kunden einen Abzug in der gleichen Höhe nach sich ziehen. Der Franchise-Nehmer zahlte in früheren Jahren seinen Verkaufswagen im allgemeinen durch eine Gebühr in Höhe von 3,25% des Umsatzes ab und trug alle laufenden Kosten. Heute besteht die Möglichkeit, daß die Verkaufsfahrzeuge vom Franchise-Geber gekauft werden. Wenn die Option "Kauf des LKW" gewählt wird, entsteht für einen Eismann-Franchise-Interessenten ein Kapitalbedarf in Höhe von 108.000,00 DM (LKW 78.000,00 DM, Eintrittsgebühr 20.000,00 DM, Warenbestand 10.000,00 DM). Zusätzlich zu den Kosten des

Verkaufswagens kommen noch Kosten aus einem umfangreichen Versicherungs-
paket, das Eismann seinen Fahrern nahelegt.
In der ersten Phase der Expansion muß die Ertragssituation noch überdurch-
schnittliche Einkommen zugelassen haben. Dies änderte sich offenbar durch
verschiedene Faktoren (Konkurrenz, sinkende Ausgabebereitschaft der Nachfrager).
Aus einer überschlägigen Betrachtung der Kosten und Schätzung der erzielbaren
Umsätze ist zu vermuten, daß Eismann-Franchisees offenbar kein sehr hohes
Nettoeinkommen erzielen. Pfau/Spiekermann/Wahsner (1986) berechnen anhand
eines realitätsnahen Modells, daß mit einem Umsatz auf durchschnittlichen Niveau
das vergleichbare Einkommen eines angestellten Verkaufsfahrers nicht erreicht wird.
Vermutlich war dies der Grund, daß Motivationsmängel bei den Verkaufsfahrern
auftraten, die die Unternehmensleitung zu verschiedenen Modifikationen des
Vertrages veranlaßten, was jedoch die Anreizstruktur offensichtlich nur unwesentlich
änderte.

3.4.4 Außenverhältnis

Die Qualitätssicherung der angebotenen Produkte erfolgt über strenge Kontrollen der
Zentrale. Dies ist insofern wirksam als die Verkaufsfahrer verpflichtet sind, ausschließlich Waren der Systemzentrale zu vertreiben. Die Verträge werden dadurch
gesichert, daß bei Beendigung des Franchise-Vertrages vor dem regulären Ende (in
der Regel 6 Jahre) ein Berufsverbot ausgesprochen wird, während bei
Vertragsbeendigung nach dieser Zeit eine Ausgleichszahlung erfolgt.
Zudem verbleibt die Kundenliste nach Vertragsbeendigung beim Systemgeber.

Bis etwa 1986 lieferten sich Eismann und bo*frost, ein Wettbewerber aus
Straelen/Niederrhein, ein Kopf-an-Kopf Rennen. Danach setzte sich bo*frost durch
und ist heute nach eigenen Angaben Marktführer in der Bundesrepublik
Deutschland.[19] bo*frost vertreibt seine Produkte ausschließlich durch angestellte
Verkaufsfahrer und ist Eigentümer aller Verkaufsfahrzeuge. bo*frost bietet seinen
Verkaufsfahrern durch ein Prämiensystem starke Anreize, was offensichtlich
zumindest ebenso gute Verkaufsresultate liefert wie das vergleichbare Franchise-
System. Die bo*frost-Verkaufsfahrer erhalten einen Grundlohn nach Tarif und

---

[19]bo*frost, Josef H. Boquoi GmbH. Das Unternehmen betreibt eigene Niederlassungen, Vertriebs
GmbH & Co. KG´s und einige Vertragspartnerschaftsunternehmen (=Franchising). Bo*frost gibt an,
daß es 1992 einen (wertmäßigen) Marktanteil im Direktvertrieb von Tiefkühlprodukten in der
Bundesrepublik Deutschland in Höhe von 57 % erreicht habe (1991: 55,6%); Eismann liegt diesen
Angaben zufolge bei 34,1 % (1991: 36,4%). Allerdings gibt dies keinen Aufschluß über die Höhe
des Gewinns beider Unternehmen.

können bei durchschnittlicher Arbeitsleistung eine in etwa gleich hohe Summe zusätzlich an Verkaufs- und sonstigen Prämien erhalten.

Eismann führte das Phänomen, daß angestellte Verkaufsfahrer ebenso hohe Umsätze erzielen wie Franchise-Nehmer auf Kapazitätsengpässe bezüglich der verfügbaren Zeit und des Verkaufswagens zurück.[20]

Dabei ist erstaunlich, daß die bo*frost-Fahrer erheblich weniger Kunden als ihre Kollegen von Eismann aufsuchen müssen. Es entsteht der Eindruck, als hätten die "Eismänner" durch den Druck, ihr großes Verkaufsgebiet flächendeckend zu bearbeiten, viel weniger Zeit, sich um die intensive Beratung der Kunden zu kümmern.

Die Kontrolle der Verkaufsfahrer erfolgt in beiden Fällen dadurch, daß zu Beginn der Tätigkeit Begleitfahrten mit Ausbildern bzw. Verkaufsleitern stattfinden, die sich wiederholen, wenn die Umsatzzahlen nicht den vorgegebenen Planzahlen entsprechen. Es ist nicht klar, ob und inwieweit die bo*frost-Fahrer besser motiviert sind als ihre Franchise-Kollegen. Jedoch scheint der bo*frost-Arbeitsvertrag größere Sicherheit und bessere Verdienstmöglichkeiten als eine Eismann-Franchise zu bieten. Auch scheinen die langfristigen Perspektiven, z. B. als Ausbilder, Verkaufsleiter, Niederlassungsleiter etc., die bei bo*frost intern besetzt werden, positive Anreize für ein engagierteres Arbeiten zu bieten.[21]

In der Zusammenfassung läßt sich sagen, daß sich die effiziente Anreizstruktur nur nach einer genauen Analyse der Umweltbedingungen ermitteln läßt. Dabei ist offenbar in dieser Branche von entscheidender Bedeutung, daß das Servicebedürfnis der Nachfrager befriedigt wird. Diesbezügliche Vorteile scheint das bo*frost-System zu besitzen.

Eismann betreibt nach wie vor eine starke Imagewerbung und expandiert weiter, obwohl es anscheinend in erheblich geringerem Ausmaß möglich ist, Franchise-Nehmer zu selektieren. Offenbar gelang es nicht, die Nachfrager so auf die Marke zu fixieren, daß die Konkurrenz aus dem Markt gehalten werden konnte.

Nach wie vor setzt Eismann auf internationale Expansion, besitzt z. B. ein Niederlassungsnetz in den Niederlanden und versucht weiter, sich international zu festigen. Beispielsweise wurde versucht, ein Café Eismann Franchise-System neu aufzubauen und im Inland sowie im europäischen Ausland zu etablieren (vgl. Pauli 1990, 52).[22]

---

[20]Eismann führte daraufhin ein, daß Franchise-Nehmer zusätzliche Verkaufswagen von der Zentrale anmieten und selbst Teilzeitkräfte zur Unterstützung einstellen konnten, was vorher nicht möglich war.

[21]Auch bo*frost bietet innerhalb seines Systems starke Anreize, da Partnerunternehmer (= Franchise-Nehmer) voll und Geschäftsführer der GmbH & Co. KG´s zum Teil an ihren Filialen beteiligt und deshalb in hohem Maße von den erzielten Umsätzen abhängig sind. Lediglich die Verkaufsfahrer sind durchweg Angestellte. Die Zahl der Niederlassungen überwiegt die Zahl der Partner und GmbH & Co. KG´s jedoch bei weitem.

[22]Es soll Pläne geben, die Eismann-Franchise bzw. Café Eismann sogar in Fernost zu etablieren.

Falls es zutrifft, daß der monetäre Erfolg der Franchise-Nehmer durch ein systemimmanente Anreizsystem verhindert wird und die Verkaufsfahrer deshalb mit ihren Perspektiven unzufrieden sind, wird dies mit der Zeit sicherlich Auswirkungen auf die Gewinnsituation des Unternehmens haben.[23]

Langfristig wird ein System, das die Anreize seiner Mitglieder vernachlässigt, nicht Bestand haben können.

---

[23]Vgl. zur Motivation von Verkaufsfahrern im Hinblick auf Verdienstsituation und Handlungs-kompetenz innerhalb eines Franchise-Systems Maas (1990).

3.5 Zusammenfassung

Das Finanzierungsargument

Das Beispiel McDonald's zeigt, daß Eintrittsgebühr und von Franchise-Nehmern erbrachte Investitionen für das Unternehmen eine wesentliche Rolle gespielt haben. Möglicherweise war es das Beispiel dieses Konzerns, das die theoretische Begründung des Franchising aufgrund von Kapitalmarktunvollkommenheiten provozierte. Dennoch läßt sich das Argument von Rubin (1978) nicht entkräften, das das Finanzierungsargument entkräftet. In der Tat wäre aus Sicht der Investitionstheorie die Investition in ein Portfolio mit gestreutem Risiko effizienter als in abgetrennte Geschäftslokale mit wirtschaftlicher Selbständigkeit und entsprechenden Risiken. Auch die empirischen Erkenntnisse von Brickley/Dark/Weisbach (1991) sprechen gegen eine Theorie, die sich auf Kapitalknappheit stützt. Letzten Endes dürfte es für franchisierende börsennotierte Großunternehmen wie McDonald's, ITT (Sheraton), Sears (Budget Rent-A-Car) oder die DBV-Versicherungen (Aufina) kein Problem sein, Kapital günstiger und effizienter zu beschaffen als über Franchise-Nehmer. Der Aufstieg und die Expansion großer Filialunternehmen aus kleinen Anfängen (z. B. die großen Lebensmitteldiscounter) würde zudem die Kapitalisierungstheorien in Frage stellen.

Mangel an geeigneten Managern

Die Screening-Wirkungen eines Franchise-Vertrages basieren auf der Annahme, daß Anreizregelungen und Anforderungen, die an die Franchise-Bewerber gestellt werden, eine Selektion der Franchise-Nehmer bewirken. Die Heterogenität der Vertragsgestaltung zwischen unterschiedlichen Franchise-Systemen und der unterschiedliche Erfolg von Franchise-Gebern, die eine ähnliche Vertragsgestaltung aufweisen, lassen an der grundsätzlichen und ausschließlichen Gültigkeit dieser Annahme zweifeln. Außerdem ist fraglich, ob durch diese Maßnahme ausführende oder für dispositive Aufgaben fähige Kräfte selektiert werden sollen. Besonders deutlich wird dies anhand des Beispiels der Tiefkühl-Verkaufsorganisationen. Es ist nicht klar, welches die Kriterien sein sollen, nach denen Bewerber ausgewählt werden. Der Widerspruch zwischen den geforderten Tugenden Unternehmungsgeist und Managementkönnen einerseits und Fleiß und Unterwerfung unter ein straffes Unternehmenskonzept andererseits lassen sich theoretisch nur schwer integrieren. Zudem ist fraglich, ob die eingesetzten Selektionsmechanismen auch tatsächlich die bestmöglichen Bewerber auszuwählen imstande sind. Damit dürfte die Selektions-

und Screening-Argumentation zumindest teilweise ohne theoretischen Unterbau im Raum stehen.[24] Letzten Endes müssen dispositiv tätige Franchise-Nehmer ebenso wie leitende Mitarbeiter eines großen Unternehmens ausgewählt werden. Die langfristige vertragliche Bindung, die Fluktuationskosten vermindern, Überwachungskosten minimieren und die Franchise-Nehmer disziplinieren soll, muß mit Anreizen einhergehen, die deren Leistungsbereitschaft und Motivation aufrechterhalten und fördern. Eine solche Aufgabe kann zwar durch Eigentum bindende Verträge offenbar leichter erreicht werden als mit konventionellen Arbeitsverträgen. Jedoch sind hier psychologische Fairneßgesichtspunkte von entscheidender Bedeutung für das Ergebnis.

Prinzipal-Agent-Ansätze

Wie bereits festgestellt wurde, sind die einfachen Ansätze der Prinzipal-Agent-Theorie wenig hilfreich bei der Beurteilung des Franchising. Beiträge, die sich der unterschiedlichen Risikoneigung von Franchise-Geber und Franchise-Nehmer widmen, vernachlässigen oft die Tatsache, daß die Franchise-Bindung mehr Risikofaktoren auf die beiden Partner verlagert als dies bei einer vertikalen Integration oder bei vertraglich freier Zusammenarbeit der Fall wäre. Tendenziell besteht deshalb die Neigung, die Investitionen von Franchise-Geber und Franchise-Nehmer, die dem jeweils anderen Partner anvertraut werden müssen, eher als effizienzmindernd denn als effizienzfördernd anzusehen.

Sehr oft wird dafür argumentiert, daß das Arbeitnehmer- bzw. Manager-Kontrollproblem durch die flachere zwei- oder mehrstufige Hierarchiestruktur internalisiert würde. Ebenfalls würden ansonsten notwendige Lohn-Zusatzleistungen wegfallen. Inwiefern dann die Kompensation der Franchise-Nehmer stattfindet, die derartige Überlegungen antizipieren können, bleibt offen. In der klassischen Argumentation würde Franchising dann als ein vergleichsweise teures Organisationsinstrument angesehen werden müssen, da die Investitionen aus Risikogesichtspunkten ineffizient getätigt werden.

Jedoch ist die praktische Interpretation theoretischer Erkenntnisse nicht einfach, wie das Beispiel der Tiefkühl-Verkaufsfahrer zeigt.

Aus dem Multi-Tasking-Ansatz von Holmström/Milgrom (1991) wäre eine Tendenz zur Festeinstellung zu erwarten, wenn der Grad der Risikoaversion und die Varianz der Signale für die Anstrengung des Agenten relativ hoch sind. Es zeigt sich, daß

---

[24]Ein Screening-Modell von Franchising unterstützt nicht die Sicht eines Verbundes selbständiger Unternehmer, sondern eher das Bestreben einer Unternehmung, die besten Mitarbeiter aus einer Reihe von Bewerbern auszuwählen.

sich eine derartige Klassifizierung nur schwierig durchführen läßt. Über die Risiko-aversion von Franchise-Nehmern kann keine Aussage getroffen werden, zumal Risikoaversion auch ein Produkt der Umweltzustände sein kann. Jedoch sind die Signale, die von der Tätigkeit des Verkaufsfahrers ausgehen, eindeutig feststellbar und nachvollziehbar. Dies trifft insbesondere dann zu, wenn eine unmittelbare Umsatzkontrolle stattfinden kann, die Leistung mehrerer Fahrer direkt vergleichbar ist und sich auch die Betriebskosten exakt kontrollieren lassen. Zudem ist eine relativ genaue Zufriedenheitskontrolle der Kunden gegeben, wenn diese die Möglichkeit haben, ihre Beschwerde telefonisch an die Geschäftsführung oder die nächste Niederlassung durchgeben zu können. Demzufolge sollten die Fahrer eigentlich selb-ständig sein. In diesem Fall müßte ihnen auch die Kundenliste gehören, damit die Anreize zur optimalen Kundenbetreuung richtig gesetzt wären.

Für den Fall der Festanstellung der Verkaufsfahrer müßte das Entlohnungsschema theoretisch so gestaltet sein, daß relativ geringe Leistungsanreize gegeben werden würden. In der Praxis erzielt ein angestellter Verkaufsfahrer bei bo*frost die Hälfte oder mehr seines Einkommens durch Prämien. Somit entzieht sich zumindest dieses Praxisbeispiel in gewisser Weise den generellen Agency-Theorien.

Es zeigt sich, daß offenbar eine Feinabstimmung der Anreizinstrumente erforderlich ist, wenn effiziente Ergebnisse erzielt werden sollen. Möglicherweise muß in diesem Zusammenhang noch viel mehr auf psychologische Erkenntnisse der Motivations-forschung zurückgegriffen werden.

Auch das von Mathewson und Winter (1985) vorgestellte Prinzipal-Agent-Schema ist letzten Endes nicht ganz schlüssig, da die Autoren als grundlegenden Mechanismus die Wirkung der glaubhaften Drohungen des Franchise-Gebers sehen, der in der Lage ist, den Fortbestand der Franchise-Beziehung zu kontrollieren. Es zeigt sich, daß mit dem vorliegenden Instrumentarium nur schwer allgemeine Aussagen getroffen werden können.

Bezüglich der Überwachungskosten wäre zu vermuten, daß leichter zu kontrollierende Einheiten filialisiert und schwierig zu kontrollierende Einheiten franchisiert sein müßten. Rubin (1978) sieht Franchising als ein Instrument einer Unternehmung an, mit der weit entfernte und schwierig zu kontrollierende Außenstellen betrieben werden können. Seine Theorie basiert auf der Annahme, daß Profitteilung Kosten reduziert. Einige empirische Untersuchungen geben ihm Recht (vgl. Brickley/Dark 1987, Norton 1988, Brickley/Dark/Weisbach 1991), andere widersprechen ihm (vgl. Minkler 1992).

Anhand der hier angeführten Beispiele läßt sich weder innerhalb der einzelnen Franchisen noch im Branchenvergleich der Franchise-Systeme eine eindeutige Aussage treffen. Besonders verwirrend ist das Beispiel der Tiefkühl-Verkaufsfahrer.

Transaktionskosten- und Spezifitätsargumente

Ein großer Nachteil der bestehenden Franchise-Theorie ist, daß sie bis auf wenige Ausnahmen die bestehenden Franchise-Organisationen als gegeben ansieht und versucht, diese zu erklären. Transaktionskostenvorteile einer Institution werden realisiert, wenn sich effiziente Investitionen realisieren lassen und gleichzeitig die hohen Anreize des Marktes (High Powered Incentives) genutzt werden können. Zur Absicherung der spezifischen Investitionen sind nach Williamson gegenseitige Unterpfänder notwendig.

Dnes bestreitet dies und führt die Existenz von Unterpfändern auf ex ante Screening zurück. Die versunkenen Kosten des Franchise-Nehmers seien als Unterpfand zu interpretieren. Durch die Bindung des Franchise-Nehmers gehe dieser eine Verpflichtung ein, die ihn unternehmerisch denken lasse und die den ökonomischen Erfolg des Systems gewährleisten würden. Dazu stehen die Erkenntnisse aus den Franchise-Beispielen im Einklang. Jedoch stellt sich die Frage, wozu letzten Endes eine Franchise-Organisation benötigt wird, wenn es darum geht, unternehmerische Initiativen zu selektieren und zu fördern. Den gleichen Zweck könnten ebensogut freiwillige Zusammenschlüsse (z. B. Einkaufsgenossenschaften) erfüllen. Die Mutterorganisation der Quick-Schuh-Franchise, die Nord-West-Ring-Schuh-Einkaufsgenossenschaft operiert seit Jahrzehnten erfolgreich mit diesem System der Belieferung unabhängiger Einzelhändler. Deshalb erscheint die Effizienztheorie, die die Sicht der Kosteneinsparung der Franchise-Geber zwar plausibel darstellt, als nicht allein ausreichend, um Franchising stichhaltig zu begründen.

Nachdem auch festgestellt wurde, daß Franchising nicht zwingend niedrigere Organisations- bzw. Transaktionskosten mit sich bringt, sollte sich die Betrachtung nicht nur auf Aspekte beschränken, die die Kosten der Kontrolle und Überwachung als Schlüsselfaktor zur Wahl der effizienten Unternehmung in den Vordergrund stellen.

Ein Wesensmerkmal des Franchising ist die Existenz einer gemeinsamen Marke.

Ebenso betont wird die kooperative Zusammenarbeit von Franchise-Nehmern und Franchise-Geber. Dadurch werden im Einkauf, bei der Verwaltung und in der Werbung große Einsparungen erzielt, die offensichtlich nicht immer an die Kunden weitergegeben werden. Expansion ist für jedes der Systeme eine Zielvorgabe, zudem ist es erklärtes Ziel, die Marktführerschaft des jeweiligen Marktsegmentes anzustreben. Es wird vermutet, daß die ökonomischen Mechanismen, die mit den Identitätseigenschaften einer Marke einhergehen, ein Schlüssel für das Verständnis des Einsatzes von Franchising sein können.[25]

---

[25]Vgl. Alchian/Woodward (1987, 131) betonen als Vorteil vor allem "Informational Economies of Scale", womit sie vor allem die gemeinsame Nutzung eines nationalen Markennamens hervorheben.

4 Qualitätsunsicherheit als Determinante für Franchising

4.1 Grundsätzliche Überlegungen

Das vorliegende Kapitel konzentriert sich auf den Fragenkomplex, inwieweit institutionelle Regelungen beitragen, den Effizienzverlust, der bei asymmetrischer Qualitätsinformation auf Märkten entstehen kann, zu verhindern. Zunächst wird das Problem der Effizienzverluste beschrieben und mögliche Lösungsformen aufgezeigt. Anschließend werden Signalisierungsinstrumente dargestellt, die zu einer Lösung dieses Effizienzproblems beitragen können. Der Schwerpunkt der Betrachtung liegt dabei auf einem selbstverstärkenden Reputations-Qualitätssicherungsmechanismus (vgl. Klein/Leffler 1981, Shapiro 1982, 1983). Es läßt sich modellhaft zeigen, daß ein solcher Mechanismus auf Märkten mit Wettbewerb bei gleichzeitiger asymmetrischer Information wirksam sein kann und dadurch Preisprämien für Produkte erzielt werden können, die Reputationsvorteile gegenüber ihren Konkurrenten besitzen.

Skaleneffekte aus Reputation können zu strategischen Vorteilen führen, die den Markteintritt von Konkurrenten behindern können (vgl. Telser 1960). Damit wird gezeigt, daß es durchaus Anreize für Franchising gibt, die außerhalb der Agency- und Transaktionskostenbetrachtung liegen und die trotzdem zu einem entsprechenden Organisations- bzw. Institutionendesign führen können (vgl. Stiglitz 1989). Die Mechanismen, die den Bestand der Institution sichern, sollten dabei selbstverstärkend sein (im Sinne von Telser 1980).

Die Frage der Lieferung und Sicherung von Qualität sowie die Kommunikation mit den Nachfragern besitzt enorme strategische Bedeutung (vgl. Dixit 1979).

Beispielsweise bewirken die Reputationsvorteile einer Marke externe Effekte auf Marktteilnehmer, so daß durch die Konstruktion der Franchise-Kette Anreize geschaffen werden, sich einer solchen Kette anzuschließen (vgl. Whinston 1990).

Diese Argumente in Kombination mit den Überlegungen der vorangegangenen Kapitel können möglicherweise die Identifikation von Waren- und Dienstleistungsmärkten zulassen, die sich besonders für Franchising eignen.

Die neoklassischen Annahme von homogener Produktqualität und vollkommener Information der Wirtschaftssubjekte ermöglicht eine kostenlose Taxierung aller angebotenen Güter, Gütereigenschaften und Preise.

Mit diesen vereinfachenden Annahmen gelangte man zwar zu fundamentalen Erkenntnissen, jedoch lieferte diese Theorie zu zahlreichen realen ökonomischen Problemen keine oder nur sehr unzureichende Erklärungen. Bahnbrechend waren deshalb die ersten Überlegungen von Ökonomen, Informationsaspekte in die ökonomische Theorie einzubeziehen. Besondere Verdienste erwarben sich Stigler (1961), Akerlof (1970), Jensen und Meckling (1976) und zahlreiche andere.

Deren Ideen brachten eine Fülle bis dahin in der Ökonomie vernachlässigter Fragestellungen zur Diskussion. Besondere Beachtung fand die Frage nach Quantifizierbarkeit und Handhabung der vielfältigen Dimensionen der Qualität von Gütern bei unvollkommener Information der Nachfrager (vgl. De Vany/Saving 1983, Drèze/Hagen 1978, Schwartz/Wilde 1985).

Die Messung der qualitativen Eigenschaften von Gütern verursacht höhere Kosten als die Ermittlung des Preisgefüges auf einem transparenten Markt. Es wird deshalb vermutet, daß es zu Reaktionen der Marktteilnehmer kommen wird, um diese Kosten zu reduzieren.

Barzel (1982) wies darauf hin, daß diese Qualitäts-Meßkosten und die Überwindung von Moral Hazard Einfluß auf die Organisation von Märkten haben können. Daraus ließe sich die Hypothese ableiten, daß sich - ganz im Darwinschen Sinne - Marktpraktiken und/oder Institutionen entwickelten, die den effektiven Preis der nachgefragten Güter minimierten, eingeschlossen speziell die Kosten der Prüfung von Qualitätsmerkmalen der Produkte (Eggertsson 1990, 200; vgl. North 1988).[1]

Akerlof zeigte erstmalig, daß die Folgen von asymmetrischen Informationsverteilungen im Extremfall ein Versagen des Marktmechanismus nach sich zögen, wobei Effizienzverluste entstünden. Es kann sich durch asymmetrische Informationsverteilungen das Problem ergeben, daß Transaktionen nicht getätigt werden, selbst wenn die Wertschätzung der potentiellen Nachfrager für ein Gut höher wäre als die der Anbieter.

Dabei wäre für die Effizienz des Marktes das Fehlen von Qualitätsinformationen an sich nicht problematisch, solange die Informationsverteilung symmetrisch ist.[2]

---

[1]Im Rahmen dieser Arbeit wird nicht auf kulturelle oder psychologisch-soziologische Umwelteinflüsse auf die Effizienz von Institutionen eingegangen (vgl. hierzu z. B. Wilkins/Ouchi 1983).

[2]Wiggins/Libecap (1985) wiesen darauf hin, daß bei asymmetrischer Information das Abschließen effizienter Verträge erheblich erschwert wird.

Es entstand aus diesen Überlegungen heraus die Vermutung, daß es Regelungen oder Institutionen geben könnte, die die Effizienz von Transaktionen vor dem Hintergrund asymmetrischer Informationen verbessern können (vgl. Grossman/ Stiglitz 1980).

Institutionen, die in der Lage sind, die Probleme der Qualitäts-Meßkosten und des Effizienzverlustes auf Märkten mit asymmetrischer Qualitätsinformation zu lösen, können kompetitive Vorteile erwerben und nutzen.[3]

Aufgrund von empirischen Erkenntnissen (vgl. Dnes 1992a) und theoretischen Überlegungen ergibt sich folgende Vermutung:

1) Franchising könnte eine institutionelle Lösung von Situationen mit Qualitäts-Unsicherheit darstellen, die die Effizienzverluste von asymmetrischer Information verringert

2) Franchising könnte aufgrund eines bestimmten Nachfragerverhaltens durch Reputationseffekte externe Effekte auf Marktteilnehmer ausüben, die sich strategisch nutzen lassen.[4]

Diesen Hypothesen wird im folgenden nachzugehen sein.

Zunächst werden die in der Literatur bekannten Ansätze zur asymmetrischen Information dargestellt. Anhand von Modellen in der Akerlofschen Tradition wird gezeigt, welche Probleme durch asymmetrische Informationen entstehen können und inwiefern exogene und endogene Mindeststandards der Qualität bei der Überwindung von Effizienzproblemen hilfreich sein können. Zusätzlich stellt sich die Frage, inwiefern beispielsweise durch Regelungen des Staates Pareto-verbesserte Ergebnisse zu erreichen sind.

Anschließend wird überprüft, inwiefern andere qualitätssichernden Mechanismen, Signale wie Garantien, Zertifikate, Preis und Werbung, eine gesamtwohlfahrtliche Verbesserung der Situation bewirken können.

Reputationseffekte in Verbindung mit irreversiblen Investitionen scheinen eine bedeutende Rolle bei der Überwindung von Qualitätsunsicherheiten zu spielen, wenn die exogene Beeinflussung des Marktgeschehens durch den Staat ausgeklammert

---

[3]Diese Idee stammt von Adam Smith, wurde von Marshall 1890 (1990) aufgegriffen und in jüngerer Zeit von Alchian und Demsetz (1972, 793) wieder in Erinnerung gebracht. Man vergleiche hierzu auch North (1984). Die Gewinner des ökonomischen Wettbewerbs (Filter of Competition; vgl. Eggertsson 1990, 57) müssen nicht immer die stärksten, intelligentesten und leistungsfähigsten Institutionen sein. Zur Kritik an den vereinfachenden Annahmen eines Darwinschen Selektionsprozesses in bezug auf Institutionen vgl. Basu/Jones/Schlicht (1987).
[4]Die Tatsache, daß Franchising erst in den Jahren nach dem 2. Weltkrieg entwickelt hat, gibt Anlaß zu der Vermutung, daß sich die Rahmenbedingungen für den Absatz von Gütern und Dienstleistungen gewandelt haben und möglicherweise durch die Einführung von Franchising ein institutioneller Anpassungsprozeß stattgefunden hat.

werden soll oder muß. Es läßt sich zeigen, daß der gleiche Mechanismus nicht nur das Kostenminimierungs- und Effizienzproblem der asymmetrischen Informationen löst, sondern unter konkreten Umwelt- und Verhaltensannahmen auch Anreize für institutionelle Regelungen wie z. B. Franchising verursacht.

4.1.1 Qualitätsunsicherheit und Suchmodelle

Der Konsument hat die Wahl, einen Suchprozeß auf sich zu nehmen oder sich direkt aus spontanen Kaufentscheidungen Informationen über die Qualität des von ihm gewünschten Gutes zu verschaffen. In den verschiedenen Modellen wird von unterschiedlichen Vorstellungen ausgegangen, wie Informationen zugänglich gemacht werden können (vgl. Kohn/Shavell 1974).

Meist werden periodisch wiederkehrende Kaufakte betrachtet. Dabei können Qualitätsinformationen durch Kommunikation mit diesbezüglich erfahrenen Konsumenten oder neutralen Beratungsstellen übermittelt werden. Die zweite, unter Umständen kostspieligere Verfahren ist, sich durch eigene Kauferfahrung sukzessive an das im Markt vorhandene nutzenoptimierende Produkt heranzutasten.

Nelson (1970) unterscheidet drei Arten von Gütern:

*Search-Goods, "Inspektionsgüter",
*Experience-Goods, "Erfahrungsgüter" und
*Credence-Goods, "Vertrauensgüter",
Güter, deren Qualität ex ante und ex post objektiv nicht meßbar ist.

Die Unterscheidung zwischen Inspektionsgütern und Erfahrungsgütern liegt in der vom Konsumenten bevorzugten Methode, Erfahrungen über den potentiellen Nutzen, der aus solchen Gütern erwächst, zu sammeln.

Im Fall eines Search Good kann der Käufer vor dem Kauf die Qualität des Gutes in Erfahrung bringen. Dies bedeutet eine Auswahl der auf dem Markt angebotenen homogenen Güter des gewünschten Nutzenniveaus. Derjenige Anbieter, der den geringsten Preis verlangt, erhält den Zuschlag. Jede Form der Informationsbeschaffung vor dem Kauf verursacht Kosten, sei es als direkte Kosten der Informationsbeschaffung oder als Opportunitätskosten der Zeit. Sie unterliegt dabei dem Kalkül der Suchenden. Abgesehen von der Tatsache, daß es unter Umständen unmöglich sein kann, Qualität ex ante zu bestimmen, wird sich das Verhalten eines rationalen Konsumenten an marginalen Kosten-Nutzen-Überlegungen orientieren. Ein Käufer mit einem rationalen Nutzenkalkül wird nur solange Informationskosten auf sich nehmen, wie die marginalen Kosten der Informationsbeschaffung die erwarteten marginalen Nutzenzuwächse unterschreiten.

Erfahrungsgüter dagegen sind Güter, bei welchen ein Informationsprozeß ex ante unmöglich bzw. die Informationskosten unverhältnismäßig hoch sind. Der primäre Informationsprozeß besteht darin, die Güter zu erwerben, um unmittelbar nach dem Kauf Beschaffenheit und Qualität festzustellen. Es handelt sich vornehmlich um Güter, deren Preis im Vergleich zum Suchaufwand niedrig ist. Das dritte, hier nicht weiter behandelte Segment an Gütern, der Bereich der Vertrauensgüter, versagt eine Qualitätsbeurteilung ex ante wie ex post.

Alle Suchmodelle unterscheiden sich bezüglich ihrer Umwelt- und Verhaltens-annahmen.

a) Einmalkauf vs. Mehrfachkauf
   Der Konsument verlangt in einem für ihn überblickbaren Zeitraum das Gut nur einmal oder mehrfach. Entsprechend unterschiedlich ist die Moral Hazard-Situation des Verkäufers. Beim Einmalkauf kann es zu "unbestraften" Betrügereien kommen, während beim Mehrfachkauf die Reputation des Verkäufers entscheidend ist und sich auf zukünftige Verkäufe auswirkt.

b) Erinnerungsvermögen/Lernvermögen
   Der Käufer ist nach seinem Kauf in der Lage, die Qualität des Gutes zu bestimmen, sie einzuordnen und die dabei gewonnene Erfahrung zu verarbeiten und zu speichern. Die gewonnene Erfahrung ist mehr oder weniger von Bedeutung für spätere Kaufakte.

c) Informationsübermittlung
   Die von einem Individuum aus einem vorausgehenden Geschäft gewonnenen Er-kenntnisse sind auf andere Konsumenten in einer bestimmten Geschwindigkeit übertragbar, oder es findet keine Informationsübertragung statt.

d) Finiter oder Infiniter Zeithorizont der Individuen
   Diese Annahme ist von entscheidender Bedeutung dann, wenn Mehrfachkäufe stattfinden. Es werden entscheidende Annahmen darüber getroffen, ob ein Anbieter in einer Periode Rip-off-Gewinne erzielen kann oder dies vor einem infiniten Zeithorizont nicht lohnend erscheint.

e) Annahme einer einzelnen oder mehrerer Zufallsverteilungen
   Es existiert beispielsweise eine Zufallsverteilung über den Preis des Gutes, über die Qualitätsverteilung, über ein anderes Merkmal (z. B. Garantiemerkmale) oder Kombinationen aus Zufallsverteilungen.

Analysiert wird in diesen Suchmodellen der Einfluß des Qualitätsangebotes auf Märkte und die Wechselwirkungen auf Nachfrage und Preis auf Märkten mit asym-metrischer Information. Die wichtigsten Suchmodelle sind:[5]

---

[5]Einen kurzen Überblick über verschiedene Suchmodelltypen gibt auch Wilde (1980a).

Modelle in der Tradition Akerlofs "Market for Lemons"

Dieses Modell ist die klassische Analyse, wie das Funktionieren von Märkten durch die Präsenz asymmetrischer Information beeinflußt wird. Als Modelle, die in dieser Tradition stehen, sind vor allem Leland (1977, 1979), Klein/Leffler (1981) und Shapiro (1983) zu nennen. Auf sie wird im Anschluß noch ausführlicher eingegangen.

Suchmodelle in der Tradition von Stigler (1961)

Stigler analysiert das Verhalten eines unvollkommen informierten Konsumenten, der ein homogenes Gut kaufen möchte. In diesem Modell variiert auf der Anbieterseite lediglich der Preis. Wenn ein Konsument ein Angebot einfordert, werden ihm dadurch alle relevanten Informationen übermittelt. Die Verteilung der Preise ist exogen vorgegeben, und es wird davon ausgegangen, daß der Nachfrager die Dichtefunktion der Kosten kennt. Da die Suche nach dem besten Angebot Kosten verursacht, muß eine optimale Strategie ausgewählt werden. Der Konsument bei Stigler setzt ex ante eine feste Anzahl von Angeboten fest, die eingeholt werden sollen, und kauft bei demjenigen Anbieter, der ihm den besten Preis angeboten hat. Die Überlegung, wie viele Angebote eingeholt werden sollen, unterliegt den traditionellen Kosten-Nutzen-Überlegungen.[6]

Stigler entwickelte folgende Hypothesen (vgl. Stigler 1961, 219):

- Je höher die Suchkosten, desto geringer ist der optimale Zeitaufwand der Suche und umgekehrt.

- Je wertvoller ein Gut ist, desto größer können die Ersparnisse sein, die aus der Suche resultieren. Eine umfangreiche Suche kann sich lohnen.

- Je größer die Varianz der Preise, desto mehr lohnt es sich, zu suchen.

---

[6]Dabei liegt die Überlegung zugrunde, daß der letzte Suchschritt marginal soviel an Kosten verursacht wie erwartet wird, wie an Preiseinsparung erwartet werden kann.

McCall (1965) kritisierte an Stiglers Modell, es sei bezüglich der ex ante Suchauswahl zu restriktiv, es dürfe nicht nur eine "Sample Size" - (Gesamt-) Auswahlstrategie, sondern es müßten auch sequentielle Strategien zugelassen werden. Bei ersterer entscheidet der potentielle Kunde ex ante die Anzahl der Preisanfragen. Stattdessen, so McCall, müsse dem Suchenden erlaubt sein, die Suche dann abzubrechen, wenn bestimmte Entscheidungskriterien erfüllt seien. Sein Suchmodell beschreibt einen Arbeiter, der einen Arbeitgeber mit der höchsten Lohnsumme sucht. Beide Optimierungsaufgaben - einerseits die Minimierung des Kaufpreises, andererseits die Maximierung des Lohns - sind analoge Anwendungsfälle für Suchstrategien, wenn der Zeithorizont und die Möglichkeit der Informationsverwertung gleich sind.

Es wird jedes Preisangebot mit einem hypothetischen Reservationspreis verglichen und danach entschieden, ob die Suche fortgesetzt wird.

Zentrales Ergebnis McCalls ist, daß eine optimale Strategie unter Einbeziehung eines Reservationspreises gefunden werden kann. Jedoch unterscheiden sich letztendlich die Ergebnisse McCalls nicht wesentlich von den Aussagen Stiglers.

Schmidt (1990) nutzt den Weg der Stiglerschen Suchmodelle, um den Einfluß von Konsumentenverhalten auf die Bildung von Verkaufs- oder Franchise-Ketten zu zeigen. Unter den Annahmen seines Modells mit überlappenden Generationen ermittelt er eine widerspruchsfreie Koexistenz von Marken- und Nichtmarkenprodukten. Aus der Ersparnis an Suchkosten, der bei Konsumenten dadurch entsteht, daß sie aus einer einmal gemachten Erfahrung lernen, leitet Schmidt her, daß Markenartikel gegenüber Nichtmarkenartikeln selbst dann auf dem Markt bestehen können, wenn sie in vergleichbarer Qualität zu einem höheren Preis angeboten werden. Je höher der Nutzen eines Wiederholungskaufs mit sicherer Qualität eingeschätzt wird, desto eher ist die Wahrscheinlichkeit gegeben, daß anstelle des Nichtmarkenartikels ein Markenartikel gewählt wird. In dem überlappenden Generationenmodell Schmidts, in dem Konsumenten in ihrem Leben zweimal Käufe tätigen, wird der Anteil an Markenartikelkäufern zunehmen, wenn der Anteil der unerfahrenen (jungen) Käufer relativ hoch ist. Dies resultiert aus einer unterstellten höheren Zukunftsbewertung (höherer Diskontfaktor) und damit höheren Bewertung des Lernens.

Bei Erfahrungsgütern und Gütern für Personen mit hohen Suchkosten wird demzufolge eine höhere Wahrscheinlichkeit für kompetitive Vorteile von Marken zu erwarten sein. Gleiches gilt auch für Güter, deren Wert im Vergleich zu den Suchkosten gering ist.

Zur allgemeinen Kritik an diesen Modellen sind einige wichtige Punkte aufzuführen: Es werden zumeist reine Erfahrungsgüter betrachtet, was bedeutet, daß es nicht möglich ist, Informationen über das Gut vor dem Kauf zu gewinnen. Die dadurch resultierende Vernachlässigung der Einflüsse von Signalen betreffend das Produkt oder den Produzenten (wie z. B. Werbung, Garantien etc.) fehlt in diesen Modellen, so daß nur ein Teil des realen Marktverhaltens modelliert wird. Vernachlässigt wird, inwiefern und welche Anreize bestehen, die Informationsdefizite zu beseitigen. Daß Informationen überhaupt nicht ausgetauscht werden, trägt dem realen Verhalten von Konsumenten nur unzureichend Rechnung. Die direkte oder indirekte Kommunikation der Anbieter mit den Nachfragern kann wesentlicher Bestandteil der Markttransaktion sein und verdient dementsprechende Berücksichtigung.

Zudem wird der Preiszuschlag auf Markenartikel als eine exogen vorgegebene Größe betrachtet und nicht das Zusammenwirken von Marktgegebenheiten und Preisverhalten in Betracht gezogen.[7]

Die Frage, warum letztlich nicht die Filialisierung Folge der Erkenntnisse Schmidts ist, wird mit Arbitragegewinnen aus den unterschiedlichen Kostenstrukturen von Franchise-Geber und Franchise-Nehmer begründet und bezieht sich dabei implizit auf veränderte Kostenstrukturen aufgrund der Selbständigkeit letzterer.[8]

Modelle nach Salop/Stiglitz (1977), Chan/Leland (1982/86)

Diese Modelle beschreiben das Verhalten von Produzenten und Konsumenten in Marktmodellen. Dabei werden Bestandteile aus den Modellen nach Akerlof und nach Stigler verwendet. Als grundlegend kann der Aufsatz von Salop und Stiglitz (1977) angesehen werden. Die Autoren beschreiben die Situation, in der zwei Gruppen von Konsumenten mit verschiedenen Kosten der Informationsbeschaffung versuchen, zu günstigst möglichen Preisen ein Gutes zu kaufen.

Auf der Seite der Produzenten liegt eine Produktionsfunktion vor, die zunehmende Kosten für die Produktion von Qualitätsprodukten aufweist. Konsumenten besitzen unterschiedliche Kosten der Informationsbeschaffung.

Allein durch die Annahme, daß unterschiedliche Kosten der Informationsgewinnung vorliegen, läßt sich nach Salop und Stiglitz ein Gleichgewicht monopolistischen

---

[7]Rothschild (1973) kritisierte bereits an Stigler (1961) wie an McCall (1965) und Nelson (1970), daß sie gerade die Ursachen der Preisverteilungen nicht erklären würden.

[8]Auch Minkler (1992) versucht, Franchising mittels eines Suchkostenansatzes zu begründen. Er stellt dar, daß die bisher existierenden Begründungen für Franchising nicht ausreichend seien. Sein Argument basiert auf der Annahme, daß Franchise-Nehmer wegen ihrer unternehmerischen Eigenschaften, die nicht weiter begründet werden, geringere Kosten bei der Suche nach Kunden hätten. Daraus resultiert das Ergebnis, daß Franchising vor allem in dem Franchise-Geber unbekannten Märkten und Filialisierung vor allem in dem Franchise-Geber bekannten Märkten anzutreffen sein müßte.

Wettbewerbs mit einer Preisstaffelung begründen, ungeachtet der Tatsache, daß das Gut von jedem Anbieter identisch angeboten wird. Es wird gezeigt, daß sich für ein homogenes Gut auf dem Markt ein Gleichgewicht bildet, das sich durch einen hohen und einen niedrigen Preis charakterisieren läßt.[9]

Chan und Leland (1982) analysieren in ihrem Modell Preis- und Qualitätsgleich- gewichte durch die Untersuchung unterschiedlicher Bedingungen bei der Informationsgewinnung. Zum einen sind nur Preisinformationen kostenlos, zum zweiten nur Qualitätsinformationen; zum dritten sind beide Informationen nur unter Aufwendung von Kosten erhältlich. Die Konsumenten stehen teilweise prohibitiven Suchkosten bezüglich Preis und Qualität gegenüber. Die Autoren ermitteln deshalb zwei Gleichgewichtssituationen. Eine Gleichgewichtssituation hat zwei unterschied- liche Preis-Qualitäts-Kombinationen zur Folge, wobei ein Teil der Konsumenten informiert ist, der andere Teil nicht. Sie ist sensibel bezüglich der Frage, welche Information (Preis- oder Qualität) kostenlos erhältlich ist.

Die andere Gleichgewichtssituation ist durch eine Preis-Qualitäts-Kombination gekennzeichnet, in der niemand informiert ist. Es kann insgesamt gesehen nicht zu einem Wettbewerbsergebnis kommen, es sei denn, für einen Teil der Nachfrager ist die Information kostenlos.

In einem späteren Aufsatz (Chan/Leland 1986) endogenisieren die beiden Autoren die Entscheidungen bei der Suche nach Preis- und Qualität. Sie zeigen, daß ein Wettbewerbsgleichgewicht nur dann entsteht, wenn ein ausreichend großer Anteil der Konsumenten vergleichsweise geringe Suchkosten hat. Als Ergebnis ermitteln Chan und Leland auch, daß die Preise (Qualitäten) positiv (negativ) mit den entsprechenden hohen Suchkosten der Konsumenten korrelieren.[10]

Als ein weiteres Ergebnis ihrer Arbeit präsentieren Chan und Leland die wohlfahrts- steigernden Auswirkungen der Werbung, insbesondere die Wirkung der öffentlichen Bekanntmachung von Preisen.[11]

---

[9]Wilde und Schwartz (1979) demonstrieren, daß es schon deshalb eine Preisstaffelung geben kann, wenn Konsumenten unterschiedliche Suchmethoden anwenden.
Salop/Stiglitz und Wilde/Schwartz beziehen sich auf die ex ante Heterogenität der Konsumenten, während Burdett/Judd (1983) eine Preisstaffelung auch aus ex post Heterogenität herleiten können.

[10]Diese Auffassung bestand auch ohne theoretische Untermauerung bereits einige Jahre vorher. Wilde (1980b) zitiert einen US-Senator namens Douglas, der in der Diskussion um das Wettbewerbsrecht geäußert haben soll, daß ein Anteil von 10% an kostenbewußten Käufern ausreiche, um ein wettbewerbsgerechtes Marktergebnis zu erzielen.
Varian (1980) dagegen zeigt in einem Modell die strategischen Möglichkeiten von Unternehmen, durch zufällige Preissetzungen informierte von uninformierten Kunden zu selektieren und damit effektive Preisdiskriminierung zu betreiben.

[11]Dagegen stehen die Aussagen vieler Berufsgruppen, insbesondere der freien Berufe, die die Werbung an sich und insbesondere die Bekanntgabe von Preisen als langfristig qualitätsde- stabilisierende Faktoren bezeichnen.

Mit diesem Artikel werden Annahmen über die Informationsbeschaffung und -verarbeitung der Konsumenten getroffen. Jedoch geben diese Modelle lediglich Hinweise darauf, inwiefern Preisprämien infolge asymmetrischer Information ermöglicht werden. Die Heterogenisierung des Anbietermarktes und eine mögliche Beseitigung asymmetrischer Informationen wird nicht beschritten.

Die Analyse eignet sich deshalb nicht unbedingt, Märkte von Erfahrungsgütern zu analysieren und eine qualitätsdifferenzierte Zahlungsbereitschaft der Nachfragerseite zu berücksichtigen.

Im folgenden werden deshalb Modelle in der Tradition des "Market for Lemons" ausführlicher dargestellt.

4.2 Qualität und asymmetrische Information in der Tradition Akerlofs

4.2.1 The Market for Lemons

Die klassische Analyse, die sich mit der überragenden Bedeutung von Qualitäts-fragen auf Märkten mit asymmetrischer Information beschäftigt, ist der Aufsatz von George A. Akerlof (1970). Dieser beschäftigte sich mit der Frage, inwiefern die Asymmetrie der Information bezüglich der angebotenen Qualität auf die Funktions-weise von Märkten Auswirkungen zeigt.[12]

Es gibt auf einem Markt Neuwagen und Gebrauchtwagen. Von jeder Kategorie gibt es gute (Peaches) und schlechte (Lemons/Zitronen) Exemplare. Ein guter Gebraucht-wagen sei ein vollkommenes Substitutionsgut für einen guten Neuwagen, ein schlechter Neuwagen ein vollkommenes Substitutionsgut für einen schlechten Gebrauchtwagen. Der Gleichgewichtspreis für einen Gebrauchtwagen muß nach Akerlofs Überlegungen niedriger liegen als der Preis für einen Neuwagen, selbst wenn der Anteil guter Wagen bei Gebrauchtwagen ebenso groß wäre wie bei Neu-wagen. Würde nämlich ein Gebrauchtwagen wie ein Neuwagen gehandelt, würde es sich lohnen, gleich einen Neuwagen zu kaufen, diesen zu testen und bei Mißfallen als Gebrauchtwagen zum gleichen Preis wieder zu verkaufen.

Es ist also zu erwarten, daß sich ein Gleichgewicht mit einem niedrigeren Preis für Gebrauchtwagen als für Neuwagen ergeben wird, und es zeigt sich, daß die einzigen Wagen, die verkauft werden sollen, schlechte Wagen sind.

Der Preis für Gebrauchtwagen müßte nämlich unterhalb des Preises für gute Wagen und oberhalb des Preises für schlechte Wagen anzusiedeln sein. Niemand würde einen guten Wagen verkaufen, wenn er dafür einen schlechten Preis erzielen würde, dagegen bietet es sich an, einen schlechten Wagen zu verkaufen, solange der Preis über dem Wert des Wagens liegt. Der Markt würde versagen. Mit diesem Beispiel bestätigte Akerlof das sog. "Gresham´s Law":

"Bad money drives good money out of the market."

Solange die Wertschätzung von Käufern und Verkäufern für die zur Disposition stehenden Güter gleich ist, ist die Frage nach der Existenz des Marktes unrelevant, da es keinen Effizienzverlust gibt, wenn nicht gehandelt wird.

Anders gelagert ist der Fall dann, wenn Nachfrager eine höhere Wertschätzung für Güter haben als die Anbieter und aufgrund der adversen Selektion weniger Güter auf dem Markt gehandelt werden als dies bei vollkommener Information der Fall wäre. Rasmusen (1990, 186) verdeutlicht diesen Fall anhand eines Beispiels.

---

[12] The Market for "Lemons": Quality Uncertainty and the Market Mechanism.

Die Anbieter wollen Gebrauchtwagen im Wert von zwischen DM 2000 bis DM 6000 verkaufen. Ihre Profitfunktion mit der in Geldeinheiten gemessenen Qualitäts-Wertschätzung q ist:[13]

$$Profit_A = P - q$$

Auf der Nachfragerseite herrscht eine um 20% höhere Wertschätzung für die auf dem Markt angebotene Qualität.

$$Profit_N = 1{,}2q - P$$

Abbildung 4.2.1.1: Gleichgewichtspreis bei asymmetrischer Information.

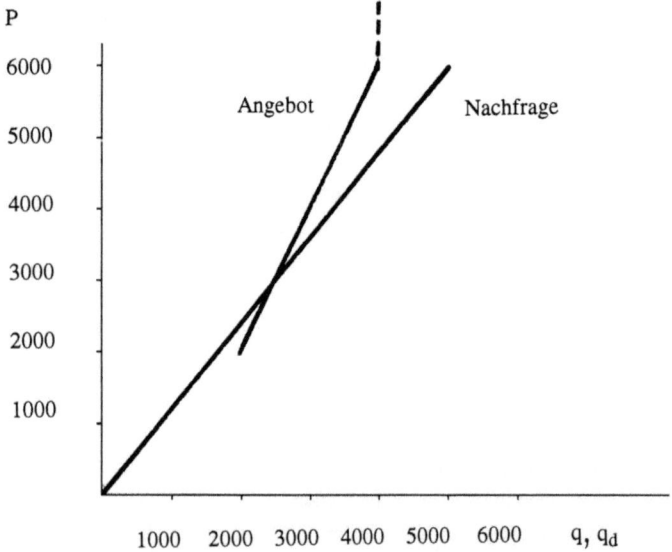

Obwohl die Nachfrager eine im Schnitt höhere Wertschätzung der Fahrzeuge haben, werden nicht alle Wagen verkauft. Der höchste Preis, zu dem noch Wagen verkauft werden, berechnet sich zu 3000.[14]

---

[13]Es wird von einem kontinuierlichen Spektrum der angebotenen Qualitäten ausgegangen.
[14]Dies ergibt sich aus den Bedingungen für ein Gleichgewicht eines Spiels mit asymmetrischer Information (vgl. Rasmusen 1989, 181-189).
Die Nachfragekurve bezieht sich auf die durchschnittliche angebotene Qualität q_d, während die Anbieter ihre Preiserwartungen am oberen Limit der angebotenen Qualität orientieren.

Bei vollkommener Information wären alle Wagen verkauft worden, da die Nachfrager bereit gewesen wären, für jeden Wagen mehr zu zahlen als die Verkäufer verlangt hätten. Es entsteht deshalb aufgrund der asymmetrischen Information ein Effizienzverlust.

Natürlich stellt sich die Frage, wie ein solches Ergebnis verhindert werden kann. Theoretisch könnte das neoklassische Gleichgewicht durch die Annahme wiederhergestellt werden, daß eine übergeordnete Instanz Regelungen trifft, die die Qualitätsunsicherheiten beseitigt. Andererseits bestehen durchaus auch für die Marktteilnehmer starke Anreize, vertragliche Arrangements und Marktpraktiken zu entwickeln, daß Erfahrungsgüter höherer Qualität, für die auf dem Markt auf Nachfragerseite eine höhere Wertschätzung besteht, auch abgesetzt werden.[15,16]

---

[15]Zu den Anreizkonstrukten für die Sicherung von Qualität durch die Vermeidung von Wettbewerb gehören vertikale Preisbindung, Alleinvertriebsrechte und vertragliche Bindungen. Diese wirken ohne unterstützende Maßnahmen oft nicht in ausreichendem Maße, solange durch die Verringerung des Qualitätsniveaus Gewinnsteigerungen der Produzenten möglich sind.
[16]Das sicherste Arrangement für industrielle Nachfrager, die Qualität für Inputgüter zu sichern, besteht in der vertikalen Integration vorgelagerter Produktionsstufen. Diese Lösung soll im folgenden nicht weiter betrachtet werden.

4.2.2 Qualität und Licensing

Hayne Leland (1979) zeigte, inwiefern sich die Einführung von Mindest-Qualitäts-standards auf Märkte auswirken könnte. In Lelands Ausgangsmodell wird das Akerlofsche Modell des Marktversagens herangezogen, das ein suboptimales Unterangebot an Qualitätsprodukten zur Folge hat. Dies wird mit der Preisbildung anhand der durchschnittlichen auf dem Markt angebotenen Qualität und der angebotenen Menge begründet.

Die Informationen über die Qualität angebotener Produkte ist in diesem Modell asymmetrisch verteilt, d. h. die Verkäufer eines Gutes wissen um die Qualität ihrer angebotenen Waren, während die potentiellen Käufer ex ante keine oder nur unvoll-ständige Informationen über das Warenangebot in qualitativer Hinsicht haben. In dem Modell richten sich die potentiellen Käufer nach der insgesamt auf dem Markt erhältlichen Durchschnittsqualität; diese Information ist kostenlos erhältlich. Es wird von einer exogen vorgegebenen gleichförmig verteilten Qualitätsspanne ausgegangen, die sich, bei unterstellter ebenso gleichförmiger Verteilung der Anbie-ter, innerhalb eines Intervalls von 0 bis 1 erstreckt. Jede anbietende Firma kann maximal eine Einheit der von ihr produzierbaren Qualität auf dem Markt offerieren. Dies bedeutet, daß der Qualitätsindex q ebenso als prozentualer Anteil des poten-tiellen Angebotes mit der Qualitätsstufe q und schlechter angesehen werden kann. Wie bei Akerlof werden auch hier die Opportunitätskosten für die Herstellung eines Gutes als mit der Qualität steigend angenommen:

$$C'(q) = \frac{dC(q)}{dq} > 0$$

Marktgleichgewicht

Für ein Marktgleichgewicht ist es notwendig, daß sich der Marktpreis in einer bestimmten Weise an der bestmöglich lieferbaren Qualität orientiert. Wie bereits Akerlof feststellte, werden die Anbieter eines Gutes mit der Qualität q_{max}, der maxi-malen auf dem Markt angebotenen Qualität, nur dann bereit sein, ihre Waren anzu-bieten, wenn gilt, daß der erzielbare Preis p mindestens deren Herstellungskosten entspricht, d. h.

$$p = C(q_{max})$$

Dies bedeutet: Alle Anbieter mit Produkten, die bestenfalls so gut sind wie q_{max}, werden ihre Waren anbieten, während Güter der Qualität oberhalb q_{max} nicht auf dem Markt angeboten werden.[17]

Die auf dem Markt verfügbare Durchschnittsqualität ist entsprechend den Annahmen $q_{max}/2$. Nachfrageseitig wird davon ausgegangen, daß sich die marginale Zahlungsbereitschaft des Kunden p nach Marktangebot y und Durchschnittsqualität q_d richtet:

$$p = p(q_d, y) = p(1/2\ q_{max}, q_{max})$$

Außerdem wird angenommen, daß der Nachfragepreis mit der (Durchschnitts-) Qualität steigt und mit der Angebotsmenge fällt.

$$p_q = \partial p/\partial q_d > 0$$

$$p_y = \partial p/\partial y \leq 0$$

Der Gleichgewichtspreis (Index e) auf diesem Markt muß den Opportunitätskosten der besten auf dem Markt gehandelten Qualitäten entsprechen, d. h.

$$p_e = C\ (q_{e\ max})$$

$$p(q_d, y) = C\ (q_{max})$$

Leland berechnet für einen konkreten Anwendungsfall einer linearen Preis-Absatz-Funktion und einer quadratischen Kostenfunktion das resultierende Gleichgewicht:

$$p(q_d, y) = \alpha + \beta q_d - \gamma y$$

$$C\ (q) = \delta q^2$$

Mit $y = q_{max}$, $q_d = 1/2 q_{max}$ und $p(q_d, y) = C\ (q)$ sowie den Parametern $\alpha, \beta, \gamma, \delta$ gleich 1 erhält man die beste im Gleichgewicht auf dem Markt angebotene Qualität als $q_{e\ max} = 0{,}78$.

---

[17]Diese Gleichung erfolgt aufgrund der Annahme, daß im Null-Gewinn-Wettbewerbsgleichgewicht trotz asymmetrischer Informationsverteilung zwischen Käufern und Verkäufern die angebotene Menge gleich der nachgefragten Menge ist. Leland beschränkt sich auf diese vereinfachte Gleichgewichtssituation mit der Begründung, daß die Zahl von Anbietern kurzfristig als konstant (unabhängig von den Marktpreisen) angesehen werden kann, auch wenn langfristig anderes gilt (vgl. Leland 1979, 1332 FN 9).

Markt-Versagen

Zur Analyse der Wohlfahrtsauswirkungen dieser Annahmen auf dem Markt wird die gesamtwirtschaftliche Wohlfahrtsfunktion wie folgt definiert:

$$W = \int_0^y p(q_d, y') dy' - \int_0^{q_{max}} C(q) dq$$

Differenziert nach q_{max} ergibt sich als Bedingung für das Gewinnmaximum im Gleichgewicht:

$$\frac{dW}{dq_{max}} = \frac{1}{2} \int_0^{q_{max}} p_q(q_d, y') dy' + p(q_d, q_{max}) - C(q_{max})$$

Im Gleichgewicht sind $p(q_d, q_{max})$ und $C(q_{max})$ gleich, woraus folgt, daß der marginale Nutzenzuwachs aus der Verbesserung der besten auf dem Markt angebotenen Qualität positiv ist, d. h. daß auch durch eine Anhebung der allgemeinen Markt-Durchschittsqualität Wohlfahrtsgewinne entstehen können:

$$\frac{dW}{dq_{max}}\Big|_{q_{emax}} = \frac{1}{2} \int_0^{q_e\,max} p_q(q_d, y') dy' > 0$$

Aus diesen Gleichungen folgert Leland, daß im Gleichgewicht eines offenen Marktes mit vorhandener asymmetrischer Information aus Wohlfahrtsgesichtspunkten ein Qualitäts-Unterangebot zu erwarten ist. Ein Wohlfahrtsmaximum wäre dann erreicht, wenn die Ableitung der Wohlfahrtsfunktion nach q_{max} im Gleichgewicht gleich Null wäre.[18]

Damit stellt sich die Frage, durch welche Maßnahmen das Marktergebnis effizienter gestaltet werden kann. Die naheliegendste Möglichkeit ist, Qualität exogen definieren zu lassen und auf dem Markt lediglich Güter von bestimmter klassifizierter Qualität zuzulassen. Dazu zählen beispielsweise Handelsklassen oder andere Maßnahmen der Produktklassifizierung.

Leland teilt deshalb das potentielle Güterangebot in zwei Klassen auf. Güter unterhalb einer Qualitätsschranke dürfen nicht auf dem Markt angeboten werden, Güter oberhalb dieser Schranke werden vermarktet. Die Einhaltung dieser Vorschrift wird staatlich perfekt überwacht.

---

[18]Die zweite Ableitung nach q_{max} müßte dann negativ sein.

Zulassungsbeschränkungen (licensing)[19]

In Anbetracht des Marktergebnisses auf dem "Lemons-Markt" stellt sich die Frage, inwiefern Qualitätsschranken marktwirksam werden können. Generell können Qualitätsschranken aus zwei ökonomischen Blickrichtungen interpretiert werden.

Zum einen existiert die Sichtweise, Qualitätsstandards als Mittel zur Realisierung von Monopolgewinnen zu interpretieren (Marktzugangsbeschränkungen/Angebotsverknappung). Diese Sichtweise wird mit Argumenten der monopolistischen Produktdifferenzierung untermauert.

Zum anderen wird untersucht, wie durch die Setzung von Mindeststandards Effizienzgewinne zur Steigerung der allgemeinen Wohlfahrt erwachsen. Auch hier geht man von Märkten mit asymmetrischer Information aus, bei denen der Verkäufer eines Produkts bessere Kenntnis über dieses hat als der Käufer. Unter den üblichen Annahmen leidet die Effizienz des Marktes bei einem Umfeld mit asymmetrischen Informationen. Es stellt sich die Frage, mit welchen Institutionen, Regelungen oder Verträgen wie bei symmetrischer Information effiziente Ergebnisse erzielt werden können.

Aus der sich anschließenden Erweiterung des Modells wird deutlich, daß durch die bewußte begrenzte Zulassung von Anbietern auf einem Markt Wohlfahrtssteigerungen möglich sind.

Es wird von einem Markt ausgegangen, bei dem von übergeordneter Stelle (z. B. Staat) eine untere Qualitätsschwelle L festgesetzt wird, unterhalb derer kein Anbieter zugelassen werden soll.

Das Marktangebot läßt sich dann formulieren als:

$$y = q_{max} - L$$

---

[19]Lizensierung im Sinne Lelands ist nicht mit Lizenzverträgen im rechtlichen Sinn zu verwechseln. Im Kontext dieser Arbeit bedeutet Lizensierung die Zulassung eines Gutes auf dem Markt aufgrund seiner Qualitätsklassifikation. Damit wird auch angedeutet, daß für einen Hersteller die angebotene Qualität nicht wie im Lemons-Beispiel exogen vorgegeben ist, sondern von ihm mit beeinflußt wird. Dies kann sich zum einen darin äußern, daß Nachbesserungen zugelassen werden, zum anderen, daß in der Wahl der Produktionsmittel die Qualität implizit bestimmt wird. Generell gilt jedoch:
Auf einem Markt mit vollkommenem Wettbewerb und fehlender Information der Konsumenten wird es aus Kostengründen nicht sinnvoll sein, Qualität von sich aus zu verbessern, wenn die Qualitätsverbesserung nicht sofort von den Konsumenten bemerkt und honoriert wird. Wenn sich der Käufer zudem noch allgemein an der Durchschnittsqualität orientiert, die auf dem Markt angeboten wird, erhält schließlich der Anbieter, der die Qualitätsverbesserung herbeigeführt hat, nur einen Bruchteil seiner Kosten ersetzt, während die Mitbewerber ohne eigenes Zutun profitieren.

Die Durchschnittsqualität beträgt in diesem Fall

$$q_d = \frac{1}{2}(q_{max} + L)$$

Aufgrund der Stabilitätsbedingungen muß gelten:

$$\frac{dq_{e\,max}}{dL} > 0$$

Es läßt sich also die Wohlfahrtsfunktion formulieren als:

$$W = \int_0^{q_{max}-L} p(q_d, y')dy' - \int_L^{q_{max}} C(q)dq$$

Differenziert nach L und einigen Umformungen ergibt sich:

$$\frac{dW}{dL} = [\int_0^{q_{emax}-L} \frac{1}{2} pq(q_{ed}, y')dy'\,] \,(\frac{dq_{e\,max}}{dL} + 1) + C(L) - C(q_{e\,max})$$

Um zu zeigen, daß Lizensierungen wohlfahrtssteigernd sind, ist zu prüfen, ob die erste Ableitung der Wohlfahrtsfunktion an der Stelle L = 0 ein positives Vorzeichen besitzt.

Leland geht, da anhand der allgemeinen Gleichung keine eindeutige Aussage getroffen werden kann, von der oben erwähnten linearen Preis-Absatz-Funktion sowie der quadratischen Qualitäts-Kostenfunktion aus und kommt zu folgendem Ergebnis:

Mindestqualitätsstandards verbessern die gesamtwirtschaftliche Wohlfahrt, wenn
a) die Nachfrage qualitäts-elastisch ist,
b) wenn die Nachfrageelastizität des Preises niedrig ist,
c) wenn die marginalen Kosten der Qualitätserzeugung relativ klein sind und
d) wenn die Zahlungsbereitschaft der Nachfrager für unterste Qualität verschwindet.

Die Lösung, daß Qualität durch staatliche oder übergeordnete Stellen garantiert wird, könnte in gewissem Umfang favorisiert werden. Jedoch ist nicht zu übersehen, daß auch die Qualitätsüberwachung des Staates Kosten verursacht.

Eine etwas unkonventionelle Lösung der Qualitätsproblematik nennt Gambetta (1988, 171). Ein Reisender, der in Süditalien ein Pferd kaufen will, ist gerne bereit, freiwillig eine Schutzgebühr an den Mafia-Chef zu zahlen, der den lokalen Pferdemarkt kontrolliert, um ein Pferd zu erhalten, das seinen Ansprüchen genügt. Der Mafioso vermittelt sowohl Verkäufer als auch Käufer den Anschein von Autorität und erscheint deshalb kompetent, den Käufer vor einem Fehlkauf zu bewahren.[20]

Eine solche Konstruktion erweckt den Eindruck, der Lösung des Zitronenproblems näherzukommen, jedoch zeigt sich schnell, daß durch die fehlende Internalisierung der Kosten von Käufer und Verkäufer Ineffizienzen entstehen können. Zum einen muß für die Qualitätsgarantie gezahlt werden. Zum anderen erhält der Mafioso auch Anreize, das Pferde-Angebot zu manipulieren, um von dem von ihm ausgewählten Verkäufer "Vermittlungsprovision" zu erhalten. Er wird sich zudem bemühen, Käufer, die ohne seinen Schutz Pferde kaufen wollen, mit Sicherheit betrügen zu lassen, um die Nachfrage nach seinem Produkt "Schutz vor Fehlkauf" zu steigern. Die Folge ist letzten Endes eine niedrigere angebotene Durchschnittsqualität, höhere Kosten, Reibungsverluste bei den Schutzgeldverhandlungen und Konkurrenz der Anbieter von Schutz-Dienstleistungen. Deshalb scheint ein Mechanismus, der ausschließlich Anbieter und Nachfrager bei der Qualitätssicherung involviert, sinnvoller zu sein.

Beseitigung von Qualitätsunsicherheiten durch die Anbieter von Gütern

Für die Anbieter von Gütern eines höheren Qualitätsniveaus bestehen Anreize, die Qualitätsunsicherheit der Nachfrager zu beseitigen, um die höhere Zahlungsbereitschaft der Konsumenten für Qualität zu nutzen.[21]

In diesem Zusammenhang ist unter anderem die Bildung von Zünften, Berufsverbänden usw. zu sehen. Es stellt sich die Frage, welches Ergebnis zu erwarten ist, wenn eine betroffene Berufsgruppe (Branche) selbst Mindeststandards setzen kann. Bei unterstellter Gewinnmaximierung erhält man:

$$\Pi = p(q_{e\,d}, y_e)y_e - \int_{L}^{q_{e\,max}} C(q)dq$$

---

[20]Die Mittel, durch die die Autorität und Kompetenz des Mafioso glaubhaft wird, werden nicht näher genannt.

[21]Es ist möglicherweise zu unterscheiden, ob die Bereitschaft, mehr für ein Gut zu zahlen, lediglich auf der Verteilung der Nachfrage basiert oder ob nachfragerspezifisch aufgrund Risikoaversion eine höhere Zahlungsbereitschaft für sichere Qualitäten besteht. Technisch ist diese Frage jedoch zunächst ohne Relevanz.

Dabei können $q_{e\ d}$ und y_e wie im vorigen Beispiel als Funktion von L aufgefaßt werden. Die Betrachtung der Wohlfahrtsfunktion läßt dann die Interpretation zu, daß die Setzung von Qualitäts- Mindeststandards im allgemeinen eher zu hohe als zu niedrige Schranken liefert (vgl. Leland 1979, 1338). Tendenziell sind eher zu hohe als zu niedrige Qualitätsschranken zu erwarten, da die angebotene Menge sinkt, wenn die Kostenfunktion der angebotenen Qualität als konvex angenommen werden kann. Bei einem Sinken der angebotenen Menge können die Anbieter die Qualität so setzen, daß die durchschnittliche Zahlungsbereitschaft für Qualität die marginale Zahlungsbereitschaft gerade nicht überschreitet. Dies ist das Qualitätskalkül einer monopolistischen Unternehmung. Mit Hilfe dieser Erkenntnisse lassen sich Preisprämien und eventuell Monopolgewinne aufgrund eines verringerten Wettbewerbs herleiten.

Die in den vorher genannten Modellen verwendete, sehr restriktive Annahme, daß keine Informationsflüsse stattfinden, läßt sich nicht immer aufrechterhalten. So ist es realistischer, daß Gleichgewichtssituationen mit asymmetrischen Informationen eher dazu neigen, daß sich ein neues Gleichgewicht mit verbesserter Informationsstruktur einstellt, da es Anreize für beide Seiten gibt, Informationen auszutauschen.
Informationen können direkt oder indirekt beispielsweise durch Signale übermittelt werden. Hierzu zählen zum Beispiel Garantien, Zertifikate, der Preis, Werbung, die Reputation des Unternehmens oder der Produkte und institutionelle Signalisierungsmöglichkeiten. So wird vielfach versucht, innerhalb von Verbänden und Überorganisationen allgemeine Qualitätsnormen zu schaffen, die für die Mitglieder als verbindlich angesehen werden. Eine Mitgliedschaft im Verband kann für die Nachfrager Signalwirkung besitzen.

4.3 Signale als Indikatoren für Qualität

4.3.1 Garantien als Signal für Qualität

Produktgarantien sind in der ökonomischen Praxis sehr häufig auftretende Signale, die in ihren Auswirkungen wirtschaftliches Verhalten beeinflussen können. Es sind zunächst einmal zwei Wege zu nennen, wie Garantien Eingang in die ökonomische und rechtliche Theorie gefunden haben. Garantien können einerseits als Möglichkeit der Hersteller gesehen werden, Konsumenten durch einseitige Beschneidung gesetzlicher Vorschriften zu übervorteilen (Exploitationstheorie, vgl. zusammenfassend Priest 1981, 1299-1302). Dies ist der Fall, wenn ein Anbieter bewußt falsche Garantieversprechen abgibt und davon ausgeht, daß die Käufer die Garantieleistung in nur wenigen Fällen einklagen können und wollen.

Andererseits - und dies ist die überwiegende Sichtweise - werden Garantien als Mittel gesehen, die in einem Absatzmarkt Signalwirkung ausüben können. Garantien sind somit Hilfs- und Orientierungsmittel für Konsumenten, die der Schwierigkeit gegenüberstehen, zum Zeitpunkt des Kaufs das Risiko einer Fehlfunktion des Produktes einzuschätzen. Es wurde zunächst angenommen, daß Zuverlässigkeit und Garantieversprechungen miteinander korrelieren würden (vgl. Spence 1974, 88-91). Je zuverlässiger das Produkt von seinem Hersteller eingeschätzt werde, desto unwahrscheinlicher und damit geringer seien die zu erwartenden Kosten einer zukünftigen Reparatur. Dadurch werde es ermöglicht, daß umfangreiche Garantieversprechungen geboten werden könnten. Aufgrund der Signalwirkungen der Produktgarantien könnten unter diesen Voraussetzungen von vornherein Rückschlüsse auf die Qualität des erwünschten Produktes gezogen werden. Durch die Signalwirkung der Garantien reduzieren sich für die Konsumenten die Kosten der Informationsbeschaffung, wobei die Möglichkeit von Irrtümern nicht ausgeschlossen werden kann.[22]

Die Signalwirkung von Garantien beruht vielfach darauf, daß durch die Gleichartigkeit von Garantien auf Ähnlichkeiten mit Produkten bekannter Qualität hingewiesen wird. In einem Umfeld mit hohen Suchkosten und großen Informationsdefiziten können deshalb Garantien als Wegweiser dienen.

Gewährleistungen werden dann fällig, wenn der meist für eine bestimmte Zeit und innerhalb eines definierten Bereichs garantierte Nutzen des Käufers unterschritten wird. Sie können in der Praxis darin bestehen, daß während einer bestimmten Zeitspanne das Gut zurückgegeben werden kann (Wandelung des Kaufvertrags), kosten-

---

[22]Beispielsweise kann ein Hersteller versuchen, seine Waren preisgünstig und damit qualitativ qualitativ minderwertiger herzustellen. Wenn es ihm gelingt, in den Verkaufspreis eine Versicherungsprämie für Garantieleistungen zu integrieren, wird es ihm deshalb auch möglich sein, umfangreiche Garantien zu geben, ohne die Produktqualität zu beeinflussen.

lose Nachbesserungen vorgenommen werden, oder daß eine kompensatorische Zahlung des Lieferanten als quasi Entschädigung an den Kunden gezahlt wird (Minderung des Kaufpreises).

Produktgarantien basieren sehr oft auf staatlichen Regelungen, d.h. gesetzlichen Vorschriften.

Damit werden beispielsweise die im Modell von Leland als wohlfahrtssteigernd dargestellten Mindestqualitätsschranken in die Praxis umgesetzt. Das ökonomische Einsatzgebiet von Garantieversprechen liegt jedoch sehr häufig darin, daß Hersteller versuchen, die besondere Haltbarkeit ihres Produktes durch eine wesentliche Verlängerung des gesetzlichen Garantiezeitraums hervorzuheben. Das Angebot einer Garantie verändert die Eigenschaften des Produkts, d. h. mittels Garantien kann Produktdifferenzierung betrieben werden, wobei unter bestimmten Bedingungen die Möglichkeit gegeben sein könnte, monopolistische Preisdiskriminierung zu betreiben (vgl. Varian 1989). Manche Käufer würden einen höheren Preis für Güter zahlen, wenn eine höhere Garantieleistung angeboten würde.

Man sollte annehmen, daß die erwarteten Kosten einer Garantieleistung negativ mit der Wahrscheinlichkeit eines Garantiefalles korrelieren würden.

In der Literatur werden Garantien sehr oft als eine Versicherung des Qualitätsrisikos beim Kauf eines Gutes gesehen (vgl. Heal 1977, Grossman 1981, Cooper/Ross 1984, 1985, Emons 1988, Welling 1989, Gal-Or 1989).

Es ist klar, daß bei Garantien wie bei Versicherungsleistungen ähnliche Probleme auftreten können. Beispielsweise erhöht sich die Wahrscheinlichkeit eines Reparaturfalles mit der Intensität der Benutzung. Bei einer Großfamilie dürfte also eine Reparatur einer Waschmaschine in der Garantiezeit wahrscheinlicher sein als in einem Singlehaushalt. Gewährleistungszeitraum und Preis werden für beide Fälle jedoch gleich sein. Ebenso ist es wahrscheinlich, daß Güter mit umfangreichen Garantien besonders stark beansprucht werden.

Wie bereits erwähnt, kann die Produktqualität als eine Art Zufallsvariable angesehen werden, da sich Zufallselemente der Produktion nicht vollständig verhindern lassen. Kontrollen in der Produktion und vor der Auslieferung an den Endverbraucher können die Zufallsvariablen zwar beeinflussen, jedoch ist zu berücksichtigen, daß höhere Durchschnittsqualität und engere Bandbreiten für Qualitätsschwankungen in der Regel überproportional Kosten verursachen. So kann es aus Sicht des Herstellers angebracht sein, aus Kostengesichtspunkten auf 100% Kontrollen während und nach der Herstellung zu verzichten und stattdessen mit gewährten Garantieleistungen zu versuchen, einen Ausgleich zu schaffen.[23]

---

[23]Vgl. zum optimalen Qualitätskalkül eines Herstellers Darby/Karni (1973).

Priest zählt drei empirisch nachgewiesene Fakten zur Garantie auf:

1. Garantien werden zumeist von einem Hersteller oder einem Händler angeboten, nicht von einem Dritten, der als Versicherer auftritt.

2. Garantien bieten im allgemeinen nicht vollständigen Versicherungsschutz.

3. Die Höhe eines Garantie-Versicherungsschutzes hat in der Regel keinen Bezug zur tatsächlichen Qualität des Produktes.

Die beiden ersten Aussagen lassen sich direkt aus Annahmen von Risikoaversion und Self-Selection-Argumenten herleiten (vgl. Krouse 1990, 518). Zum dritten Punkt äußerten sich Oi (1973, 1974), Kambhu (1982) und Cooper/Ross (1985).

Cooper und Ross gehen in ihrem Modell von der Tatsache aus, daß die Wahrscheinlichkeit des fehlerfreien Funktionierens eines Gutes sowohl von einer durch den Hersteller zu vertretenden Qualitätsvariable als auch von der Sorgfalt des Käufers im Umgang mit der Sache abhängt. In einem Zwei-Stufen-Entscheidungsmodell wird versucht, geeignete Anreize zu schaffen, so daß beide Parteien zu effizienten Aktionen angeregt werden. In einer ersten Stufe entscheiden die Parteien über den Einsatz der Faktoren q "Quality" und e "Effort". Bereits hier wird der Zielkonflikt einer doppelten Moral Hazard Situation deutlich, da beide Faktoren mit Kosten für jeweils eine Seite verbunden sind.

Die doppelte Moral Hazard Situation stellt sich wie folgt dar:

Das Verhalten des Käufers und seine Sorgfalt im Umgang mit dem Produkt kann zu einer höheren Wahrscheinlichkeit eines Schadensfalles führen, wodurch letztlich eine Garantieleistung des Anbieters herausgefordert werden kann.

Ansonsten besteht bei Nachfragern mit hohen Suchkosten, geringer Wahrscheinlichkeit der Informationsübermittlung an andere und begrenztem Zeithorizont die Möglichkeit für den Verkäufer, kurzfristig Gewinnmaximierung durch den Verkauf von Gütern minderer Qualität zu hohen Preisen zu betreiben. Die Auslegung des Garantiefalles liegt in der Regel beim Verkäufer. Möglicherweise verzichtet der Käufer auch auf seine Garantieleistung, da ihn der Verzicht auf dieses Recht unter Umständen weniger kostet als wenn er dieses (z. B. gerichtlich) einfordern würde.[24]

In einer zweiten Stufe des Modells sind Preis und Garantieanteil so festzulegen, daß möglichst gesamtwohlfahrtlich effiziente Ergebnisse erreicht werden.

Unter anderem läßt sich dabei auch ein positiver Zusammenhang von Qualität und Garantieleistung feststellen.

---

[24]Außerdem verfällt ein Recht auf Garantieleistungen, wenn die die Leistung schuldende Unternehmung nicht mehr am Markt ist (Konkurs, Liquidation).

Im allgemeinen, so die Autoren, sind Qualität und angebotene Garantieleistungen positiv korreliert. Es lassen sich jedoch auch Beispiele finden, in denen eine negative Korrelation vorliegt. Dies ist dann der Fall, wenn im Garantiefall zusätzliche Kostenkomponenten auftreten, die hauptsächlich die Unternehmung belasten. Als Beispiel werden japanische Automobilhersteller angeführt, die qualitativ bessere Kleinwagen herstellen als ihre amerikanische Konkurrenz, jedoch geringere Garantieleistungen anbieten. Als Erklärung werden Kostenvorteile in der Produktion von Gütern höherer Qualität genannt, die mit unverhältnismäßig hohen Kosten bei der Abwicklung von Garantiefällen (Ersatzteilbevorratung, Händlernetz) einhergehen.

Im Ergebnis würde dies bedeuten, daß Garantien nur nach einer genauen Analyse der Vertrags- und Umgebungsbedingungen als Signal zur Qualitätsermittlung einsetzbar sind.[25]

Garantien und Franchising

Ein Großteil an franchisierten Gütern und Dienstleistungen wird auf dem Markt angeboten, ohne daß explizit Garantien gewährt werden, so daß sich zunächst der Gedanke aufdrängt, Garantien seien im Fall des Franchising ohne Bedeutung. Dabei liegt es vielfach in der Natur der Sache, daß es teilweise unmöglich ist, Garantien auf Güter und Dienstleistungen zu geben, die mit Franchising auf dem Markt angeboten werden. So scheiden beispielsweise Experience Güter aus, deren Bewertung nur subjektiv vorgenommen werden kann. Eine Garantie für ein Getränk, ein Gericht, Hotelübernachtungen oder Makler- bzw. Unternehmensberatungsdienstleistungen sind unüblich. Es besteht die Schwierigkeit, keine objektiv meßbaren Grundlagen zu besitzen. Trotzdem läßt sich feststellen, daß die Nachfrager sich sehr wohl bewußt sind, welche Art von Qualität sie erwarten, wenn sie z. B. ein McDonald´s Restaurant aufsuchen oder Schuhe bei Quick-Schuh einkaufen.[26]

Offensichtlich müssen der Qualitätssignalisierung z. T. andere Mechanismen zugrunde liegen.

---

[25]Gleicher Ansicht ist Shapiro (1983), der wegen der doppelten Moral-Hazard Situation Garantien als nicht geeignetes Mittel zur Signalisierung von Qualität hält.
Zu einem Ergebnis, das zumindest theoretisch zweideutig ist, gelangt Emons (1988). Er weist jedoch auch darauf hin, daß nur zwei der sechs von ihm ermittelten möglichen Gleichgewichtssituationen eine negative Korrelation zwischen Garantie und Qualität zulassen (Emons 1988, 32).
[26]Andererseits existieren gerade im Konsumgüterbereich sehr oft gesetzliche Mindeststandards, die Garantien überflüssig machen können. Ein großer Anteil franchisierter Güter wie Computer, PKW usw. wird mit marktüblichen Garantien ausgeliefert. Die Garantieleistungen der Franchise-Nehmer werden in einer Art Kulanzregelung mit dem Franchise-Geber verrechnet oder sind versicherungstechnisch abgedeckt.

4.3.2 Zertifikate als Signal für Qualität

Es ist in der Praxis sehr oft zu beobachten, daß Güter auf dem Markt angeboten werden, die sich durch Zertifikate, Gütesiegel, Auszeichnungen, Prämierungen etc. vom übrigen Warenangebot abheben sollen. Beispielsweise gibt das Deutsche Weinsiegel Auskunft darüber, daß der betreffende ausgezeichnete Wein von einem Gremium von Weinspezialisten verkostet und klassifiziert wurde. Damit wird dem Wein eine gewisse Mindestqualität unterstellt.

Das CE- oder GS-Zeichen bzw. die TÜV-Plakette signalisiert einen von technischen Experten überprüften Mindeststandard in technischer Gebrauchssicherheit. Andere, wie das auf dem Produkt angebrachte Urteil der Stiftung Warentest, das Qualitätszertifikat nach DIN 9000 ff. oder das Siegel der ständigen Kontrolle durch staatlich vereidigte Experten oder Institute, signalisieren einen gleichbleibend hohen Standard der serienmäßig hergestellten Qualität.

An diese "offiziellen" Gütesiegel und Zertifikate lehnen sich zahlreiche firmeninterne Phantasie-Auszeichnungen an, die von den Herstellern in bestimmter Art und Weise auf dem Produkt angebracht wurden, um die Produkte aufzuwerten. Ähnliche Effekte erhoffen sich Unternehmen durch die öffentliche Bekanntgabe ihrer Zertifizierung anhand der DIN/ISO-Qualitätssicherungsnormen. Damit wird die Präsenz einer Organisationsstruktur zertifiziert, die für geeignet gehalten wird, die Produktion von Gütern mit gleichbleibender Qualität zu sichern.

Durch die Zertifizierung an sich werden analog den Garantien die Produkte qualitativ nicht verändert. Es bestehen jedoch Anreize, Zertifikate einzuführen, um Unsicherheiten der Marktgegebenheiten zu vermindern. Mit Hilfe dieser Auszeichnungen wird versucht, Produktdifferenzierung zu betreiben.

Für die Nachfrager wird der Markt transparenter, d. h. das Risiko eines Fehlkaufs wird eingeschränkt.

Die Zertifizierung erlaubt es, daß die Reputation des prüfenden Instituts auf die hergestellten Güter übertragen wird. Da die Begutachtung und Zertifizierung durch anerkannte Institute für die Produzenten oft einen aufwendigen zusätzlichen Produktionsschritt darstellt, werden zertifizierte Waren in der Regel teurer angeboten werden als Güter vergleichbarer Qualität ohne Zertifikat. Außerdem kann die höhere Zahlungsbereitschaft der Konsumenten für eine geringere Varianz der Qualität (bestätigt durch die Zertifizierung) bei der Preisgestaltung der Anbieter genutzt werden.

Es stellt sich die Frage, inwieweit Konsumenten bereit sind, Preisaufschläge zu zahlen, die mit der Zertifizierung einhergehen. Einerseits stellt die Zertifizierung eine Art Sicherung vor dem Unterschreiten der Mindestqualität dar, die im Sinne von Lelands Untersuchungen wohlfahrtssteigernd sein kann. Andererseits ist damit auch ein wohlfahrtsmindernder Effekt verbunden, der mit der Verknappung des Angebots einhergeht, wenn dadurch der Marktzugang erschwert oder unmöglich gemacht wird.[27]

Ähnliche Maßnahmen und die Mechanismen zur Erhöhung der Kosten eines Wettbewerbers beschreiben beispielsweise Salop/Scheffman (1983).

Zertifizierung und Franchising

Einige franchisierte Betriebe nutzen das Instrument des Zertifizierens ihrer angebotenen Güter und Dienstleistungen. Es ist jedoch davon auszugehen, daß dies weniger ein franchise-typisches als ein den spezifischen Marktgegebenheiten angepaßtes Verhalten darstellt. Die bei einer Qualitätszertifizierung notwendigen dauernden Kontrollen des Produktionsvorganges werden in der Regel anderweitig, d. h. durch Mechanismen gewährleistet, die im Franchise-Vertragsverhältnis selbst begründet sind.

Die Zugehörigkeit eines Marktanbieters zu einem Franchise-System beispielsweise kann selbst als eine Art Zertifizierungs-Signal dienen.

Um dieses zu erreichen, muß der Franchise-Geber glaubhaft machen, daß bei Verstößen gegen die verlangten Qualitätsgrundsätze hart und unbestechlich vorgegangen wird. Dieses wird möglicherweise dadurch bestärkt, daß der Franchise-Geber durch die Kontrolle über den Fortbestand des Franchise-Vertrages Zugriff auf das Vermögen des Franchise-Nehmers hat. Gesetze, die diese Zugangsbeschränkungen mindern, verhindern zwar die Moral Hazard-Situation, wirken aber gegen die Mechanismen der Qualitätssicherung.

4.3.3 Preise als Qualitätssignale

Preise stehen, wie Stiglitz (1987a) resümiert, zumeist in einem engen Zusammenhang mit der Qualität des Güterangebots auf einem Markt.

Auf Märkten mit unvollständiger Information, auf denen über die Qualität der angebotenen Güter auf Käuferseite ex ante keine Informationen vorliegen, ist zu vermuten, daß der Preis eine Signalfunktion ausübt. So könnte ein Zusammenhang zwischen Preis und Kostenfunktion hergestellt werden. Der höhere Preis würde

---

[27]Zertifizierungen können durchaus gute Signale für die Produktqualität darstellen. Dabei besteht für ein Prüfinstitut durchaus der Anreiz, seine Qualität der Überprüfung stabil zu halten, wenn es sich lohnt, langfristig seine Glaubhaftigkeit zu behalten.

Wenn Zertifizierungen als ein öffentliches Gut angeboten werden und die Abhängigkeit von der Anbieterseite ausgeschlossen werden kann, können sie eine Pareto-Verbesserung des Marktergebnisses bewirken. Allerdings kann die Frage nach einem sozial wünschenswerten Maß der Zertifizierungen nicht pauschal beantwortet werden, da diese auch Kosten verursachen.

demzufolge auf eine aufwendigere und damit qualitativ höherstehende Produktion hindeuten.

Es gilt aber auch die umgekehrte Kausalität, daß die angebotene Qualität vom Marktpreis beeinflußt wird. Stiglitz nennt als Beispiele Arbeits- und Kapitalmarkt. Die Bereitschaft eines Arbeiters, für ein Mindestsalär zu arbeiten, suggeriert, daß ihm keine besseren Möglichkeiten offenstehen. Hohe Kreditzinsen oder hohe Versicherungsprämien werden in erster Linie von demjenigen akzeptiert, der ein Kreditrisiko darstellt. Gerade hier treten Probleme der adversen Selektion auf, die zu einer Behinderung des Marktes bzw. letztendlich zum Marktversagen führen können. An dieser Stelle erhebt sich die Frage, inwiefern es berechtigt ist, aus der Sicht des Käufers Preise als Indikatoren für Qualität zu begründen.[28]

Die Überlegung, daß Preise Signalfunktionen übernehmen können, beruht auf der allgemeinen Annahme, daß Wettbewerb quasi mechanische Funktionen auf das Marktgeschehen ausübt, wobei den Preisen eine entscheidende Rolle zuzurechnen ist, die Informationen über den zugrundeliegenden Wert der angebotenen Güter und der damit verbundenen Leistungen übermittelt.

Wenn Marktteilnehmer davon ausgehen könnten, daß ein Gut, das zu einem höheren Preis auf dem Markt angeboten wird, auch einen höheren Nutzen stiftet, wäre es möglich, daß bei asymmetrischer Information auch Nichtinformierte allein aus dem Preis die notwendigen Informationen beziehen könnten. Im allgemeinen sind Preis-informationen leichter zugänglich als Qualitätsinformationen. Damit könnten Unsicherheiten des Marktes abgebaut werden, die die beschriebenen Ineffizienzen bewirken. Grossman und Stiglitz (1976) beschreiben in ihrem Modell einen derartigen Mechanismus. Sie untersuchen, ob Preise tatsächlich als Signale für Qualität angesehen werden können.

In dem Modell wird angenommen, daß es eine weitere Informationsquelle außer dem Preis gibt, die Rückschlüsse auf die Qualität eines Gutes zuläßt, zum Beispiel eine Zufallsvariable für die Qualität, die außerdem nur einem bestimmten Bevölkerungs-anteil zugänglich ist. Diese "Qualitätsvariable" und eine stochastische Störvariable dienen dem Konsumenten zur Beurteilung des potentiellen Nutzens eines Gutes.

Aus diesen Annahmen resultiert eine definierte Pro-Kopf-Nachfrage der informierten wie auch der uninformierten Konsumenten. Die Pro-Kopf-Nachfrage der Uninfor-mierten, die lediglich den Preis als Qualitätsmerkmal zur Verfügung haben, unter-scheidet sich von derjenigen der Informierten. Die Nachfrage der Informierten steigt mit zunehmenden Werten der Qualitätsvariable und fällt mit dem Preis des Gutes. Im

---

[28] Snob-Effekte sollen in diesem Zusammenhang vernachlässigt werden. Bei bestimmten Gütern lassen sich unter Umständen höhere Absatzmengen feststellen, wenn die Preise steigen.

Gleichgewicht muß gelten, daß die angebotene Menge der gesamten nachgefragten Menge entspricht. Aus der Gleichung der Markträumung wird ersichtlich, daß sich für verschiedene Werte der Qualitätsvariable ein unterschiedlicher Gleichgewichtspreis einstellen wird.

Für den Fall, daß sich demzufolge ein direkter Zusammenhang zwischen Preis und Qualitätsinformation ergeben wird, ist zu erwarten, daß die potentiellen Konsumenten diesen Zusammenhang zumindest langfristig aufdecken werden und sich dem Preisgefüge entsprechend verhalten. Dies bedeutet aber letztendlich, daß langfristig bei Erfahrungsgütern außer dem Preis keine weiteren Informationen mehr erforderlich wären.

Unwahrscheinlich wird ein Gleichgewicht, wenn die Anzahl der informierten Konsumenten zurückgeht. Wenn niemand direkte Qualitätsinformationen besitzt, wird auch das Preissystem keine Informationen liefern können. Dadurch steigt der Wert der individuellen Informationsbeschaffung. Wenn die Informationsbeschaffung Kosten verursacht, ergeben sich Schwierigkeiten (z. B. Free Rider-Probleme, vgl. Grossman/Stiglitz 1976, 251). Je mehr Nachfrager über die Qualität informiert sind, desto eher wird auch das Preissystem aussagefähig. Dadurch sinkt der Nutzen weiterer individueller Informationsbeschaffung.

Nach Bagwell und Riordan (1991) wird der Einführungspreis eines Produktes hoch angesiedelt sein, wenn es sich um ein Qualitätsgut handelt und diese Tatsache auch signalisiert werden soll. Zu Beginn der Markteinführung sei deshalb mit weniger hohen Umsätzen zu rechnen. Mit zunehmender Information der potentiellen Käufer, wobei diesen Mehrfach- und Wiederholungskäufe unterstellt werden, werde sich der Marktanteil des qualitativ höherwertigen Gutes ausweiten.[29]

Ein hoher Preis zur Markteinführung signalisiere hohe Qualität. Im Verlauf des Produkt-Lebenszyklus´ sei zu erwarten, daß sich dieser Preis auf das Niveau des Monopolpreises bei vollkommener Information bewegt. Die Preis-Prämie zur Markteinführung erfülle damit die Funktion eines Qualitäts-Signals und diene dazu, den Wettbewerbsnachteil, der sich in geringeren Marktanteilen in den ersten Perioden äußert, wettzumachen. Längerfristig kann nur ein auf Dauer hohe und zuverlässige Qualität herstellendes Unternehmen verlorene Umsatzanteile zur Markteinführung wettmachen.

---

[29]Die Autoren setzen die Überlegungen zahlreicher Autoren, z. B. Chan/Leland (1982, 1986), Wolinsky (1983), Cooper/Ross (1984, 1985), fort. Hier sind die potentiellen Käufer zumindest teilweise informiert. Bagwell/Riordan wollen jedoch zeigen, daß ex ante keine informierten Konsumenten erforderlich sind, um die erfolgreiche Signalwirkung des Preises zu gewährleisten. Diese Überlegung steht damit im Gegensatz zu den grundsätzlichen Aussagen von Grossman/Stiglitz (1976).
Zur angebotenen Qualität beim Vorliegen eines Monopols vgl. Mussa/Rosen (1978).

Das Hauptargument von Bagwell und Riordan (1991), mit hohen Einstiegspreisen auf einen möglichen Marktanteil zu verzichten, um langfristig zu erfolgreicher Marktperformance zu gelangen, ist möglicherweise nicht ganz schlüssig. In dem Modell sind keine Effekte betreffend der abgesetzten Menge angeführt, die sich auf die Gewinnsituation des Unternehmens auswirken können.

Gerade auf den Konsumgütermärkten kann es von entscheidender Bedeutung sein, daß zum Markteinstieg möglichst hohe Marktanteile gesichert werden, um die Vorteile als Marktführer zu sichern. Als Beispiel kann hier die japanische Industrie angeführt werden, die mit Niedrigstpreisen in Märkte mit großem Wachstumspotential (z. B. Mikroelektronik) eindrang und gute Produkte zu niedrigen Preisen anbot. Nachdem ausreichend große Marktanteile gewonnen waren, konnten die Preise dem allgemeinen Preisniveau angeglichen werden und durch die Kostenvorteile der Massenproduktion Gewinne erzielt werden.

Auf einem "jungen Markt" wird sich deshalb ein Verzicht auf erreichbare Marktanteile und damit verbundene strategische First Mover-Vorteile nicht auszahlen.

In dem Bagwell-Riordan-Argument werden außerdem Reputationsaspekte vernachlässigt.

Es läßt sich resümierend feststellen, daß Preise in Verbindung mit anderen Signalen durchaus als gute Indizien für Qualität dienen können.[30]

Preise als Signale für Qualität und Franchising

Preissignale spielen offensichtlich im Franchising eine große Rolle. Dabei stehen in erster Linie die rechtlich umstrittenen Möglichkeiten der vertikalen Preisbindung oder Preisempfehlungen (Kalkulationshilfen) im Vordergrund. Die rechtlichen Aspekte hierzu werden ausführlich in der Literatur diskutiert. Sehr oft werden Monopolargumente verwendet. Ausgangspunkt ist die Erfahrung, daß franchisierte Güter zu Preisen, die höher sind als der vermutete Wettbewerbspreis, angeboten werden. Ob und inwiefern damit Qualitätssignale ausgesandt werden, wird sich in der Diskussion noch zeigen.

---

[30]Ross (1988) äußert sich beispielsweise zu den Wechselwirkungen von Markennamen und Preis.

4.3.4 Werbung als Qualitätssignal

In den meisten wirtschaftswissenschaftlichen Publikationen, die sich mit dem Phänomen der Werbung[31] auseinandersetzen, erscheint die Frage nach dem Einfluß der Werbung auf Kosten, Preise, Nachfrage und die Allokation von Ressourcen. Werbung ist ein Teil der absatzpolitischen Maßnahmen mit dem Ziel, ohne Preisänderungen (positive) Nachfrageveränderungen zu erreichen. Werbung kann informieren, als Signal dienen und dabei die Einstellung der Nachfrager zu Produkt und Anbieter verändern. Sie informiert durch den Hinweis auf das Produkt und dessen Merkmale, den möglichen Nutzengewinn für den Konsumenten beim Kauf des Produkts und letztlich auf den Preis.[32]

Ab einer gewissen Größenordnung signalisiert Werbung die Corporate Identity, die Stellung des Unternehmens zum Produkt, Finanzkraft und Größe des Unternehmens und damit die Qualität des Produkts auf vielerlei Art und Weise.

Umstritten sind die psychologischen Auswirkungen der Werbung auf die Konsumenten.

Güter, die mit hoher Werbung einhergehen, erzielen höhere Preise als wenig beworbene Alternativprodukte. Ein in der Literatur oft zitiertes Beispiel ist der Vergleich von Bayer-Aspirin für Kinder mit No-Name Medikamenten, die den identischen Wirkstoff beinhalten, jedoch auf dem Markt erheblich unter dem Bayer-Preis angeboten werden.[33]

Informationsaspekte der Werbung

Die Transaktionen, die auf Märkten mit asymmetrischen Informationsverteilungen ohne Regulierungsmechanismen abgewickelt werden, bringen keinen kostenlosen Austausch des Gutes hervor, da das Marktsystem selbst nicht in der Lage ist, kostenlos perfekte Informationen über die gehandelten Güter zu liefern. Werbung wird daher in der Literatur eher als eine Maßnahme angesehen, mit deren Hilfe der Austausch auf Märkten erleichtert wird. Allerdings ergeben sich auch einige Schwierigkeiten. So wird die Werbung vom Anbieter der betreffenden Produkte angeboten, was zur Folge hat, daß sie erwartungsgemäß einseitig informiert und in der Beschreibung der Leistungsmerkmale eines Produktes unvollständig ist. Vielmehr ist

---

[31]Werbung umfaßt im Rahmen dieser Arbeit ihren weitest möglichen Definitionsbereich.

[32]Einen guten Überblick geben z. B. Comanor/Wilson (1979).

[33]Dabei wird auf den Aspekt gezielt, daß die Opportunitätskosten eines anderen, möglicherweise schlechteren, Medikaments für die eigenen Kinder erheblich höher eingeschätzt werden als der Preisaufschlag von Bayer-Produkt. Die Preisprämie wird als eine Art Versicherungsleistung honoriert (Klein/Leffler 1981, 632, FN 18). Es ist dabei unklar, ob dieser Effekt aufgrund der Werbung von Bayer für das Produkt oder aufgrund der Reputation des Unternehmens Wirkung zeigt.

zu erwarten, daß weniger die nötigen Informationen über Produkteigenschaften als vielmehr Assoziationen zu einem positiven Bild des Produkts und des Hersteller-unternehmens vermittelt werden. Diese Form der Informationsvermittlung ist für jeden potentiellen Kunden vor dem Kauf kostenlos. Es darf jedoch nicht übersehen werden, daß die Werbekosten im Preis des Endprodukts einkalkuliert sind. Bereits 1950 wies Kaldor darauf hin, daß wirksame Werbung die Absatzchancen erhöhen könne. Dies kann zum einen durch das Wecken neuer Nachfrage als auch durch die Ausweitung des Marktanteils der werbetreibenden Unternehmung geschehen. Dadurch würden die Produktionszahlen erhöht und möglicherweise Skalenvorteile der Produktion genutzt werden (vgl. Kaldor 1950, 8). Desgleichen sind auch positive qualitätsrelevante Veränderungen möglich.

Nach Kaldor bildet die "Pulling Power", die ein größeres Unternehmen mit Hilfe der Werbung entfalten kann, durch die mögliche Ausweitung der Marktanteile negative Externalitäten für alle anderen Anbieter auf dem Markt. Diese müssen entweder in gleichem Maße Werbung betreiben oder Umsatzrückgänge hinnehmen.[34]

Pioniere im Werbebereich gewinnen Wettbewerbsvorteile, so daß langfristig Konzentration auf der Anbieterseite die Folge sein kann.

Kaldor, der diese Aussagen nicht formal entwickelte, vermutete damals, daß die wirtschaftliche Entwicklung als Folge der Konzentration durch Werbung jedoch eher auf die Entstehung von Oligopolen als auf die Entstehung von Monopolen hin gerichtet sei. In der Tat werden heute in den westlichen Industrienationen große Bereiche der Konsumgüterindustrie von relativ wenigen großen Anbietern bedient.

Er wies auf die Tatsache hin, daß perfekte Märkte auch eine perfekte Klassifizierung der Güter nach bestimmten Kategorien erfordern, so daß ein persönliches Element des Handelns ("Goodwill") aus dem Geschäft ausgeschlossen wird, da Käufer und Verkäufer in perfekter Kommunikation miteinander stehen.[35]

Aus einer mangelhaften Standardisierung der Güter von seiten der Hersteller konnte sich geschichtlich ein Groß- und Einzelhändlersystem entwickeln, das eine Klassifizierung der Güter mit sich brachte. Kaldor rechnet es dem Einsatz der Werbung zu, daß Nachfrager ein Markenbewußtsein entwickelten (vgl. Grossman/Shapiro 1984), das die Person des Groß- und Einzelhändlers als Garant für eine bestimmte Standardqualität in den Hintergrund treten ließ.

---

[34]Dabei wird implizit vorausgesetzt, daß Werbung die Kaufentscheidung der Nachfrager positiv beeinflußt.
[35]Mit der Einteilung von Gütern in Produktkategorien kann das Problem der asymmetrischen Qualitätsinformation gemildert werden. Entscheidend ist auch hier die Glaubhaftigkeit und Relevanz der Einteilung.

"It is here that large-scale advertising has a vital role to play. Advertising makes the public "brand conscious"; it is not so much a question of making the consumer buy things which he would not have bought otherwise; but of crystallising his routine habits, of making him conscious that keeping to a certain routine in consumption means not only buying the same commodities in a vague sort of way, but sticking to the same brands".[36]

Eine aus Werbung resultierende "Markentreue", die sich ökonomisch als eine abnehmende Preiselastizität der Nachfrage zeigt, kann den Wettbewerbsgrad eines Marktes reduzieren (vgl. u. a. Butters 1976, Schmalensee 1978, 1982, 1983).

Werbung an sich ist, rein informationstechnisch betrachtet, in einem Umfeld vollkommener und symmetrischer Information überflüssig. Dies bedeutet andererseits, daß ein ökonomisch sinnvoller Werbeaufwand dem Informationsstand der potentiellen Kunden angepaßt werden muß (vgl. Sappington/Wernerfelt 1985).

Werbung als Signal

Werbeausgaben dienen sehr oft als Signal für Finanzstärke und Leistungsfähigkeit eines Unternehmens. Es wird oft suggeriert, daß vom Bild der Unternehmung auf die Qualität der zu liefernden Waren Rückschlüsse zu ziehen seien.

Hierzu könnten folgende Überlegungen geltend gemacht werden:
Ein hohes Werbebudget muß langfristig aus den Umsätzen der verkauften Produkte finanziert werden. Dies bedeutet einerseits, daß dem Gut ein entsprechend hoher Werbekostenanteil zugerechnet wird, andererseits daß durch eine erhoffte oder realisierte hohe Absatzmenge die hohen Werbeaufwendungen überkompensiert werden können. Trifft zweiteres zu, signalisieren hohe Werbeausgaben eine hohe Marktdurchdringung des Produkts.
Es ist fraglich, ob und für welche Güter Konsumenten bereit sind, Preisaufschläge für die Signalisierung von Qualität zu tragen.

Werbeausgaben übernehmen eine wichtige Funktion in bezug auf die Signalisierung von Sunk Costs und der damit verbundenen Sicherung von Qualität. Diese Ansicht wurde in dieser Form erstmals von Klein und Leffler (1981) vertreten, geht jedoch in seinen ursprünglichen Ideen auf Nelson zurück.

---

[36]Kaldor (1950, 18).

Nelson (1970, 1974) zeigte, daß auch Werbung ohne konkreten Informationsgehalt durchaus als Signal über die Produktqualität eines Unternehmens gedeutet werden kann. Dabei wird im allgemeinen unterstellt, daß die Konsumenten in etwa die Kosten der Werbung einschätzen können und implizit aus den Marktgegebenheiten ein Zusammenhang zwischen Werbeausgaben und Produktqualität hergestellt wird. Nelson argumentierte zur Erhärtung seiner These folgendermaßen: Konsumenten würden durch Werbung auf verschiedene Produkte unterschiedlicher Hersteller aufmerksam gemacht. Einige Konsumenten würden aufgrund der Werbung qualitativ hochwertige, andere in ihrer anfänglichen Unkenntnis eher minderwertige Güter für einen unangemessen hohen Preis kaufen. In den folgenden Kaufperioden werden diese Informationen allgemein zugänglich gemacht. Deshalb wären nach Nelson Hersteller minderer Qualität langfristig nicht in der Lage, ihren Marktanteil zu behaupten. Nur Qualitätshersteller würden Umsatz und Gewinn ausweiten können. Dies werde von den Marktteilnehmern antizipiert und würde darauf hindeuten, daß nur hochqualitative Anbieter in Anfangsperioden aufwendige Werbung betreiben würden.

Unter diesen Annahmen wäre Werbung in der Tat ein ausgezeichnetes Signal zur Feststellung von Produktqualitäten ex ante. Die Formalisierung von Nelsons Ideen wurde durch eine Reihe ihm folgender Autoren vorgenommen.

In den Modellen von Kihlstrom und Riordan (1984) fungieren die Unternehmen als Preisnehmer, die durch den Einsatz der Werbung Einfluß auf die Nachfragefunktion der Konsumenten nehmen können. In diesen Modellen signalisiert ein Unternehmen, analog zu Nelsons Überlegungen, daß es erwartet, seine Werbeausgaben in späteren Perioden wieder zu erwirtschaften. Konsumenten orientieren sich primär am Preis und an der vermuteten (ab der zweiten Periode bekannten) Qualität als Maßstab ihrer Kaufentscheidungen. Die Autoren kommen durch die Analyse ihrer Modelle zum Schluß, daß Werbung in der Tat ein effektives Signal für Qualität darstellen kann, da Anbieter von guter Qualität, bedingt durch ein rationales Konsumentenverhalten, in der Lage sind, hohe Werbeausgaben durch später erzielte Preisprämien wieder zu erwirtschaften.

Auch Milgrom und Roberts (1986) untersuchen den Zusammenhang zwischen Werbung und Produktqualität bei neu in den Markt einzuführenden Erfahrungsgütern (Experience Goods). Damit formalisieren sie die fundamentale Erkenntnis, daß Werbung mit einem beabsichtigt niedrigen Informationsgehalt als Signal für die Qualität eines Produktes dienen kann. Sie zeigen, daß Signale durch Werbung hauptsächlich in Kombination mit Preissignalen effektive Aussagen über die Produktqualität zulassen. Der Einsatz der einzelnen Signalisierungsinstrumente hängt in gegenseitigem Verhältnis voneinander ab und wird z. T. auch von den Kostenstrukturen zur Herstellung unterschiedlicher Qualitäten bestimmt.

Zu einem abweichenden Ergebnis gelangte Schmalensee (1978) in seiner Version der Interpretation von Nelsons Ansatz. Hier übernimmt die Werbung nicht ganz in dem Maße die Signalfunktion für Qualität. Schmalensee entwickelt ein Szenario, in dem im Gleichgewicht auch Firmen mit schlechterer Qualität mehr Werbung betreiben können als qualitativ höherstehende Unternehmen. Jedoch steht und fällt das Ergebnis der Analyse mit den Annahmen des Konsumentenverhaltens.

Bedauerlich ist, daß kein Modell Opportunismus weder der Konsumenten- noch der Herstellerseite in Betracht zieht. Damit reduziert sich der Aussagewert der Modelle erheblich.

Werbung als Qualitätssignal und Franchising

Auf den Märkten für franchisierte Güter, deren Qualität ein uninformierter Nachfrager erst nach dem Kauf feststellen kann, ist Werbung vor dem ersten Kauf der einzige Weg, um in Kontakt mit den Nachfragern zu treten.

In der Regel erfüllt Werbung jedoch nur geringe Informationsaufgaben. Der Informationsgehalt beschränkt sich auf die Assoziationen, die mit der Marke des Franchisors verbunden sind, oder auf Ankündigungen von Marketing-Maßnahmen des Franchise-Gebers wie Produktinnovationen, Gewinnspiele oder Sonderangebote.

Viel wichtiger im Franchising ist die Aufgabe der Werbung als Signal. Im Franchising wird die Werbung sowohl vom Franchise-Geber als auch von Franchise-Nehmern durchgeführt. In der Regel finanziert der Franchise-Geber die überregionale Werbung. Er plant, organisiert und finanziert nationale oder internationale Werbekampagnen. Es werden aufwendige TV-, Kino- oder Funkwerbespots geschaltet, oder es erscheinen Anzeigen in überregionalen Zeitschriften und Tageszeitungen. Franchise-Nehmer dagegen organisieren regionale Werbung, allerdings mit den gleichen Druckvorlagen und vom Franchise-Geber gestalteten Motiven wie bei der überregionalen Werbung. Dadurch werden offenbar die "Firma" und die Person des Franchise-Nehmers in den Hintergrund gerückt. Die Marke des Franchise-Gebers steht im Vordergrund.

Es stellt sich dann die Frage, welche Auswirkungen die Anonymisierung der Werbung haben kann. Dem Franchising eigen ist, daß die Franchise-Nehmer Werbung betreiben, die nicht nur für sie selbst, sondern für die gesamte Kette Nutzen bringt.

Die Werbeaktivitäten der beiden Partner besitzen positive externe Effekte. Durch überregionale Werbung erhöht sich die Bekanntheit der Kette, so daß ein bis zu dieser Zeit uninformierter Nachfrager mit höherer Wahrscheinlichkeit in einem franchisierten Geschäft einen Erstkauf tätigen wird. Andererseits trägt auch die regionale Werbeaktivität des Franchise-Nehmers dazu bei, die Nachfrage zu wecken und den Umsatz zu erhöhen.[37] Diese Aktivitäten kommen beiden Partnern zugute. Der Franchise-Nehmer profitiert vom wachsenden Bekanntheitsgrad der Franchise-Kette und steigert seine Umsätze entsprechend. Der Franchise-Geber erhält variable Umsatzanteile und kann aufgrund des besseren Bekanntheitsgrades der Kette von zukünftigen Franchise-Nehmern höhere Eintrittsgebühren verlangen. Ohne wirksame vertragliche Regelungen kann es jedoch zu Konflikten kommen, wenn ein Partner seine Werbeaktivitäten verringern kann, ohne die Folgen (z. B. Umsatzrückgang) voll spüren zu müssen. Offensichtlich werden diese Effekte in Franchise-Verträgen internalisiert.

Mathewson und Winter (1985) demonstrieren anhand ihres Prinzipal-Agent Modells Lösungsansätze zur Überwindung dieser Problematik.

Der überregional einheitliche Charakter der Werbung im Franchising trägt dazu bei, beim Verbraucher den Eindruck entstehen zu lassen, das angebotene Gut oder die angebotene Dienstleistung müsse eine gewisse Marktdurchdringung erreicht haben. Dadurch wird der Eindruck erweckt, daß das Gut eine Mindestqualität besitzen müsse, weil sonst würde der hohe Marktanteil nicht gehalten werden könne. In die gleiche Richtung zielt das Argument, daß die Finanzkraft der Kette, die sich in den Werbeausgaben widerspiegelt, eine gewisse Gewährleistung für Markterfolg und damit Qualitätsstandard darstellt.

Ein weiterer wichtiger Aspekt ist möglicherweise der, daß durch Werbung die subjektiv wahrgenommene Qualität des Gutes, die für den Kaufakt entscheidende Bedeutung hat, gesteigert werden kann.

Werbung ist es in ganz entscheidendem Maße zuzuschreiben, daß eine eindeutige Signalisierung in bezug auf die Reputation der gesamten Franchise-Kette erreicht wird.

Diesem Punkt ist im folgenden ausführlich Beachtung zu schenken.

---

[37]Es wird ein positiver Zusammenhang von Werbeaktivitäten und Umsatzerhöhungen unterstellt.

4.4 Qualität und Reputation

"Der Vorwand, Zünfte seien notwendig, um ein Gewerbe besser zu überwachen und zu lenken, entbehrt jeder Grundlage. Die wirkliche und wirksame Aufsicht über einen Handwerker übt nicht seine Zunft sondern seine Kunden aus. ... Legt man auf einigermaßen gediegene Arbeit wert, muß man in die Vororte gehen, wo die Handwerker kein Privileg besitzen, sondern lediglich auf ihren guten Ruf angewiesen sind, und hinterher versuchen, das Werkstück so geschickt wie nur möglich in die Stadt zu schmuggeln."[38]

4.4.1 Der Klein-Leffler Mechanismus

Reputation, so scheint es, spielt nicht nur in Kombination mit den obigen Signalisierungsinstrumenten eine bedeutende Rolle bei der Signalisierung von Qualität. Es existieren deshalb zahlreiche Ansätze, Reputationstheorien zu bilden (vgl. Schmalensee 1978, Smallwood/Conlisk 1979, v. Weizsäcker 1980a, b, Klein/Leffler 1981, Shapiro 1983, Rogerson 1983, Allen 1984 u. v. m.) Insbesondere Klein/Leffler leisteten einen nicht zu unterschätzenden Denkanstoß in der Diskussion um die Wirkung der Reputation.[39]

Die beiden Autoren zeigen in einem einfachen Modell, daß bei asymmetrischer Information über die Beschaffenheit eines Gutes ein ausreichend hoher auf dem Markt erzielbarer Preis Unternehmen dazu bewegen kann, einen Qualitäts-Mindeststandard ohne Einsatz staatlicher Zwangsinstrumente beizubehalten. Die Existenz von versunkenen Kosten für die Anbieter erzeugt Druck auf die Anbieter, die einmal angebotene Qualität beizubehalten, da ansonsten Unternehmen, die nicht in der Lage sind, diesen Standard einzuhalten, durch eine mechanistische Nachfragerreaktion vom Markt ausgeschlossen werden.

Es wird angenommen, daß die Konsumenten sich über die Kostenfunktion einer Unternehmung insofern im klaren seien, daß sie in etwa aus dem Verkaufspreis auf die produzierte Qualität der angebotenen Güter schließen könnten. Vorausgesetzt, daß die Konsumenten eine auf dem Preis aufgesetzte Qualitätsprämie als angemessen hoch erachten, werden sie auf eine entsprechende hohe Qualität schließen und den Kauf tätigen.

---

[38]Adam Smith (1990 (1789), 113).
[39]Die Unterscheidung in Markenreputation und Firmenreputation wird an dieser Stelle nicht getroffen, da für die nachfolgende Diskussion sowohl Aspekte der Marken- wie der Firmenreputation betrachtet werden. Die analytische Trennung würde in diesem Kontext keine essentiellen Vorteile beinhalten.
Zu Namen, Firmennamen und Markennamen vgl. die Beiträge in Gotta (1988).

Dabei wird angenommen, daß die Abnehmer spätestens nach einer Periode vollständige Information über das gesamte Produktspektrum erlangen können. Betrugsgewinne lassen sich deshalb bestenfalls in dieser einen Periode realisieren. Die Anbieter sollen dadurch vom Betrügen abgehalten werden, daß auf Dauer erzielbare Gewinne höher sind als die kurzfristig durch Betrug erreichbaren. Damit wären zwar für die Unternehmen die Anreize richtig gesetzt, es ergibt sich jedoch die Frage, ob nicht weitere Unternehmen auf diesen Markt drängen würden, und somit durch den verstärkten Wettbewerb der Preis auf den Wettbewerbspreis absinken würde.

Diese Lücke versuchen Klein und Leffler damit zu schließen, daß sie die auf dem Markt befindlichen Unternehmen einem Nicht-Preis-Wettbewerb aussetzen. Dieser geschieht dadurch, daß die Unternehmen spezifische Investitionen tätigen und sich damit Sunk Costs aussetzen, um die Glaubhaftigkeit ihrer Qualitätsreputation zu signalisieren. Hierzu gehören beispielsweise Investitionen in aufwendige spezifische Produktionsanlagen, aufwendige Geschäftsausstattungen, hohe Werbeaufwendungen etc., die dem potentiellen Kunden demonstrieren, daß für das Unternehmen hohe Sunk Costs angefallen sind, so daß damit der Anreiz, kurzfristig zu betrügen, sehr gering ist (vgl. hierzu Kogut 1990).

Der Ansatz von Klein und Leffler brachte einige Anregungen in die sich entwickelnde Theoriebildung bezüglich des Verhaltens der Parteien bei unvollkommener Information, ließ jedoch gleichzeitig Kritikpunkte offen.

Kritik findet in spieltheoretischem Sinne der infinite Zeithorizont, den die Autoren als eine der entscheidenden Annahmen in dem Modell einsetzten. Es ist tatsächlich die technische Besonderheit des Modells, daß sich das von Klein und Leffler avisierte Ergebnis nicht erreichen ließe, wenn von einer begrenzten Anzahl an Transaktionen ausgegangen würde. Durch Backward Induction ergibt sich, daß die Anbieter in der letzten Periode, in der Transaktionen zugelassen werden, einen erfolgversprechenden Betrugsversuch unternehmen könnten, um ihre Gewinne zu maximieren. Dann wäre zu erwarten, daß potentielle Abnehmer diesen Schritt antizipieren und dementsprechend in der letzten Periode nur Preise der Minimalqualität zu zahlen bereit wären. Das Verhalten der Anbieter würde sich in die vorletzte, vorvorletzte usw. Periode verlagern, bis zu keinem Zeitpunkt eine andere Qualität angeboten würde als die Minimalqualität. Der Markt für höherwertige Güter würde, vergleichbar dem Lemons-Markt, zusammenbrechen.

Da es ohne weitere strategische Annahmen nicht glaubhaft wird, daß ein Anbieter vor einem endlichen Zeithorizont durchgehend Qualität liefert, ist das Argument der Backward Induction untrennbar mit dem Problem der Verhaltensbindung verknüpft.

Das Qualitätsprämienargument läßt sich jedoch aufrechterhalten, wenn bestimmte Informationsbedingungen eingehalten werden. Kreps und Wilson (1982) zeigen, daß

Reputationseffekte auch bei endlichen Spielen möglich sind, wenn die Nachfrager über die Produktions- und Zielfunktion der Unternehmung im unklaren sind. Bei Carroll (1987) und Becker/Cudd (1990) wird gezeigt, daß Reputationseffekte durch bestimmte Spezifikationen des Spiels, z. B. eines unbestimmten Zeithorizonts und einer unbestimmten Anzahl von Wiederholungen, gewährleistet werden können. Ein Folk Theorem, demostriert von Fudenberg/Maskin (1986), zeigt, daß die erzielbaren spieltheoretischen Ergebnisse in einem langen Spiel stark von den Spezifikationen der Nebenbedingungen abhängen.[40] Rubinstein (1992, 176) wies darauf hin, daß die spieltheoretische Modellierung durch einen unendlichen Zeithorizont dann sinnvoll sei, wenn die Beteiligten einer langfristigen Entscheidungssituation ausgesetzt sind, ohne die Umweltzustände in der letzten Periode zu kennen.

Ein anderer Aspekt der Kritik ist die Klein/Lefflersche Non-Price Competition, die sich zwar in einigen Industrie- und Gewerbezweigen finden läßt, jedoch nicht überall in der dargestellten Form festzustellen ist, und vor allem nicht geeignet sei, die Konsumenten zu mehr Nachfrage anzuregen (vgl. Allen 1984, 311). Die entstehenden Opportunitätskosten können gegebenenfalls als ein Täuschungsverhalten gegenüber den potentiellen Abnehmern dienen.

Im Klein-Leffler-Modell bedeutet Reputation nichts anderes als die gedankliche Projizierung der Konsumentenerwartungen aus vorhergegangenen Erfahrungen im Geschäftskontakt mit einem speziellen Anbieter auf die Beschaffenheit der produzierten Güter in der nächsten Periode. Das Wissen um die Qualität breitet sich unendlich schnell aus und wird bis zur nächsten Kaufentscheidung der Konsumenten zum Allgemeingut.

Auch diese schnelle Informationsverbreitung ist ein Punkt der Kritik. Jedoch ist es in nicht wenigen Industriebereichen der Fall, daß relativ neu auf den Markt gekommene Produkte von unabhängigen Testinstitutionen, staatlichen und privaten Testern geprüft und die Ergebnisse umgehend einer breiten Öffentlichkeit zugänglich gemacht werden.

Insgesamt gesehen lieferte der Ansatz von Klein und Leffler fruchtbare Gedankenansätze und Perspektiven.

---

[40]Die spieltheoretische Modellierung der Informationsprobleme, die den Einwand der Rückwärtsinduktion des Klein-Leffler Modells be- und entkräftet, gestaltet sich nach Kubon-Gilke (1994) problematisch, da sich dadurch eine gewisse Beliebigkeit der Modellergebnisse einstellen kann. Greifbare Erkenntnisse könnten beispielsweise dadurch gewonnen werden, daß psychologisch begründete überindividuelle Verhaltensdispositionen analysiert würden.

4.4.2 Preis-Prämien für Reputation

Shapiro (1983) erkennt den Mangel der Klein-Lefflerschen Non-Price Competition und richtet sein Interesse für eine bessere Begründung der Preisprämie in erster Linie auf die Vorgänge, die sich im Zusammenhang mit der Reputationsbildung selbst ereignen (vgl. Shapiro 1983, 660).

"Klein and Leffler suggest a number of interesting mechanisms, such as advertising, for the dissipation of these profits. None of these stories has been modeled or made consistent with consumer behavior, however. Reputation serves this function quite naturally."[41]

Reputation muß im Modell nicht notwendigerweise Marktmacht mit sich bringen. Sie bildet deshalb keine Eintrittsbarriere, sondern eine Kostenkomponente, die beim Eintritt in den Markt aufzubringen ist.

Das folgende Modell wurde von Shapiro (1983) veröffentlicht.

Produktion und Annahmen der Verzinsung

Das Gleichgewichtsmodell von Produktqualität und Reputation ist ein dynamisches Modell, in dem die Zeit in Perioden der Länge T unterteilt ist. Die Zeitdauer T kann von Produkt zu Produkt unterschiedlich sein, ist aber für ein einzelnes Gut jeweils gleich. Die Zeitspanne T ist zu interpretieren als die Zeitspanne zwischen zwei Kaufvorgängen. Sie wird erwartungsgemäß für Investitionsgüter länger sein als für kurzlebige Konsumgüter. Die Güter, die auf dem Markt angeboten werden, sind Erfahrungsgüter, d. h. ex ante läßt sich ihre Beschaffenheit nicht exakt feststellen. Es ist lediglich die Unterscheidung möglich, ob die Güter einem gewissen Mindest-Qualitätsstandard entsprechen.

Wenn i der Marktzinssatz pro Zeiteinheit bedeutet, kann die Zinsrate einer Periode mit $r = e^{iT} - 1$ angenähert werden. Zur Vereinfachung wird im Gegensatz zum Modell von Klein und Leffler von einer Unternehmung zunächst lediglich ein Stück des Gutes pro Periode hergestellt.

Die Produktionskosten eines Gutes der Qualität q ist bestimmt durch den Verlauf der Kostenfunktion und den Wert an der Stelle q, c(q), wobei gilt $c'(q) \geq 0$ und $c''(q) > 0$.

Jeder Hersteller wählt ex ante seine Strategie, welche Qualität er anbieten will, um den Kapitalwert seiner Umsätze abzüglich Kosten zu maximieren.

Es wird weiterhin angenommen, daß zu jedem Zeitpunkt auf diesem Markt die Nachfrage nach Gütern vollkommen elastisch sei. Der Preis, den ein Anbieter zum

---

[41]Shapiro (1983, 660 FN 1)

Zeitpunkt t für sein Produkt erhalten kann, ist ausschließlich von der Reputation, R(t), zum Zeitpunkt t abhängig und wird mit p(R(t)) bezeichnet. Reputation bedeutet dabei in diesem Modell nichts anderes als die erwartete Qualität aus Sicht der Konsumenten. Die Tatsache, daß ein Verkäufer mit einer bestimmten Reputation keine direkte Kontrolle über den Preis hat, entspricht den traditionellen Wettbewerbsbedingungen. Angenommen wird auch, daß zu jeder nachgefragten Qualitätsstufe ausreichend viele Anbieter auf dem Markt sind.

Informationsstruktur

Die Bildung von Reputation ist ein entscheidender Punkt des Modells.

Nach einer ersten Periode der Orientierung werden die Informationen wie in einem Modell mit vollkommener Informationsstruktur mit unendlicher Geschwindigkeit innerhalb der Konsumenten weitergegeben. Damit wird die Schwierigkeit umgangen, weitere Annahmen zu Details der Informationsübermittlung treffen zu müssen. Es wird zunächst die einfachste mögliche Informationsübermittlungsstruktur gewählt. Die Erkenntnis und der Informationsaustausch über die Qualität eines gerade erworbenen Gutes findet unmittelbar nach dem Kauf statt und drückt sich in der Reputation eines Anbieters zum Zeitpunkt t aus R_t.

Sie läßt sich in der Gleichung wie folgt ausdrücken:

$$R_t = q_{t-1} \tag{1}$$

Hierzu ist zu bemerken, daß Konsumenten vor einem Kauf lediglich feststellen können, ob ein Gut eine bestimmten Mindeststandard erfüllt. Nach dem Kauf offenbart sich genau die Beschaffenheit des Gutes, die bis zum nächsten Kauf allen Marktteilnehmern bekannt gemacht wird. Dies wiederum hat zur Folge, daß ein Anbieter mit betrügerischen Absichten nur ein einziges Mal seine Abnehmer täuschen kann. Über die Berechtigung dieser Annahme bestehen Zweifel, wobei anzuführen ist, daß eine Vielzahl von Produkten von staatlichen oder privaten Verbraucherschutzinstitutionen (z. B. TÜV, GS, Stiftung Warentest usw.) getestet und deren Testergebnisse anschließend öffentlich bekannt gemacht werden.

Modellierung des Konsumentenverhaltens

Auf der Seite der Nachfrager des Marktes befindet sich in diesem Basismodell eine heterogene Verteilung von Konsumenten. Dadurch ist die Voraussetzung geschaffen, daß ein breites Qualitätsspektrum verkauft werden kann. Es wird hier zur Vereinfachung angenommen, daß die Konsumenten eine einzige Einheit des Gutes pro Periode kaufen. Die Nachfrager unterscheiden sich sowohl in der Zahlungsbereitschaft v als auch in ihrem Qualitätsempfinden θ. Es gilt für alle Konsumenten gleichermaßen, daß der marginale Nutzen höherer Qualität als positiv angenommen werden kann, wobei eine Charakterisierung des Begriffs Qualität im Kontext dieser Modelle erfolgt ($U_q > 0$).

Wenn der Nettonutzen eines Gutes die Kosten übersteigt, wird der Käufer dieses Gut erwerben. Durch die Auswahl eines Gutes der entsprechenden Qualität können die Nachfrager ihren Nutzen maximieren. Aus der Verteilung der Konsumenten, auf die nicht weiter eingegangen wird, f (θ,v), resultiert die aggregierte Nachfrage. Zur einfachen Behandlung soll angenommen werden, daß die Nutzenfunktion der Konsumenten U (q,θ) aufteilbar in q und θ sei, so daß gilt:

$$U\ (q,\theta) = g(q)\ h(\theta) \qquad (2)$$

Diese Vereinfachung besitzt keine verfälschenden Eigenschaften auf die zu erwartenden Ergebnisse, erleichtert jedoch die Darstellung (vgl. Shapiro 1983, 665). Dabei werden noch Normierungen so vorgenommen, daß g(q) = q und h(θ) = θ gilt. Mit dieser Vereinfachung läßt sich der Nettonutzen der Nachfrager schreiben als:

$$U\ (q,\theta) = \theta q + v - p(q) \qquad (3)$$

Die Nachfragererwartungen bezüglich der Qualität des Gutes lassen sich durch die Adaptionsgleichung (1) beschreiben.

Im Gleichgewicht erwarten die Konsumenten, daß die Anbieter ihre Reputation beibehalten. Die Firmen werden erwartungsgemäß reagieren und Qualität entsprechend ihrer Reputation liefern.

Reputationsgleichgewicht

In diesem Shapiro-Modell ergibt sich der Preis als eine Funktion der nachgefragten Qualität.

Formal bildet sich ein Reputationsgleichgewicht so, daß die Seite der Nachfrager durch die Preis-Qualitätsfunktion dargestellt wird. Die Angebotsseite des Marktes besteht aus einer Verteilungsfunktion an Firmen, die über das gesamte Qualitätsspektrum reicht.

Damit lassen sich die folgenden Bedingungen erfüllen:

1) Jeder Konsument wählt ein seine Nutzenfunktion maximierendes Gut aus. Im Fall, daß sein Reservationsnutzen unterschritten ist, hält er sich vom Markt fern, kauft also nicht.

2) Die Märkte werden geräumt. Dadurch bestimmt sich $N(q)$.

3) Für die Firmen mit Reputation R müssen genügend Anreize bestehen, weiterhin Qualität $q = R$ zu produzieren und davon nicht abzuweichen.

4) Der Markteintritt für neue Anbieter ist nicht verschlossen, möglicherweise letzten Endes aber unattraktiv.

Die Formulierung dieses Modells kann als eine natürliche Erweiterung eines perfekten Wettbewerbsmarktes unter asymmetrischen Informationen angesehen werden. Ein Unternehmen ist in einer gegebenen Situation Preisnehmer, kann aber langfristig durch die Änderung der angebotenen Qualität auch den Preis für seine Güter indirekt beeinflussen.

Alle Konsumenten sind vollkommen darüber informiert, welche Preise und Reputation die auf dem Markt anbietenden Unternehmen haben, d. h. sie besitzen Informationen darüber, welche Qualität die Anbieter in den Vorperioden geliefert haben. Die Kenntnis der aktuellen Qualität bleibt ihnen vorenthalten, mit Ausnahme der Fähigkeit, zwischen Produkten akzeptabler Qualität und Produkten unterhalb des gesetzten Qualitätslimits zu unterscheiden. Die marginale Zahlungsbereitschaft für Produkte an der Qualitätsgrenze wird dem Reservationsnutzen der Konsumenten äquivalent sein.

Die Ableitung der Preis-Qualitäts-Angebotsfunktion

Preise, die sich für die verschiedenen angebotenen Qualitäten ergeben, sind unabhängig von der Nachfrage, obwohl es Preis-Qualitätskombinationen geben kann, für die es keine Käufer gibt. Dies entspricht der Aussage, daß sich bei perfekt elastischem Faktorangebot unter Bedingungen des perfekten Wettbewerbs der Preis langfristig an den Grenzkosten orientiert.

In erster Linie existieren zwei Bedingungen, die für die Bildung eines Gleichgewichtsangebotes von Bedeutung sind:

Ein Anbieter darf keine pekuniären Anreize haben, seine Reputation auszunutzen, d. h. in einer Periode die Fortsetzung seiner in den/der Vorperiode(n) produzierten Qualität vorzutäuschen, während die tatsächliche Qualität drastisch reduziert würde.

Für die vereinfachte Betrachtung sollen alle Gewinne und Kosten auf den Zeitpunkt 0 abdiskontiert werden. Es ergibt sich dann folgende Betrachtung:
Ein Betrugs- oder Rip-off-Gewinn bringt einem Unternehmen bestenfalls den einmal abdiskontierten Betrag von $(p(q) - c(q_0))/(1+r)$.
Dieser muß niedriger sein als der zu erwartende Gewinn aus langfristigen Einkommensströmen, bewertet als ewige Rente: $(p(q) - c(q))/r$.

Als Ungleichung formuliert ergibt sich:

$$(p(q) - c(q))/r \geq (p(q) - c(q_0))/(1+r) \qquad (4)$$

Daraus resultiert:

$$(p(q) (1+r) - p(q) r \geq c(q) (1+r) - c(q_0) r \qquad \text{oder}$$

$$p(q) \geq c(q) + r (c(q) - c(q_0)) \qquad (5)$$

Shapiro nennt diese Beziehung "No-Milking-Condition". Sie besagt, daß der Preis langfristig eine Preisprämie erhalten muß, wenn auf dem Markt keine kurzfristige, gewinnmaximierende Qualitätsverschlechterung eintreten soll. Ein kurzfristiges Ausnutzen einer bestehenden Reputation ist jederzeit möglich, jedoch würde sich ein Anbieter besser stellen, wenn er kontinuierlich die Qualität seiner Kategorie liefern würde.

Markteintrittsbedingungen

Ein weiterer wichtiger Punkt für das Gleichgewicht ist, daß der Markteintritt ungehindert möglich sein sollte.
Im Gleichgewicht sollte ein Markt-Neuling gerade indifferent sein zwischen Eintritt und Fernbleiben. Deshalb wird angenommen, daß die erwarteten Gewinne bestenfalls Nullgewinne sein werden. Die Profite eines Marktneulings sind $p_e - c(q)$ in der ersten Periode und $p(q) - c(q)$ in allen folgenden Perioden, so daß die Bedingung für freien Markteintritt "Free-Entry-Condition" lautet:

$$p_e - c(q) + (p(q) - c(q))/r \leq 0 \quad \text{bzw.}$$

$$p(q) \leq c(q) + r(c(q) - p_e) \qquad (6)$$

Es ist klar, daß der Eintrittspreis p_e, der die Zahlungsbereitschaft der Konsumenten für unbekannte Produkte darstellt, die wesentliche Größe in dieser freien Markteintrittsbedingung darstellt. Nun kann argumentiert werden, daß ein unendlicher Strom von Bewerbern versuchen würde, in den Markt einzudringen, wenn der Eintrittspreis $p_e \geq c_0$ weil die Markteindringlinge eine Periode im Markt verbringen, Minimalqualität liefern und mit dem erworbenen Profit den Markt verlassen könnten.

Ein erzielbarer Preis, der maximal den Kosten der Produktion entspricht, widerspricht nicht den Bedingungen des freien Markteintritts. Die Konsumenten können definitionsgemäß davon ausgehen, daß auf dem Markt mindestens eine Qualität von q_0 vorliegt, so daß sie auch bereit sind, mindestens den kostendeckenden Preis für Minimalqualität zu zahlen $p_e \geq c(q_0)$.

Diese Argumente haben zur Folge, daß der Preis, der einem Hersteller unbekannter Reputation in der ersten Periode seiner Marktzugehörigkeit gezahlt wird, den Produktionskosten für Minimalqualität entspricht.

Ein Anbieter kann seine Güter auf dem Markt dann absetzen, wenn er zumindest q_0 liefert. Er erhält für seine Güter in der ersten Periode den Minimalpreis, der für ihn kostendeckend ist, wenn er Minimalqualität herstellt, jedoch nicht mehr. Damit wird ein Selbstschutzmechanismus der Konsumenten wirksam, der verhindert, daß kurzfristige Überrumplungsmanöver eines Anbieters zum Erfolg führen. An diesem Punkt stellt sich die Frage, welche Anreize ein Produzent besitzt, bessere Qualität als q_0 zu produzieren. Unter den idealisierten Annahmen des Modells dürfte der Anbieter zunächst in der Tat indifferent sein gegenüber der Qualität, die er auf dem Markt anbietet, da er letztendlich in der Summe die gleichen Profite erzielt. Bei freiem Marktzugang werden Nullgewinne zu erwarten sein. In diesem Fall müssen die Impulse, welche Qualität produziert werden soll, vom Markt ausgehen. Die Nachfragerseite bestimmt dabei indirekt, welche Qualitätssparten von den Anbietern gefüllt werden sollen. Dadurch ergibt sich bei indifferenter Haltung der Anbieter, daß nach und nach auch die höheren Qualitätssparten aufgefüllt sein müssen. Es ist den Annahmen entsprechend zu erwarten, daß Marktneulinge auch bessere Qualitäten auf dem Markt anbieten, wenn eine Nachfragestruktur existiert, die sich über eine Qualitätspalette $q > q_0$ erstreckt. Jedoch entspricht das Gleichgewicht bei neuen Produkten nicht dem Ansatz vollkommen rationaler Erwartungen. Deshalb werden die Konsumenten in der ersten Periode nicht bereit sein, höhere Preise als die Produktionskosten der schlechtesten auf dem Markt angebotenen Qualität zu zahlen.[42]

---

[42]Die Anfangsverluste eines Anbieters, die durch Einführungspreise induziert modelliert werden, könnten auch aus anderen Gründen entstehen. Entscheidend dürfte für die Nachfrager die Glaubhaftigkeit der Tatsache sein, daß um der Qualitätsreputation willen versunkene Kosten entstanden sind.

Durch die Abstimmung der "No-Milking-Condition" mit der "Free-Entry-Condition" ergibt sich damit:

$$p(q) = c(q) + r\,(c(q) - c(q_0)) \qquad\qquad (7)$$

Diese Bedingung beinhaltet, daß der Verkäufer bei Aufrechterhaltung seiner Reputation einen lohnenden Preis erzielen kann. Marktneulinge erhalten in der ersten Periode ein niedrigeres Entgelt für ihre Produkte, so daß sie gezwungen sind, durch die Aufrechterhaltung der Produktqualität den Verlust aus dieser ersten Periode auszugleichen. Es vermindern sich dadurch auch die Anreize, Preiskämpfe mit etablierten Anbietern zu führen. Solange die Verteilung der Nachfrager als lückenlos angenommen wird, kann das ganze Spektrum der nachgefragten Qualitäten auf dem Markt abgesetzt werden. Die nachfolgende Abbildung zeigt die Preis-Qualitäts-Gleichgewichtskurve in der Version von Shapiro (1983).

Abbildung 4.4.2.1: Preis-Qualitäts-Gleichgewichtskurve

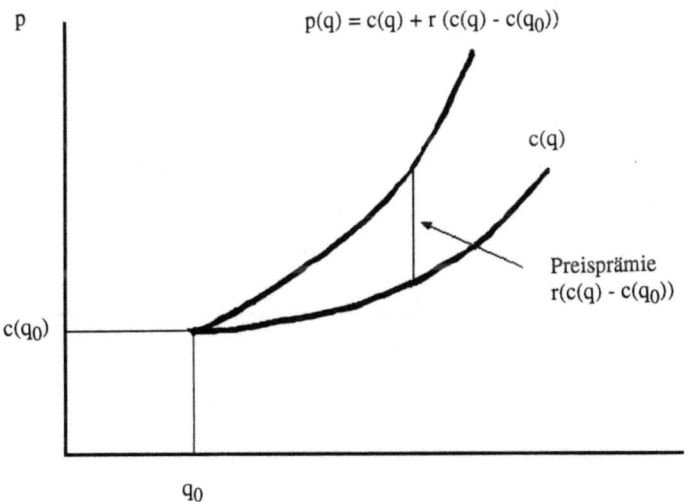

Die Kosten der Bereitstellung eines Gutes gegebener Qualität q bestehen damit aus Produktionskosten und "Reputationskosten".

Je kürzer die Zeitspanne zwischen den Wiederholungskäufen dieses Produkts ist, desto mehr wird sich das Ergebnis an die im Wettbewerbslösung annähern. Je kürzer die Kaufintervalle werden, d. h. T sich mehr und mehr 0 nähert, desto stärker nähert auch r sich 0, d. h. die Reputationskosten werden vernachlässigbar. Der Ausdruck $r(c(q) - c(q_0))$ repräsentiert diejenigen Kosten, die ein Marktneuling zu tragen hat, um sich eine Reputation aufzubauen. Im Modell fallen diese Kosten einmalig in der ersten Periode an, wenn man von diesen vereinfachten Annahmen ausgeht.

Der Preis einer Einheit des Gutes mit der Qualität q spiegelt nicht nur die Produktionskosten, sondern auch den verzinsten Anteil der Informationskosten wider, nämlich $r(c(q) - c(q_0))$. Anders ausgedrückt stellt die Differenz von $c(q) - c(q_0)$ den Wert dar, der durch die Preisprämie über unendlich viele Perioden erwirtschaftet werden muß. Damit stellt in Shapiros Sicht eine Qualitätsprämie für ein qualitativ höherwertigeres Produkt lediglich die Verzinsung der Reputationsaufwendungen zu Beginn der Geschäftstätigkeit dar.

Der Amortisationsverlauf einer Investition in Reputation läßt sich, wie in der folgenden Abbildung beschrieben, charakterisieren.

Abbildung 4.4.2.2: Amortisationsverlauf

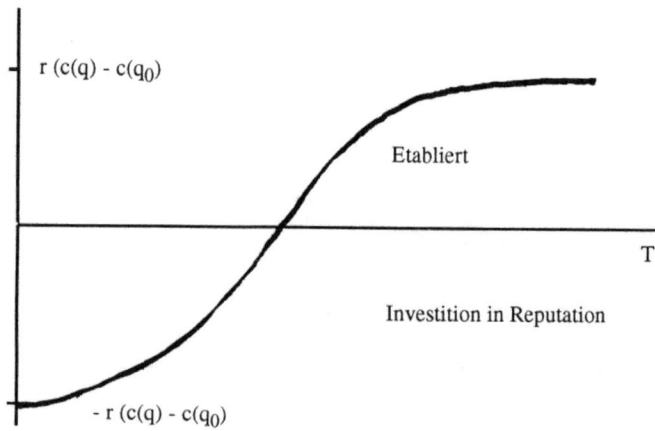

Der typische Verlauf ist durch anfängliche Perioden von Verlusten charakterisiert. Danach folgen positive Zahlungsströme. Die Investition in Reputation amortisiert sich erst vor einem langen Zeithorizont. Je höher die angestrebte Qualität, desto höher sind die anfänglichen Verluste und die Preisprämien. Dies bedeutet, daß der Preis für höherqualitative Güter über den Herstellungskosten liegen muß.

Die komparativ statische Analyse ergibt weiterhin, daß die Preisprämie mit höherem Qualitätsniveau, niedrigen Mindestqualitäten und größerer Periodenlänge T steigt. Sie fällt mit hohen Mindestqualitätsstandards, niedriger nachgefragter Qualität und hoher Kauffrequenz (niedriges T).

Es ergibt sich kein Widerspruch zu früheren Erkenntnissen (vgl. Leland 1979).

Shapiros Ansatz zeigt in einleuchtender Weise fundamentale Zusammenhänge zwischen Informationskosten, Reputation und der Reaktion des Marktes.

Weniger Beachtung wurde in diesem Modell der Tatsache geschenkt, daß auf der Nachfragerseite mehr oder weniger Information über das tatsächliche Qualitätsangebot vorhanden sein kann.

Die nun folgenden Überlegungen werden zeigen, daß die Erkenntnisse Shapiros auch dann Bestand haben, wenn ein Anteil Konsumenten auf dem Markt nachfragt, der ex ante die angebotene Qualität beurteilen kann.

4.4.3 Preis-Prämien bei heterogener Anbieter- und Nachfragerstruktur

Die Anbieter stehen in dieser Variation des Modells außerdem vor der Entscheidung, welche Stückzahl einer bestimmten Qualität sie auf dem Markt anbieten wollen, während die Nachfrager weiterhin nur ein Gut pro Periode kaufen (vgl. Montgomery/Wernerfelt 1992). Die Preise und Qualitäten sollen sich in jeder Periode ändern können. Wie im Shapiro-Modell müssen Anbieter, die oberhalb eines Markt-Mindestqualitätsniveaus anbieten wollen, einmalig einen "Reputations-investition" k tätigen.

Diese beträgt dem Wert nach den Verlust, den ein Anbieter von Gütern mit einer besseren als der Mindestqualität in der ersten Periode erleidet;

$$k = (c(q) - c(q_0)) \cdot x_1. \tag{1}$$

x_1 ist die Anzahl an verkauften Gütern in der ersten Periode.

Zusätzlich fallen noch Sunk Costs, s, an.

Von der Kostenfunktion, der die Unternehmen gegenüberstehen, wird angenommen, daß sie in x die klassische U-Form besitze. Die weiteren Annahmen hinsichtlich der Gestalt der Kostenfunktion in q bleiben bestehen. Aus den obigen Annahmen läßt sich die Durchschnittskostenfunktion dieser Anbieter wie folgt beschreiben:

$$\underline{c}(x,q) \equiv \min_x [c (x,q) + \{k+ s\}r/x] \tag{2}$$

Es wird an dieser Stelle angenommen, daß $\underline{c}(x,q)$ ansteigend und konvex ist.

Nach diesen Annahmen soll die Abnehmerseite charakterisiert werden.

Betrachtet wird der Bevölkerungsanteil, der eine höhere Zahlungsbereitschaft hat als der Preis für Minimalqualität beträgt. Diese Bevölkerungsschicht soll jede Periode eine Einheit der angebotenen Güter kaufen. Die indirekte Nutzenfunktion der Abnehmer soll sich auch weiterhin vereinfacht, wie folgt, charakterisieren lassen.

$$W(p,q) \equiv \theta(q) + v - p(q) \tag{3}$$

Von dieser Nutzenfunktion wird angenommen, daß sie mit p fällt und mit q steigt.[43] Die zeitliche Komponente des Shapiro-Modells wird beiseite gelassen. Dadurch werden die Kosten für den Aufbau von Reputation fix und sorgen für steigende Skalenerträge.

In dieser Betrachtung wird eingeführt, daß es einen Anteil a in der kaufwilligen Bevölkerung gibt, dem es ex ante möglich ist, die angebotene Qualität mit Sicherheit richtig zu bestimmen. Damit wird die Eigenschaft als Erfahrungsgut modelliert (vgl. Nelson 1970). Alle anderen Kaufwilligen (1-a) verlassen sich auf die Reputation des Anbieters oder auf dessen Preissignale. a befindet sich im Bereich [0,1]. Der Anteil (1-a) läßt sich nochmals aufspalten in zwei Anteile b und (1-b).

Allen Nachfragern ist die Struktur des Spiels bekannt, und alle Kaufwilligen können die Qualität, die auf dem Markt angeboten wird, als marktkonforme Qualität $q \geq q_0$ identifizieren.

Es wird durch diese Annahmen ermöglicht, daß auf dem betrachteten Markt lediglich Güter mit einer Qualität von mindestens q_0 angeboten werden.

Analog zu Montgomery/Wernerfelt (1992) können vier Anbieterstrategien analysiert werden:

1) n* Unternehmen bieten die Preis-Qualitätskombination (p*,q*) an und verkaufen ausschließlich an den informierten Teil der Bevölkerung a. Infolge des Wettbewerbs dieser Anbieter muß die Gleichgewichtsbedingung bei voller Information gelten:

$- [\partial W(p^*,q^*)/\partial p]/[\partial W(p^*,q^*)/\partial p] = d\underline{c}(q^*)/dq$

Der marginale Nutzen der Qualität entspricht im Gleichgewicht den marginalen Kosten. Die Unternehmen erzielen Nullgewinne und verkaufen zu minimalen

---

[43]Montgomery und Wernerfelt (1992) unterstellen in beiden Argumenten, p und q, die Konkavität ihrer Nutzenfunktion.

Durchschnittskosten. Diese Bedingung entspricht dem Gleichgewicht bei unvollständiger Information.

2) n^+ Firmen orientieren sich dem Verhalten nach an der Strategie von Klein-Leffler und Shapiro. Sie sind, um ihren Preis von p^+ durchsetzen zu können, gezwungen, ex ante Reputationsinvestitionen zu tätigen, um dann (p^+, q^+) anzubieten. Es muß gelten:

$$p^+ = c(x^+, q^+) + r \{[c(q^+) - c(q_0)] \, x_1 + s\} / x^+ \qquad (4)$$

Mit $[c(q^+) - c(q_0)] \, x_1 = k^+$, was der Klein-Leffler-Shapiro'schen Investition in Reputation entspricht, ergibt sich damit:

$$p^+ = c(x^+, q^+) + r \{k^+ + s\} / x^+ \qquad (5)$$

Dabei minimiert x^+ den Ausdruck $c(x, q^+) + r \{k^+ + s\} / x$

Für die Herleitung dieser Terme ist analog den Überlegungen Shapiros sowohl die "No-Milking-Condition" als auch die "Free-Entry" Bedingung maßgeblich.
Es muß im Gleichgewicht gelten, daß der marginale Nutzen aus Qualität den marginalen Kosten entspricht.

$$- [\partial W(p^+, q^+)/\partial q]/[\partial W(p^+, q^+)/\partial p] = d\min{}_x\underline{c}(x, q^+) + r \, (k^+ + s)/ \, x)/dq$$

Für die Anbieter bedeutet dies eine Gewinnerwartung von 0.

3) n^0 Unternehmen, die q^0 zu Preisen von p^* anbieten und hoffen, mit dieser Strategie einen Teil der Uninformierten betrügen zu können.[44]
Diese Unternehmen realisieren einen kurzfristigen Gewinn von $c(x, q^*) - c(x, q^0)$[45]
4) n^- Unternehmen, die q^0 zu Selbstkosten $p = c(q^0)$ verkaufen, so daß selbst Uninformierte ihr Risiko ausschalten können.[46]

---

[44]Es stellt sich die Frage, warum diese Unternehmen nicht den Klein-Leffler Preis auf dem Markt verlangen, um mit der Lieferung von Minimalqualität ihre Profite zu maximieren. Definitionsgemäß ist dies jedoch nicht möglich, da die Konsumenten erst dann bereit sind, Preisprämien zu zahlen, wenn in mindestens einer Vorperiode auch entsprechende Qualität geliefert wurde. Dies setzt wiederum Reputationsinvestitionen voraus, die es nicht lohnend machen, kurzfristige Betrugsgewinne realisieren zu wollen.
[45]Es wird jedoch vorausgesetzt, daß Anbieter, die Waren zu p^* anbieten wollen, zumindest Sunk Costs, s, zu tragen haben, um von den Konsumenten akzeptiert zu werden.
[46]Es ist nicht sehr ergiebig, über diese Anbieter zu diskutieren. Die weitere Betrachtung wird sich vornehmlich darauf konzentrieren, wie die ersten drei Arten von Anbietern ihre Güter auf dem Markt absetzen können und inwiefern und welche Gleichgewichte sich bilden.

Es wird weiterhin angenommen, daß die Konsumenten die Klein-Leffler Lösung der Minimallösung vorziehen, d. h. $W^+ \equiv W^+ (p^+, q^+) > W^- (p^-,q^-)$. Damit wird ein Käuferverhalten modelliert, das sich nicht ausschließlich am Preis orientiert. Damit werden $W^* \equiv W^* (p^*, q^*)$ und $W^- \equiv W^- (p^-, q^-)$ als weitere Nutzenebenen definiert. Wie bei Shapiro wird angenommen, daß ein Unternehmen, welches in einer Periode Betrugsgewinne realisiert, seine Reputation in der folgenden Periode verliert und ab diesem Zeitpunkt entweder mit der neuen q^0-Reputation weiter auf dem Markt verbleibt oder den Markt verläßt.

Anfangsinvestitionen, Sunk Costs, s, die notwendig sind, um auf dem Markt überhaupt zu höheren Preisen als p^0 anbieten zu können, sollen hier definitionsgemäß bestenfalls einmal verzinst werden, damit Betrugsgewinne nicht Anreize zum umfassenden, auf dem Markt vorherrschenden, Verhalten Anlaß bieten und damit zum Marktzusammenbruch führen.

Es muß letztendlich gelten, daß:

$$\max{}_x \, [p^* - c(x,q)] \, x \geq (1+r) \, s$$

Sofern diese Bedingung erfüllt ist, sind Betrugsgewinne möglich.
Andererseits muß ebenso gelten, daß:

$$\max{}_x \, [p^* - c(x,q)] \, x \leq (1+r) \, s$$

Das bedeutet, daß die Betrugsgewinne nicht die regulär erwirtschaftbaren Gewinne übersteigen dürfen. Aus diesem Grund wird ein x^0 definiert, bei dem gerade gilt:

$$[p^* - c(x^0,q)] \, x^0 = (1+r) \, s \qquad\qquad (7)$$

Wenn sich nun aus diesen Annahmen ein Gleichgewicht bilden soll, dann sollten die folgenden Bedingungen erfüllt sein (vgl. Montgomery/Wernerfelt 1992):

1) Nullgewinne im Gleichgewicht
2) Profitmaximierung der Unternehmen
3) Nutzenmaximierung der Konsumenten
4) Markträumung

1) Eine Abweichung von den ermittelten Gleichgewichtspreisen ist durch die Annahmen suboptimal und wird nicht realisiert.

Es kann davon ausgegangen werden, daß Unternehmen, die betrügen wollen, die
Minimalqualität auf den Markt bringen. Auch hier ist eine Abweichung von dieser
Qualität suboptimal.

Für die Unternehmer mit q^+ besteht annahmegemäß keine Veranlassung, von der
von ihnen angestrebten Qualität abzuweichen.

Betrugsgewinne können lediglich von Unternehmen realisiert werden, die in der
Lage sind, q^0 zu p^* anzubieten.

Definitionsgemäß realisieren ehrliche Anbieter jede Periode rs an Profit, so daß die
Anfangsinvestitionen des Unternehmens in einem unendlichen Zeithorizont gerade
kompensiert werden. Ein unehrlicher Anbieter realisiert maximal den Betrag seiner
anfänglich versunkenen Kosten s (abdiskontiert), und zwar unabhängig davon, wann
er plant, unehrlich zu sein.[47]

Damit sind Nullgewinne auch für ihn maximal. Es ist außerdem gewährleistet, daß
die p^*-Unternehmen in jeder Periode indifferent sind gegenüber den Preis-
Qualitätskombinationen (p^*, q^*) und (p^*, q^0).[48]

2) Nullgewinne sind durch die oben dargestellten Gleichungen dargestellt. Es soll an
dieser Stelle nicht weiter darauf eingegangen werden.

3) Wenn alle drei Arten von Firmen auf dem Markt sind, können die Konsumenten
ihren Nutzen entsprechend maximieren, denn sie haben die Auswahl zwischen den
drei Anbietergruppen auf dem Markt. Die Informierten können anhand des
Reputationsaufbaus der p^+ Firmen und der damit verbundenen Ausgaben (k+s)
erkennen, welche Unternehmen q^+ - Qualität liefern.

Um die Zufallhaftigkeit des Konsumentenwahlverhaltens zu gewährleisten, muß ein
Uninformierter indifferent sein gegenüber der Entscheidung für einen p^+ und einen
p^* - Anbieter.

Dies bedeutet, daß Uninformierte indifferent sein müssen gegenüber W^+ und einer
Linearkombination aus W^* und W^0.

$$W^+ = \frac{(n^* W^* + n^0 W^0)}{(n^* + n^0)} \tag{8}$$

---

[47]Es kann bewiesen werden, daß ein Anbieter in diesem Modell seinen maximalen Gewinn nicht
über die Summe seiner Investitionen steigern kann, ganz gleich in welcher Periode er seine Qualität
verschlechtert.
[48]Diese Tatsache beruht jedoch auf der Annahme, daß der Wechsel von einer Qualitätsstufe zur
nächsten für die Anbieter kostenlos ist.

4) Markträumung bedeutet, daß

$$n^*x^* + n^0x^0 + n^+x^+ = 1 \qquad (9)$$

Der Anteil der Informierten und ein Zufallsanteil v an Nicht-Informierten erwerben Güter zum Preis p* mit der Qualität q*.

$$n^*x^* = a + \frac{(1-a)b\, n^*}{(n^* + n^0)} \qquad (10)$$

Ein Zufallsanteil an Nichtinformierten v erwirbt Güter von betrügerischen Unternehmen.

$$n^0x^0 = \frac{(1-a)bn^0}{(n^*+n^0)} \qquad (11)$$

Damit setzt sich der Marktanteil der Klein-Leffler-Shapiro-Anbieter zusammen aus:

$$n^+x^+ = (1-a)(1-b) \qquad (12)$$

Es ergibt sich eine notwendige Fallunterscheidung in drei verschiedene Gleichgewichtssituationen.

$$a < \frac{(x^* - x^0)(W^+ - W^0)}{x^0(W^* - W^0) + (x^* - x^0)(W^+ - W^0)} \qquad (I)$$

$$\frac{x^*-x^0}{x^*} > a \geq \frac{(x^* - x^0)(W^+ - W^0)}{x^0(W^* - W^0) + (x^* - x^0)(W^+ - W^0)} \qquad (II)$$

$$a \geq \frac{x^*-x^0}{x^*} \qquad (III)$$

Im Fall 1) ergibt sich die Situation, daß ein Bruchteil (1-b) der Uninformierten Klein-Leffler Preise zahlt, wobei dieser Anteil sich berechnet zu:

$$1-b = 1 - \frac{ax^0(W^*-W^0)}{(1-a)(x^*-x^0)(W^+-W^0)} \qquad (Ia)$$

Die Zahl der anbietenden Firmen ist

$$n^+ = \frac{(1-a)(x^*-x^0)(W^+-W^0) - ax^0(W^*-W^0)}{x^+(x^*-x^0)(W^+-W^0)} \qquad \text{(Ib)}$$

Die übrigen Transaktionen werden zu p* Preisen abgewickelt. Den n^0 potentiellen Betrügern fallen ebensoviele Unwissende zum Opfer, wobei

$$n^0 = \frac{a(W^*-W^+)}{(x^*-x^0)(W^+ - W^0)} \qquad \text{(Ic)}$$

Alle anderen Konsumenten kaufen bei den n* Anbietern (p*, q*)

$$n^* = \frac{a}{x^*-x^0} \qquad \text{(Id)}$$

Die (p*,q^0) Anbieter werden in jeder Periode entdeckt und verlassen den Markt. Zu Beginn jeder neuen Periode betreten n^0 neue Anbieter den Markt und entscheiden zusammen mit den bisherigen n* Anbietern, welche Qualität sie anbieten.

Der zweite betrachtete Fall stellt sich wie folgt dar:

$$\frac{x^*-x^0}{x^*} > a \geq \frac{(x^* - x^0)(W^+ - W^0)}{x^0(W^* - W^0) + (x^* - x^0)(W^+-W^0)} \qquad \text{(II)}$$

Hier entfällt die Klein-Leffler Lösung. Es gilt auf dem Markt der Gleichgewichtspreis p*. Die entsprechenden Mengenrelationen dabei sind

$$n^+ = 0 \qquad \text{(IIa)}$$

$$n^* = \frac{a}{x^*-x^0} \qquad \text{(IIb)}$$

$$\text{und } n^0 = \frac{(1-a)x^*-x^0}{(x^*-x^0)x^0} \qquad \text{(IIc)}$$

Wie im vorigen Fall scheiden die (p*,q^0) Firmen nach einer Periode aus, und n^0 neue Marktteilnehmer ersetzen sie. Zu Beginn jeder Kaufperiode besteht für die (p*,q*) Unternehmen die Alternative, q* oder q^0 anzubieten.

Der letzte Fall läßt sich dadurch charakterisieren, daß

$$a \geq \frac{x^*-x^0}{x^*} \qquad \qquad \text{(III)}$$

$$n^* = 1 \qquad \qquad \text{(IIIa)}$$

Auf dem Markt herrscht ein Wettbewerbspreis p*, und alle gelieferten Waren sind von der Qualität q*. Es verschwinden keine Unternehmen vom Markt; deshalb treten auch keine neuen Marktteilnehmer in den Markt ein.

In diesem Fall reduziert sich das Modell auf die reine Wettbewerbslösung.

4.4.4 Erkenntnisse und Konsequenzen

Das vorliegende Modell zeigt in einfacher Form Erweiterungsmöglichkeiten des mikroökonomischen Modells mit vollkommener Information.

Beim Auftreten von Informationsdefiziten werden Preis-Prämien zur Sicherung der Qualität gezahlt. Dadurch, daß das Modell jedoch in jedem Fall von Markträumung ausgeht, ist es unnötig, für diesen Fall bezüglich der Effizienz Untersuchungen anzustellen. Jedoch wird das Problem des Marktversagens überwunden, das eine Quelle von Ineffizienzen darstellt.

Das Modell zeigt einen Markt für ein Erfahrungsgut, der in sich gesättigt ist und bei dem die Konsumenten eine vorausbestimmte Erwartungshaltung bezüglich der Güterqualität haben. Zusammenfassend lassen sich die Ergebnisse des Modells wie folgt darstellen.

Je nach Informationsstand der Nachfrager lassen sich drei Gleichgewichtssituationen identifizieren.

1) Bei einem relativ geringen Informationsgrad der Nachfrager ergibt sich ein Gleichgewicht, bei dem sowohl die Anbieter von Qualitätsprodukten nach Klein/Leffler und Shapiro als auch Anbieter mit Qualitäten und Preisen, die sich ebenso auf einem Wettbewerbsmarkt hätten bilden können, finden lassen. Außerdem werden für jeweils eine einzige Periode auch Anbieter auf dem Markt auftreten, die einen überhöhten Preis für Güter minderer Qualität verlangen. Es stellt sich, je nach Informationsstand der Nachfrager, ein stationäres Gleichgewicht für alle Anbieter ein.[49]

---

[49]Dieses Gleichgewicht ist vergleichbar mit dem Ergebnis des "Commitment"-Modells von Frank (1988, 261-269), der in einer einfachen spieltheoretischen Betrachtung ein Gleichgewicht von kooperierenden und nicht kooperierenden Spielern ermittelt.

2) Mit steigendem Informationsgrad reduziert sich der Anteil der Anbieter, die Qualitätsprodukte mit entsprechenden Preisprämien anbieten. Es halten sich dann lediglich wettbewerbskonforme Anbieter sowie einzelne betrügerische Anbieter auf dem Markt.

3) Sobald der Anteil der Informierten ein bestimmtes Maß überschritten hat, werden auch keine "Betrüger" mehr auf dem Markt anbieten können.

Preise mit Qualitätsaufschlag sind annahmegemäß nur dann zu erzielen, wenn eine Reputation von seiten der Anbieter aufgebaut wurde und das "Goodwill" der Nachfrager Preisaufschläge zuläßt.[50]

Gemäß den Grundannahmen des Modells werden von allen Anbietern bestenfalls Nullgewinne erzielt, und der Markteintritt für neue (Qualitäts-) Anbieter ist, abgesehen von der "Markteintrittsgebühr" in Form von Reputationsaufwendungen und versunkenen Kosten, frei. Dies bedeutet, daß der Qualität sichernde Mechanismus von Klein/Leffler und Shapiro per se keine Markteintrittsbarriere für Anbieter, die zu einem späteren Zeitpunkt den Markt bearbeiten, darstellt, sofern die restriktiven Bedingungen bezüglich der Nachfragerinformation eingehalten werden können. Es wird lediglich gezeigt, daß sich auf Märkten mit hoher Unsicherheit in großem Maße Markenanbieter durchsetzen werden, obwohl oder gerade weil sich die Konsumenten bewußt sind, daß sie einen Preisaufschlag zahlen.[51]

Der relative Preis, d. h. der Preis in bezug auf die gelieferte Qualität für Markenartikel, liegt höher als für Nicht-Markenartikel ($p^+/q^+ \geq p^*/q^*$).

Die Varianz, d. h. die Qualitätsstreuung, wird nach den getroffenen Annahmen bei Markenartikeln niedriger einzuschätzen sein als bei Nicht-Markenartikeln. Hochwertigere Güter können nur diejenigen zu Premium Preisen absetzen, die ihre entsprechende Reputation aufbauen konnten.

Lediglich auf dem Markt mit Wettbewerbspreis p^* besteht die Möglichkeit, daß ein Abnehmer getäuscht wird und q^0 erhält.

Der entscheidende Punkt ist jedoch, daß mit etablierter Reputation ein Preis oberhalb der Herstellungskosten auf dem Markt durchgesetzt werden kann, selbst wenn Wettbewerbsanbieter mit geringerer Reputation gleiche Qualität zu einem niedrigeren Preis auf dem Markt anbieten. Sobald sich Möglichkeiten eröffnen, "Reputational Economies of Scale" zu nutzen, kann dies enorme Auswirkungen auf die Struktur der Anbieterseite zur Folge haben.

---

[50]Vgl. v. Weizsäcker (1980a, 1980b).
[51]Bezüglich der Stabilität des Modells weisen Montgomery und Wernerfelt vor allem auf zwei Punkte hin. Zum einen müssen die Kosten periodenunabhängig sein. Zum anderen gilt es, die Homogenität der Präferenzen der Nachfrager über die Zeit als konstant vorauszusetzen.

Das gezeigte Modell nutzt zum Teil sehr restriktive Annahmen.

Ein Punkt der Kritik beispielsweise liegt in der impliziten Annahme, daß die Nachfrager die Kostenfunktion der Anbieter kennen müssen, um den die geforderte Qualität stabilisierenden Preis akzeptieren zu können. Dies dürfte nur dann zutreffen, wenn das Produkt bekannt ist und von mehreren Anbietern auf dem Markt angeboten wird. Die Nachfrager verhalten sich in bezug auf die Maximierung ihres Nutzens im vorgestellten Modell optimal. Dies scheint vor allem deshalb möglich, weil den Nachfragern die Fähigkeit zur genauen ex post Produktdifferenzierung und Qualitätsbestimmung unterstellt wird. Die Konsumenten gehen aufgrund der Modellkonstellation davon aus, daß die Qualität eines erprobten Anbieters auch in Zukunft konstant bleibt.[52]

Ähnliche Ergebnisse ermittelte v. Weizsäcker (1980b) in einem Modell, das sich im wesentlichen auf die Risikoaversion der Konsumenten stützt.

Die Neigung zu bekannten Produkten aufgrund der Annahme, daß sie auch in der Zukunft den gleichen Nutzen für die Konsumenten erbringen (Extrapolationsthese), muß von sich aus nicht zu einer Markteintrittsbarriere führen (vgl. v. Weizsäcker 1980 a, b).

Es muß nicht so weit gegangen werden, wie v. Weizsäcker andeutet (1980a, 124), daß Konsumenten beispielsweise nicht-rationale Erwartungen bilden, die eine nicht weiter begründbare Vorliebe für bekannte Produkte zur Folge hat, und somit "Marken" zu einer Eintrittsbarriere für Marktneulinge werden können.[53]

Besonders eine verlangsamte Informationsübermittlung unter den Nachfragern könnte ein Festhalten an "Markenartikeln" rational machen.

Die Marktfolger dagegen sind mit einem Markt konfrontiert, der die Alternativen Kauf bei Etablierten, Kauf bei Marktneuling und Nichtkauf beinhaltet. Der Marktführer besitzt dann strategische Vorteile, wenn das Produkt ein Erfahrungsgut darstellt, dessen Opportunitätskosten der Suche hoch genug sind. Dabei stellt das Risiko eines Fehlkaufs einen höheren Nutzenverlust dar als der höhere Preis. Zudem kann die Zahlungsbereitschaft der Nachfrager für ein innovatives Gut z. B. höher sein als für Folgeprodukte (vgl. Schmalensee 1982).

Von daher kann ein schnelles Vordringen in den Markt mit innovativen Produkten bezüglich der Gewinnsituation und der Möglichkeit der Schaffung von Marktbarrieren von entscheidender Wichtigkeit sein.[54]

---

[52]Dies beruht darauf, daß die Anbieter aufgrund des Entgeltschemas weder Anreize besitzen, Produkte zu verbessern (Kostenfunktion), noch Anreize, diese zu verschlechtern, da sich die Konsumenten sonst von ihnen abwenden würden.

[53]Vgl. hierzu auch Schmalensee (1982), bzw. Farrell (1986).

[54]Sehr oft läßt sich empirisch ein ökonomisch großer Erfolg von "Me Too"-Produkten feststellen. Dies kann unter Umständen darauf zurückzuführen sein, daß der Marktführer hohe Kosten bei der Produktentwicklung und beim Errichten von Reputation dieser Gattung von Produkten auf sich zu nehmen hatte. Der Marktnachfolger kann diese Kosten zum Teil einsparen, Produktverbesserung betreiben und erzielt möglicherweise deshalb kompetitive Vorteile.

Ein wesentlicher Punkt der Betrachtung bleibt jedoch der Einfluß der Reputation und die Tatsache, inwiefern "Reputational Economies of Scale" geschaffen werden können.

"Goodwill is an information good and therefore implies certain economies of scale. These economies of scale, rather than goodwill itself, may give rise to entry barriers" [55]

Diese können Marktschranken bedingen, die den Marktführern höhere Gewinne als unter vollkommenen Wettbewerbsbedingungen einbringen.

Damit ist die Kette der Argumentation geschlossen. Wenn es Organisationsformen gibt, die den Effizienzverlust der asymmetrischen Information auf dem Markt überwinden können, die ein schnelles Wachstum garantieren und dadurch die Möglichkeit eröffnen, Größen- und Skalenvorteile, insbesondere "Reputational Economies of Scale", zu nutzen, gibt es Anreize, diese Institutionen einzusetzen. Gerade das Verhalten der Nachfrager fördert diese Entwicklung.

Im folgenden Abschnitt wird deshalb gezeigt, inwiefern die Qualitätsunsicherheit der Nachfrager auf Märkten die Existenz einer Institution wie Franchising begründen kann. Dabei sind die verschiedenen Anreizsituationen, die sich für Nachfrager, potentielle Franchise-Geber und -Nehmer ergeben können, zu untersuchen.
Ein wesentlicher Punkt ist die Nutzung von Größen und Skalenerträgen ex post.
Der zweite Punkt der Betrachtung ist der strategische ex ante-Aspekt von Franchising als effektives Commitment zur Verhinderung des Markteintritts.
Beide entfalten ihre Wirkung aufgrund von externen Informationseffekten, die mit der Qualitätsunsicherheit auf Märkten mit asymmetrischer Information einhergehen.

---

[55]v. Weizsäcker (1980, 124).

5 Anreize für Franchising

5.1 Strategische Ausgangssituation

Im diesem Kapitel werden die Anreize untersucht, die ausschlaggebend für die Wahl der Organisationsform einer Franchise sein können, zumal sich Markeneffekte auch bei Filialunternehmen, unabhängig von deren organisatorischer Effizienz, sehr gut nutzen lassen. Dabei werfen sich Fragen auf:[1]

Mit welchen Auswirkungen ist zu rechnen, wenn vor dem Hintergrund von "Markeneffekten" die Vertriebsform Franchising gewählt wird? Ergeben sich Einflüsse auf die Kostenstruktur der Anbieter? Welche externen Effekte auf Nachfrager und eingesessene sowie potentielle Wettbewerber lassen sich feststellen? Inwiefern kann die Geschwindigkeit der Implementierung einer Verkaufsorganisation Auswirkung auf deren ökonomischen Erfolg haben?

Während bei der ökonomischen Betrachtung von Lizenzen technologische Produktionskostenvorteile durch die Weitergabe von Know-How betrachtet werden, bietet sich für Franchising zusätzlich die Betrachtung von Reputationskostenvorteilen an. Als ein oder der entscheidende Vorteil des Einsatzes von Franchising läßt sich die schnelle Phase der Implementierung identifizieren (vgl. u. a. Beyer 1988, 155).[2]

Vor der Analyse der Anreizsituationen ist es erforderlich, die strategische Entscheidung für oder gegen Franchising aus der Sicht von Franchise-Geber und Franchise-Nehmer zu analysieren. Zum einen müssen Anreize für den Franchise-Geber vorhanden sein, diese Organisationsform zu wählen und das System für Außenstehende zu öffnen, zum anderen für die potentiellen Franchise-Nehmer, einer solchen Organisation beizutreten.

---

[1]Es können durchaus Parallelen zur Diskussion von Lizensierungen gezogen werden; vgl. u. a. Gallini (1984), Gallini/Winter (1985).
[2]Pirkul/Narasimhan/De (1987) erstellen ein Operations-Research-Unternehmensmodell und simulieren eine Unternehmensexpansion durch Franchising. Zu den Problemen der Expansion von Franchise-Ketten: Kaufmann/v. Kasturi (1990).

Dabei sind in der Entscheidungssituation der Franchise-Geber folgende Faktoren von strategischer Bedeutung:[3]

1) Existenz/Nichtexistenz einer Vermarktungsorganisation
2) Reputation des Produkts/der Marke/der Verkaufsorganisation
3) Innovationsgrad des zu vermarktenden Gutes
4) Konkurrenzsituation
5) Ausstattung mit Kapital, Personal u. Know-How

Ein expansionswilliger Franchise-Geber steht vor dem Entscheidungsproblem, sich für ein Filial- oder ein Franchise-System zu entscheiden. Dabei ist von Belang, ob bereits eine Verkaufsorganisation existiert, die mit Erfolg Produkte oder Dienstleistungen vermarkten könnte, wobei die Anpassungsfähigkeit an ein neu erarbeitetes Konzept evtl. nicht in der angestrebten Geschwindigkeit durchführbar wäre, oder ein einzelner Pilotbetrieb eine erfolgreiche Expansion verspricht, die in kurzer Zeit durchgeführt werden könnte.[4]

Marktwachstumspotential und Innovationsgrad des Produkts sind miteinander verwobene Aspekte. Innovative Produkte können ein großes Marktpotential besitzen, jedoch ist dies ebenso wie der Umkehrschluß nicht zwingend. Beispielsweise basiert der Erfolg vieler Verkaufsfilialisten auf einem hohen Marktpotential, wobei die Produkte nicht unbedingt innovativ sein müssen.[5]

Ein weiterer entscheidender Faktor ist die strategische Ausgangssituation des Wettbewerbs auf dem Markt. Den Chancen als Pionier und Marktführer steht im Extremfall gegenüber, als Marktneuling einer starken Konkurrenz und entsprechenden schon bestehenden Marktbarrieren gegenüberzustehen.

Kapazitätsbeschränkungen können finanzieller, personeller oder technischer Natur sein. Je weiter ein Anbieter in seiner eigenen Handlungsfähigkeit beschränkt ist, desto eher wird er bereit sein, mit Partnern kooperative Aufgabenteilung zu betreiben, solange wirtschaftliche Vorteile dadurch zu erzielen sind. Kapazitative Beschränkungen dürften jedoch hauptsächlich kurzfristig relevant sein, da langfristig Anpassungsprozesse stattfinden können.

---

[3]Zum Teil ergibt sich eine ähnliche Entscheidungssituation für beispielsweise eine eigene Vertriebsorganisation oder den Vertrieb über Handelsvertreter (vgl. Dichtl/Raffee/Niedetzky 1981).
[4]Problematisch ist es, ohne Pilotbetrieb die Expansion anzustreben, da zum einen Fehler des Konzepts bis zur Realisierung verborgen bleiben, zum anderen möglicherweise ungeeignete Konzepte propagiert werden, die sich als reputationsschädlich erweisen können.
[5]Auch die Idee, bekannte Produkte durch ein innovatives Konzept zu verkaufen, kann als prozeßinnovatives Handeln Märkte öffnen.

Für Franchise-Nehmer entscheidende Parameter sind:

1) Existenz einer eigenen Verkaufsorganisation
2) Konkurrenzsituation
3) Kostenstruktur der eigenen Organisation
4) Ausstattung mit Kapital, Personal, Know-How
5) Zugang zu Kapital, Personal, techn. u. kaufm. Know-How

Jemand, der den Entschluß gefaßt hat, selbständig zu werden, steht vor der Entscheidung, einem Franchise-System beizutreten oder mit eigener Energie ein Geschäftskonzept zu realisieren.

In der Regel verfügen potentielle Franchise-Nehmer weder über ein eigenes Produkt noch über ausreichenden Bekanntheitsgrad. Oft sind es auch gesetzliche Vorschriften, die eingehalten werden müssen (z. B. Ausbildungsnachweise, branchenspezifische Kenntnisnachweise usw.), die den Zugang zu bestimmten Branchen versperren. Ebenso entscheidend dürfte die Konkurrenzsituation der potentiellen Franchise-Nehmer Einfluß auf deren Entscheidung haben. Sehr viele Franchise-Nehmer bewerten positiv, daß sie mit Franchising einen Einstieg in bestimmte Branchen finden können, in denen sie ohne Markenreputation und Unterstützung vermutlich nur geringe Überlebenschancen haben würden. Die Bedeutung des Markennamens und der speziellen Ausbildung wird deshalb von Franchise-Nehmern als an erster Stelle ihrer Entscheidung stehend eingeschätzt (vgl. Peterson/Dant 1990; Pilling 1991).

Beide Partner, sowohl Franchise-Geber als auch Franchise-Nehmer, werden sich für eine symbiotische Kooperation wie Franchising entscheiden, wenn sich die Möglichkeit einer wirtschaftlichen Verbesserung des Status quo bietet oder bei Untätigkeit eine Verschlechterung der bestehenden Situation droht.

Dabei ist die Entscheidung für eine Franchise-Organisation ebenso möglich wie der Weg zur Filialunternehmung, bzw. der Beschränkung auf ein Einzelunternehmen.

Die strategische Entscheidung für Franchising als Wettbewerbsstrategie beinhaltet Veränderungen in den Bereichen Produkte und Märkte, Technologie, administrative Strukturen und Systeme.[6]

Franchising wird oft als ein System beschrieben, in dem die Image-Einheit der gesamten Kette (vgl. Martinek 1987, 138) als geradezu konstituierendes Element bezeichnet wird.

---

[6]Vgl. Hoffman/Preble (1991, 75-76).

Alle von den Nachfragern wahrnehmbaren Signalinstrumente der franchisierten Betriebe wie Werbung, Geschäftsausstattung, Warensortiment und Service erzeugen ein einheitliches, filialähnliches Bild. Nur selten wird einem Kunden der Unterschied zwischen einem Franchise- und einem Filialbetrieb deutlich.

Deshalb wird die Reputation der gesamten Verkaufsorganisation vom Verhalten aller Mitglieder beeinflußt. Die daraus entstehenden wirtschaftlichen Auswirkungen treffen nicht nur den Systemgeber, sondern ebenso alle anderen Franchise-Nehmer.

Dies gilt zum einen bezüglich unzulässiger Qualitätsreduktion, zum anderen bezüglich des Preisverhaltens einzelner Franchise-Nehmer, das sich bei mobiler Kundschaft ebenso auf das wirtschaftliche Gesamtergebnis der Franchise-Kette auswirken kann. Vorwiegend mobile Kundschaft kann einzelne Franchise-Nehmer dazu verführen, den Preis als Instrument der Umsatzausweitung zu nutzen, um durch eine lokale Umsatzausweitung seine Gewinne zu erhöhen. Ein derartiges Verhalten kann im Extremfall zu Bertrand-Preiswettbewerb führen.

Bei genauer Betrachtung lassen sich ausreichend hohe Anreize für Franchising finden. Sie sollen hier nach ex post- und ex ante-Anreizen gegliedert werden.[7]

---

[7]Diese Klassifizierung erfolgt nach Gallini (1984) und Gallini/Winter (1985).

5.2 Ex post-Anreize

Anreize zu einem bestimmten Institutionsdesign müssen für alle beteiligten Parteien gegeben sein. Für Franchising bedeutet dies, daß Anreize sowohl für Franchise-Geber, als auch für Franchise-Nehmer bestehen müssen, damit ein Vertrag abgeschlossen wird. Dabei ist auch die Rolle der Nachfrager nicht zu vernachlässigen. Hier konnte bereits ausführlich gezeigt werden, daß unter bestimmten Voraussetzungen Präferenzen für Marken und damit unter anderem für Franchise-Systeme entstehen können.

Marktneulingen oder auch etablierten Anbietern kann durch den Anschluß an ein Franchise-System kurzfristig möglicherweise eine kostengünstigere Produktions- oder Vermarktungstechnologie angeboten werden. Unterstellt wird dabei, daß der Franchise-Geber technische oder organisatorische Verfahren beherrscht, die Vorteile gegenüber dem bisher auf dem Markt Vorhandenen aufweisen, wobei bei einer Ausweitung der Geschäftstätigkeit auf dem Markt positive Skalenerträge zu verzeichnen sind. In diesem Fall muß es für einen Franchise-Geber finanziell attraktiv sein, Know-How weiterzugeben.

Möglicherweise bestehen für den Franchise-Geber auch kapazitative Engpässe, so daß dieser durch den Verkauf von Franchise-Anteilen seinen Gewinn erhöhen kann.[8]

Das Argument, daß Vorteile aus der Qualitäts-Preisprämie durch Wettbewerb der Franchise-Nehmer untereinander zunichte gemacht werden können, basiert auf Annahmen strikten Bertrand-Wettbewerbs. Diese Tendenzen können durch unterschiedliche, im Vertrag zu regelnde Faktoren gemildert werden. Hierzu gehört beispielsweise die räumliche Trennung der Anbieter, Begrenzung der Kapazitäten, intertemporale Preisabsprachen und die Abgrenzung des Produkts vom Angebot weiterer Konkurrenzanbieter.[9]

5.2.1 Innovationsrenten

Der Franchise-Geber hat sehr oft neue Produkte und/oder neue Verfahren (z. B. Vermarktungstechniken) entwickelt, mit deren Hilfe Innovationsrenten erzielt

---

[8]Dabei unterwirft sich der Franchise-Geber jedoch dem Risiko des Reputationsverlustes durch nachlässige Franchise-Nehmer und hat ein dementsprechendes Gewinnmaximierungskalkül zu entwerfen, daß ein Reputationsverlust ausgeschlossen werden kann.
[9]Dies kann beispielsweise durch eine Beschränkung auf ein bestimmtes Qualitätssegment geschehen. Der dazu erforderliche Mechanismus wurde im vorherigen Absatz beschrieben.
Wenn Bertrand-Wettbewerb verhindert werden soll, kann auch die Franchise-Gebühr so hoch angesetzt werden, daß bestenfalls Nullgewinne erwirtschaftet werden. Dies ist gleichzeitig ein effektives Commitment gegenüber dem Wettbewerb und den Nachfragern auf dem Markt. Dadurch könnte der Franchise-Geber auch den Preisdruck durch die Konkurrenz von Franchise-Nehmern auf eigene Filialstellen vermeiden.

werden können. Bei Verfahrensinnovationen werden die Überschüsse durch eine Reduktion der Produktionskosten erzielt, wenn Wettbewerber für eine bestimmte Zeit vom Zugang zu dieser neuen Technologie ausgeschlossen werden können und sie deshalb keine Preisangleichung nach unten vornehmen (können). Jé schneller eine Marktabdeckung erreicht werden kann, desto länger können die Vorteile aus Innovationsrenten genutzt werden. Innovationsrenten werden als Monopolrenten auf Zeit betrachtet (vgl. Reinganum 1983).

Tirole (1989, 411) unterscheidet die Fälle der drastischen und der nicht-drastischen Innovation. Eine drastische Prozeßinnovation wird dann als solche bezeichnet, wenn die Produktionskosten dadurch so niedrig sind, daß Anbieter mit dieser neuen Technologie die Cournot-Menge anbieten können, wobei der gewinnmaximale Endverkaufspreis der Anbieter unter den Produktionskosten der Wettbewerber liegt.

Eine drastische Innovation kann für relativ lange Zeit Monopolgewinne sichern. Durch die synergetische Zusammenarbeit an sich selbständiger Einheiten lassen sich in einer Franchise-Kette Informationen über Markterfordernisse relativ schnell verarbeiten. Es besteht die Möglichkeit, daß Produkt- oder Prozeßinnovationen erst in Versuchsbetrieben getestet werden und damit Mißerfolge auf breiter Basis vermieden werden können. Ein solches Vorgehen sichert die Reputation der Kette (vgl. Miller 1988).

Innovationsrenten, d. h. übernormale Gewinne aus dem Verkauf, lassen sich auf verschiedene Faktoren zurückführen. Zum einen lassen sich durch Patent- und Gebrauchsmusterschutz bzw. technologischen Vorsprung Markteintrittshemmnisse aufbauen. Zudem läßt sich das Verhalten der Nachfrager für innovative Produkte je nach Fall dadurch charakterisieren, daß die Zahlungsbereitschaft für die Lösung eines bestimmten Problems wegen der Unkenntnis der Nachfrager bezüglich der neuen Kostenstrukturen der Anbieter in der Startphase höher sein kann als in einer späteren Phase der Entwicklung. Zudem entstehen auch durch neue Produktionsverfahren (Prozeßinnovationen) Kostenvorteile für die Anbieter .

Befindet sich die Branche in einem dauernden Innovationsprozeß, könnte allerdings auch das Problem entstehen, daß die Franchise-Organisation nach Planung und Errichtung des Franchise-Konzepts möglicherweise unflexibel auf Veränderungen reagiert. Andererseits dürfte gerade Franchising gute Chancen bieten, in kurzer Zeit Änderungen des Nachfragerverhaltens festzustellen und in entsprechende Reaktionen umzusetzen.

5.2.2 Lösung der Prinzipal-Agent-Problematik

Die theoretische Betrachtung der Franchise konzentriert sich stark auf Aspekte der Agency Theorie und die vorgefundenen Entlohnungsregeln (vgl. Mathewson/Winter 1985, Schmidt 1990, Dnes 1991,1992a, b).

Die First-Best Lösung der einfachen Prinzipal-Agent Modelle, die den Verkauf der Franchise gegen einen festen Betrag favorisiert, wird in der Praxis kaum angetroffen. Mögliche Gründe hierfür wurden in Abschnitt 2.2.2 genannt und die entsprechenden neueren Agency Modelle vorgestellt.

Bestimmte Umweltbedingungen, Risikoneigungen und Informationsasymmetrien vorausgesetzt, kann ein beliebiger Vertrag situationsspezifisch optimal sein.

Die Analyse von Mathewson und Winter (1985) zeigt eine schlüssige Begründung für die Entlohnungsschemata von Franchise-Verträgen, ohne die Beschränkungen des Vermögens der Franchise-Nehmer, horizontale Externalitäten und Risikoaversion voraussetzen zu müssen (vgl. Dnes 1992a, 255). Empirische Befragungen bestätigen im großen und ganzen die Ergebnisse der theoretischen Arbeit Mathewsons und Winters bezüglich der Kosten- und Gewinnverteilung. Die Franchise-Nehmer schätzen die Höhe der Eintrittsgebühr entsprechend dem Wert der versunkenen Kosten für eine Franchise mit entsprechendem "Brand Name Capital" (vgl. Dnes 1992, 257) ein. Dies liefert zwar Argumente für die Existenz von versunkenen Kosten und die Gewinnteilungsregel im Franchising, jedoch nicht zwingend Argumente für die Organisationsform der Franchise.

Die oft betonte Internalisierung der Kosten für Shirking und der Wegfall ansonsten notwendiger Lohnzusatzleistungen werden mit den speziellen Eigenschaften der Eigentumsrechte begründet. Dnes vermutet als Grund für Franchising reduzierte Überwachungskosten aufgrund der Vertragskonstruktion, die zu überschaubaren Strukturen der Organisation führt (vgl. Sass/Gisser 1989). Auch Carney/Gedajlovic (1991) vermuten wie Brickley und Dark (1987) Effizienzgründe für die Existenz von Franchising und verknüpfen die These der beschränkten Kapazitäten des Franchise-Gebers mit der These der administrativen Effizienz.[10]

Jedoch gibt es dafür keine durch das neoklassische Nutzenmaximierungskalkül gerechtfertigte Erklärung. Normalerweise müßten die Franchise-Nehmer antizipieren, daß ihr Nettoeinkommen als Franchise-Nehmer niedriger sein kann als das Einkommen für die gleiche Position als Angestellter. Wenn Franchise-Nehmer die wirtschaftliche Entwicklung richtig prognostizieren würden, wäre der erwartete

---

[10]Die These der administrativen Effizienz soll sich aus Prinzipal-Agent und Transaktionskostenüberlegungen herleiten. Den Vorteilen, die die niedrigen Überwachungskosten aufgrund der direkten Anreizsituation mit sich bringen, stehen die Agency-Probleme der durch Opportunismus bedrohten Investitionen, des Trittbrettfahrens und der Gefahr der Aneignung von spezifischem Investitionskapital gegenüber (vgl. Carney/Gedajlovic 1991, 609-610, Brickley/Dark 1987, 404-407).

Gewinnanteil, den sie aus dem Vertragsverhältnis fordern müßten, mindestens ebenso hoch wie der entsprechende Effizienzlohn. Damit würden die Agency-Vorteile des Franchise-Vertrages verschwinden.[11]

Wie viele Praxisbeispiele zeigen, trifft dies allerdings nicht immer zu. Von daher könnte es Kostenvorteile des Franchising geben, auch wenn sie im Rahmen der gewöhnlichen Agency-Theorien nicht erklärt werden.

5.2.3 Screening

Sehr oft wird Franchising unter dem Aspekt betrachtet, die leistungsfähigsten Mitarbeiter oder Manager zu finden, die sich der disziplinierenden Wirkung von impliziten Unterpfändern unterwerfen. Franchise-Nehmer sind der latenten Gefahr ausgesetzt, substantielle Verluste ihres Eigentums hinnehmen zu müssen, wenn sie innerhalb des Franchise-Systems versagen. Spezifische Investitionen und Eintrittsgebühr einer Markenfranchise dürften dem Betrag nach wesentlich höher liegen, als wenn sich ein Franchise-Nehmer ohne Markennamen zunächst einmal in kleinem Rahmen selbständig im Markt etablieren wollte. Durch die Reputation des Franchise-Gebers als seriösem Geschäftspartner und gesetzliche Regelungen vermutete Dnes (1992a, 300), sei der Franchise-Nehmer vor Opportunismus geschützt. Durch den Austausch der Unterpfänder Brand Name Capital und spezifischer Investitionen ergebe sich dennoch ein Anreiz zu einer höheren Arbeitsleistung für einen Franchise-Nehmer.

Diese Aspekte können anhand der praktischen Anschauung nicht grundsätzlich bestritten werden. Dennoch gelten die gleichen Überlegungen wie bei den Agency-Ansätzen. Wenn es zutrifft, daß Franchise-Nehmer ihren Wert für die Franchise kennen, dürfte die Kostenersparnis einer Franchise nicht mehr wesentlich sein.[12]

Trotzdem dürfen Kostenvorteile durch den Einsatz von Verträgen, die eine Bindung des Eigentums der Franchise-Nehmer nicht ausgeschlossen werden. Möglicherweise

---

[11]In der Literatur wird sehr oft die kostspielige Seite von Verhandlungen mit Franchise-Nehmern vernachlässigt. Hinzu kommen die Möglichkeiten von umfangreichen (und damit teuren) Rechtsstreitigkeiten bei einem schlecht abgestimmten bzw. mißglückten Franchise-Konzept. Die Transaktionskosten einer Franchise, die Williamson aufgrund der gegenseitigen Unterpfandleistung niedrig einschätzt, können sich unter Umständen als ebenso hoch wie oder höher als die Kosten einer Filial-Unternehmensorganisation erweisen. Ein Franchise-Vertrag kann bei fehlenden Überwachungsmöglichkeiten vorteilhaft sein, ist jedoch nicht voll anreizkompatibel für Franchise-Nehmer. Nachteile entstehen vor allem dann, wenn die Franchise-Nehmer auf ihrem unternehmerischen Recht bestehen und gegen den Willen des Franchise-Gebers gestalterischen Einfluß auf das System ausüben wollen. Nachteilig auf die Motivation der Franchise-Nehmer kann sich auch auswirken, wenn der Franchise-Geber diese zu Aktionen zwingt, die nicht in deren primärem Interesse stehen (vgl. Maas 1990).

[12]Selektionsargumente einer Franchise dürften dann zutreffen, wenn unterstellt werden kann, daß die Selektionskriterien durch die Erfordernisse von spezifischen Investitionen besser sind als die Selektionskriterien einer Unternehmung (z. B. Effizienzlöhne).

bedeutet die Vergabe einer Franchise tatsächlich eine kostenminimierende Lösung des Effizienzlohnproblems.

Derartige Überlegungen sind jedoch für die Begründung des Entstehens von Franchising nicht unbedingt notwendig.

Vielmehr ist zu vermuten, daß der Kern der Franchise in strategischen Überlegungen zu suchen ist. Grund für diese Annahme gibt die sehr oft geäußerte Meinung von Franchise-Gebern und -Nehmern, daß die Vorteile des Franchising in dessen schneller Ausbreitung und in der überragenden Bedeutung des Markennamens beruhen würden. Die Entscheidung eines Franchise-Gebers für ein Franchise-System läßt sich aus der ex ante Sicht sicher nicht nur darauf zurückführen, wie gut oder schlecht man im Vergleich eine Filiale kontrollieren könnte. Wenn es für einen Franchise-Geber in erster Linie entscheidend ist, den größtmöglichen Gewinn aus seiner Produktidee zu ziehen, ist für ihn die Entscheidung für oder gegen Franchising die Entscheidungsvariable aus den Ergebnissen einer Abschätzung seiner eigenen Gewinnerwartungen. Wenn die schnelle Expansion strategische Vorteile beinhaltet, die wirtschaftliche Vorteile gegenüber einer langsameren Ausbreitung - gleich welcher Art - besitzen, wird der Entscheidungsträger die Strategie vorziehen, die eine schnelle Entwicklung des Systems verspricht. Ein Franchise-Geber kann Franchise-Nehmer in möglichst vielen Gebieten einsetzen, vor allem dann, wenn er deren Ertragskraft zunächst nicht genau kennt. Sobald das Absatzpotential eines Marktes erschlossen und bekannt ist, läßt sich ermitteln, mit welchem System langfristig mehr Gewinn zu erwirtschaften ist. Dies läßt sich an einem trivialen Beispiel zeigen.

Es wird davon ausgegangen, daß sich durch die Wirkung der Marke das franchisierte Produkt von anderen Produkten abgrenzen ließe, so daß ein Anbieter in einem begrenzten Markt ein quasi monopolistisches Gewinnkalkül verfolgen könne. Dabei sei berücksichtigt, daß die Konsumenten sich dessen bewußt sind, daß sie gegenüber No-Name Produkten einen Preisaufschlag zahlen.

Die Preis-Absatzfunktion sei:[13]

$$p = A - ax \qquad\qquad (1)$$

Die Kostenfunktion der Franchise-Nehmer und Franchise-Geber besitze die U-Form und sei vereinfacht wie folgt dargestellt.

$$c = (b_i x - c_i)^2 + d_i \qquad\qquad (2)$$

---

[13] Der Index i ist stellvertretend für Franchise-Geber (G) bzw. Franchise-Nehmer (N). Außerdem soll gelten: b_i, c_i, d_i, v, E > 0.

Der Franchise-Nehmer habe einen Prozentsatz $v \in [0,1]$ seines Umsatzes und eine feste Eintrittsgebühr E, die sich dem Wert nach an den Aufwendungen des Franchise-Gebers zur Schaffung von Reputation in diesem Markt berechnet, an den Franchise-Geber zu entrichten.

Die Gewinnfunktion des Franchise-Nehmers (N) lautet:

$$\Pi_N = (A - ax) \, x \, (1-v) - (b_N x - c_N)^2 - d_N - E \qquad (3)$$

Der Profit des Franchise-Gebers (G) berechnet sich demnach zu

$$\Pi_G = (A-ax) x \, v \qquad (4)$$

Die Cournot-Menge des Franchise-Nehmers (N) entspricht dann

$$x^* = \frac{A \,(1-v) + 2 \, b_N c_N}{2(a \,(1 - v) + b_N^2)} \qquad (5)$$

Sobald sich ein Unternehmer dafür entscheidet, eine eigene Filiale (F) zu betreiben, ergibt sich für ihn die Gewinnfunktion.

$$\Pi_F = (A - ax) x - (b_F x - c_F)^2 - d_F - E \qquad (6)$$

Die entsprechende gewinnmaximale Menge des Filialunternehmens ist:

$$x^{**} = \frac{A + 2 b_F c_F}{2(a + b_F^2)} \qquad (7)$$

Ein Franchise-Geber wird sich dann für die Vergabe einer Franchise entscheiden, wenn die aus einer Filiale zu erwartenden Gewinne niedriger eingeschätzt werden als der aus dem variablem Umsatzanteil des Franchise-Unternehmens zu erwartende Ertrag:

$$\Pi_G \geq \Pi_F \qquad (8)$$

wobei der Gewinn des Franchise-Nehmers positiv sein muß ($\Pi_N \geq 0$).

Entsprechend lautet die Bedingung für die Errichtung einer Filiale:

$$\Pi_F \geq \Pi_G \qquad (9)$$

mit $\Pi_F \geq 0$

Setzt man die Gleichungen (4) und (6) in die Ungleichung (8) ein, ergibt sich als Bedingung für die Vergabe einer Franchise:

$$(A-ax^*)x^* \cdot v \geq (A - ax^{**})x^{**} - (b_F x^{**} - c_F)^2 - d_F - E \qquad (10)$$

Der Vergleich von (5) und (7) zeigt, daß bei identischen Kosten für Franchise-Nehmer und Franchise-Geber $x^* \geq x^{**}$ gilt, wenn $v \in [0,1[$.

Damit zeigt sich, daß die Nachfrager im Fall des Franchising tendenziell besser gestellt sind als bei einem Filialunternehmen, weil die angebotene Menge größer ist. Jedoch wird die Effizienz eines Konkurrenzgleichgewichts nicht erreicht.

Wenn nur eine geringe variable Umsatzgebühr durchsetzbar wäre und Franchise-Geber und Franchise-Nehmer ähnlichen Kostenstrukturen ausgesetzt sind, sinkt tendenziell die Wahrscheinlichkeit für die Vergabe oder Beibehaltung einer Franchise, es sei denn, der Franchise-Geber kann über den Betrag E hinaus noch eine ausreichend hohe Kompensation erzielen.[14]

E ist eine Größe, die den Einflüssen der Verhandlungsmacht des Franchise-Gebers und des Reservationsnutzens der Franchise-Nehmer unterliegt.[15]

Sie erhöht die Gewinne eines Anbieters, wenn dieser bereit ist, Franchisen zu vergeben; der Verzicht darauf kann aber auch als Anreizinstrument eingesetzt werden, um beispielsweise die besten Franchise-Nehmer auszuwählen (Screening).

Es zeigt sich in obiger kurzer Betrachtung, daß eine Tendenz zur Filialisierung besteht, wenn die Forderung der Zahlung großer variabler Franchise-Gebühren und hoher Einstandsgebühren psychologische Hemmnisse schafft und dies zudem noch für massive Motivationsprobleme und Moral Hazard-Situationen sorgen kann, falls nicht entsprechende Sicherungs- und Überwachungsmechanismen geschaffen werden können.

Anders stellt sich die Entscheidungssituation dar, wenn durch eine schnelle Marktdurchdringung Vorteile erzielt werden können. Damit würde die Entscheidung für die Vergabe einer Franchise leichter fallen. Die Entscheidung zur Umwandlung eines franchisierten Betriebes in einen Filialbetrieb steht nach Ablauf der Vertragszeit immerhin nochmals zur Debatte.

---

[14]Der Generalanwalt am europäischen Gerichtshof stufte im Fall "Pronuptia" eine variable Franchise-Gebühr von 10% als zu hoch ein (vgl. Kommission der Europäischen Gemeinschaften 1987, 266 FN 2). Dieser Prozentsatz entspricht althergebrachten Gerechtigkeitsempfindungen, beispielsweise war der Zehnt schon im Mittelalter eine etablierte Größe.

[15]Nach den Agency-Theorien wird ein Franchise-Geber aus Anreizgesichtspunkten eher auf die Durchsetzung des optimalen variablen Umsatzanteils v verzichten und dafür K so groß wählen, daß der Agent gerade seinen Reservationsnutzen erhält.

Somit wäre zu erwarten, daß Franchising mit ausreichenden Gewinnanreizen für Franchise-Nehmer zur strategischen Expansion einer Geschäftsidee genutzt würde und nach Ablauf der Vertragsdauer die Tendenz zur Filialisierung in den umsatzstärkeren Verkaufsgebieten überwiegen würde, da hier möglicherweise vorhandene Kostenvorteile der Franchise nicht so stark ins Gewicht fallen würden wie in einer relativ umsatzschwachen Filiale. Es ist zu erwarten, daß sich, je nach Marktverhältnissen, ein Gleichgewicht von filialisierten und franchisierten Betrieben einstellen wird. Zur Argumentation der reduzierten Überwachungs- und Kontrollkosten wurde an anderer Stelle bereits ausführlich Stellung genommen. In der vorliegenden Arbeit wird die Ansicht vertreten, daß Franchising in erster Linie als ein strategisches Instrument der Marktbearbeitung eingesetzt wird und die Entscheidung für den Aufbau einer Verkaufsorganisation durch Franchising und die anschließende teilweise Umwandlung in Filialbetriebe eine Frage der Gewinnmaximierung des Franchise-Gebers darstellt.

Deshalb sollte Franchising in erster Linie unter strategischen Gesichtspunkten untersucht werden. Die ex post ermittelbaren Vorteile des Franchising wären in dieser Sichtweise eher ein Nebenprodukt der gewinnorientierten Expansionsstrategie.

5.2.4 Skalen- und Verbundvorteile

Durch die Größe der Franchise-Organisation, die innerhalb relativ kurzer Zeit erreicht werden kann, ergeben sich zahlreiche Vorteile. Diese reichen vom Einkaufs- über den Verwaltungsverbund, der gemeinsamen Finanzierung und Forschung zur gemeinsamen Schulung der Mitarbeiter bzw. Franchise-Nehmer.[16]
Penrose (1963 (1959)) beschreibt die Expansionskostenvorteile, die eine große Unternehmung im Vergleich zu einer kleinen Unternehmung in einem wachsenden Markt besitzt (Penrose 1959, 215). Allerdings sind einige der genannten Vorteile nicht ausschließlich größenspezifisch, sondern basieren auf der arbeitsteiligen Organisationsstruktur einer Großunternehmung (vgl. Lal 1990).

Ein Vorteil, dem im Kontext der vorangegangenen Diskussion besondere Aufmerksamkeit geschenkt werden sollte, sind die Skalenvorteile, die durch das

---

[16]Franchising besitzt die Besonderheit, daß beträchtliche Skalenvorteile in bezug auf Ausbildung erzielt werden können. So ist es beispielsweise möglich, daß ein Fachfremder durch Franchising Betreiber eines chemischen Reinigungsbetriebes werden kann. Das nötige Know How, in seinem Umfang auf die Kernpunkte reduziert, kann relativ schnell vermittelt werden. Staatliche Auflagen und Mindestvoraussetzungen, die an den Betreiber gestellt werden, werden sehr oft vom Franchise-Geber erfüllt oder den Franchise-Nehmern in Schnellkursen beigebracht. Weitere Vorteile nennen z. B. Jeuland/Shugan (1988).

Vertrauen der Nachfrager in die Qualität des Produktes begründet wird.[17] Diese ganz speziellen Skalenvorteile werden im folgenden als Reputational Economies of Scale bezeichnet.

Wenn ein Franchise-Geber ein Produkt oder Dienstleistungen auf den Markt bringen möchte, kann dies mit dem Aufbau einer Franchise-Kette in großer Schnelligkeit erreicht werden. Dadurch ergeben sich für ihn nicht nur Vorteile des Marktführers, sondern auch, sofern er kapazitativen Beschränkungen unterliegt, Einsparungen durch das Abwälzen von Kosten der Bildung von (Qualitäts-) Reputation.[18] Die erzielbaren Kosteneinsparungen können für eine Pareto-Verbesserung des Marktgleichgewichts sorgen. Über die Verteilung dieses Effizienzgewinns lassen sich jedoch keine Aussagen treffen. Bei straffer Preis-Kontrolle über das Franchise-System besteht die Tendenz, diese Gewinne zumindest kurzfristig für den Franchise-Geber zu sichern.

Arrow (1991) führt Skalenvorteile an, die mit der Entscheidungsfindung durch eine kleine Elite innerhalb einer großen Unternehmung einhergehen. Er argumentiert, daß sich Ressourcen bei der Informationsübertragung einsparen lassen, wenn die Entscheidungsfindung einer Organisation anstatt auf breiter Basis durch eine kleine Elite stattfindet. Dieser Ansatz steht im Einklang mit der oft geäußerten Vorstellung der Trennung von operativen und strategischen Aufgaben, die oft als Vorteil des Franchising angeführt werden, jedoch sind auch Nachteile nicht zu vernachlässigen, die mit der Entscheidungsfindung einiger weniger einhergehen.

Skalenvorteile können für einen Franchise-Geber jedoch auch ein marktstrategisches Instrument darstellen.

Gallini (1984) sowie Gallini/Winter (1985) weisen auf die Möglichkeit hin, daß institutionelle Regelungen wie z. B. Licensing, Franchising oder langfristige Verträge nicht nur ex post-Anreize, d. h. Vorteile, die nach Vertragsabschluß bedeutsam werden, sondern vielmehr strategische (ex ante-) Komponenten beinhalten können. Durch die Wahl einer Vertragsform oder einer institutionellen Regelung werden ökonomische Verhaltensbindungen (Commitments) signalisiert, die für die anderen Marktteilnehmer strategische Bedeutung besitzen.

---

[17]Vgl. v. Weizsäcker (1980b, 419).

[18]Eng verknüpft damit sind die ökonomischen Effekte der Werbung. Es kann davon ausgegangen werden, daß Werbung wie Reputation Skalenvorteile beinhaltet. Würde ein Franchise-Geber, der in einer bestimmten Region stark vertreten ist, Werbung im Fernsehen schalten, würde die Werbebotschaft auch überregional gesehen. Wenn sich Franchise-Nehmer, die in diesen Regionen angesiedelt sind, an den Kosten beteiligen, ergeben sich unmittelbare Vorteile.

5.3 Ex ante-Anreize - Franchising als effektives Commitment

(Credible) Commitments sind wesentlicher Bestandteil bei Verhandlungen und strategischen Überlegungen von Verhandlungspartnern.[19]
Dabei verhandeln zwei (oder mehr) Parteien über die Lösung eines bestimmten Problems, wobei die jeweiligen Handlungen Auswirkungen auf die strategische Bewegungsfreiheit der anderen Verhandlungspartner haben. In diesem Zusammenhang ist von entscheidender Bedeutung, daß sehr oft derjenige Vorteile besitzt, der zuerst die Initiative ergreifen kann.[20]
Dieser kann das Verhalten seiner Gegner antizipieren und ist in der Lage, glaubhafte Selbstverpflichtungen zu konstruieren, die die andere(n) Partei(en) zu für ihn günstigem Verhalten bewegen.

Simon (1951) nennt beispielhaft für Commitments das Verhalten eines Arbeitgebers, dessen Reputation als glaubhafte Zusicherung der Seriosität dient, wenn Angestellte fürchten müssen, nach getaner Arbeit im Lohn übervorteilt zu werden. Zu Arbeitsverträgen kommt es deshalb, weil bekannt ist, daß der Arbeitgeber später weitere Angestellte benötigt, und eine Reputation als Betrüger keinen potentiellen Arbeitnehmer motivieren würde, dann für ihn zu arbeiten.

Shepsle (1991) unterscheidet zwei Interpretationsebenen eines Commitments, motivationale und imperativen Glaubhaftigkeit.

Von motivationale Glaubhaftigkeit ist zu sprechen, wenn auch nach der Reaktion der Verhandlungspartner für den Zusichernden generelle Anreize vorhanden sind, die strategischen Schritte in der angekündigten Weise auch durchzuführen.

Von imperativer Glaubhaftigkeit ist zu sprechen, wenn ein Verhandlungspartner Maßnahmen ergreift, die es ihm unmöglich machen, von seiner angekündigten Strategie abzuweichen. Odysseus, der sich an den Mast binden ließ, um den Verlockungen der Sirenen zu widerstehen, wird als ein Beispiel für imperativ glaubhafte Zusicherungen angeführt (North 1993, 13).

Der Einsatz von Dritten in der Handlungsausführung, die die Motivation haben, genau entsprechend der ursprüngliche Strategie des Verhandlungsführers zu agieren, sowie die Existenz von versunkenen Kosten können die imperative Glaubhaftigkeit von Commitments bestärken.[21]

---

[19]Credible Commitments werden in der deutschsprachigen Literatur als "Glaubhafte Zusicherungen" (Williamson 1990) oder als "bindende Selbstverpflichtung" übersetzt. Sie sind als ein passives Kommunikationsinstrument anzusehen, mit dem ein Partner sein zukünftiges Verhalten bei Eintreten einer bestimmten Situation (bestimmte Handlung des anderen Partners) ankündigt.
[20]Diese Vorteile strategischer Art werden auch als "First Mover Advantages" bezeichnet.
[21]Im Odysseus-Beispiel waren es die Matrosen, die sich die Ohren verstopften und damit die Befehle des Odysseus, ihn loszubinden, nicht hören konnten. Der Kapitän, verleitet durch die Lockrufe der Sirenen, wollte vom ursprünglich geplanten Weg abweichen, was das sichere Verderben für alle bedeutet hätte.

Das Gegenteil einer glaubhaften Zusicherung (Credible Commitment) ist eine unglaubhafte Zusicherung (Incredible Commitment) bzw. analog glaubhafte und unglaubhafte Drohung (Credible und Incredible Threat). Als Beispiel für eine unglaubhafte Drohung ist zu sehen, wenn ein am Markt ansässiger Monopolist einem potentiellen Markt-Eindringling Schritte androht, die ihm selbst mehr Schaden bringen als die Kooperation mit dem Marktneuling kosten würde (vgl. Kreps 1990b, 50-65). In diesem Fall liegt keine motivationale Glaubwürdigkeit vor, da der Monopolist keine Anreize besitzt, die Drohung in die Tat umzusetzen.

Institutionelle Arrangements wie Franchising sind von strategischer Bedeutung. Unter anderem könnte diese Institution als Signal fungieren, um anzudeuten, daß ein Marktzutritt von weiteren Wettbewerbern abgeschreckt werden kann (und wird). In ähnlicher Weise argumentiert Knight (1992), der in der Bildung von Institutionen eher strategische als effizienzorientierte Gründe vermutet.

Bain (1956) identifizierte vier Merkmale der Marktstruktur, die einem etablierten Unternehmen die Möglichkeit geben könnten, strategische Vorteile gegenüber Marktfolgern auszunutzen. Dadurch könne sich ein Unternehmen Gewinne sichern, die langfristig über die auf einem Markt mit vollkommenem Wettbewerb erzielbaren Preise hinausgehen würden:

Kapitalerfordernisse

Da die Beschaffung von ausreichend Kapital für Marktneulinge schwierig sei, entstünden Markteintrittsbarrieren, zumal die eingesessenen Unternehmen zum einen im Absatzmarkt, zum anderen im Kreditmarkt, weniger Schwierigkeiten hätten, Kapital zu günstigen Konditionen zu beschaffen. Durch die Anstrengungen der eingesessenen Unternehmen, Gewinne von Marktfolgern zu verhindern, sei es gleichzeitig unmöglich, durch Selbstfinanzierung Kapital zu schaffen.

Vorteile der Produktdifferenzierung

Eingesessene Unternehmen halten für bestimmte Produktgruppen Marktnischen besetzt. Hierzu gehören auch die Vorteile eines am Markt eingeführten bekannten Produktes.

Absolute Kostenvorteile

Etablierte Unternehmen sind in der Lage, überlegene Produktionstechniken zu entwickeln. Dadurch können sie rentable Produktionsanlagen oder Know How nutzen und ihre Kosten reduzieren.

Economies of Scale

In engem Zusammenhang mit absoluten Kostenvorteilen stehen Skalenerträge. Diese
können beispielsweise mit hohen fixen bzw. versunkenen Kosten einhergehen. Hohe
Skalenerträge können zu Kostenvorteilen führen, die den Markteintritt von kleineren
Wettbewerbern erheblich behindern können.

Diese Liste sollte um einen weiteren wichtigen Punkt ergänzt werden:

Markteintrittsbarrieren durch langfristige Verträge

Langfristige Verträge sind als glaubhfte Selbstverpflichtung der beteiligten
Vertragspartner anzusehen. Sie dienen dazu, auf lange Sicht ein erwünschtes
Verhalten der Beteiligten zu sichern. Langfristige Verträge bewirken externe
Effekte, die strategische Vorteile gegenüber Konkurrenzunternehmen sichern
können.[22]

Die Nutzung von strategischen Maßnahmen kann unterschiedlichen Erfolg haben.
Der Versuch, den Markteintritt abzuschrecken, (Eintrittsblockade), kann gelingen,
wenn der voraussichtliche Schaden für die Eindringlinge durch den Marktzutritt
größer ist als jeder denkbare Gewinn oder es lohnt sich nicht, in den Markt
einzudringen (Eintrittsabschreckung). Es kann natürlich auch geschehen, daß die
Eingesessenen den Marktzutritt akzeptieren müssen (Zulassung zum Markt). Je
umfassender und erfolgreicher die Maßnahmen der Marktabschreckung wirken,
desto höher sind möglicherweise die Gewinnerwartungen der alteingesessenen
Firmen.

Franchising und Kapitalerfordernisse als Eintrittsbarriere

Bereits im ersten Teil dieser Arbeit wurden die Aspekte der Kapitalbeschaffung
durch Franchising intensiv untersucht. Dabei wurde festgestellt, daß eine
Finanzierung eines Systems über Franchise-Nehmer-Kapital langfristig teurer ist als

---

[22]Beispielsweise entstehen durch langfristige Abnahmeverträge externe Effekte auf Mitanbieter. Ein
klassisches Beispiel sind Bierlieferverträge von Brauereien mit Gaststätten, die z. T. als Vorläufer
des Franchising angeführt werden. Dabei werden durch langfristige Verträge andere Brauereien vom
Verkauf in einer bestimmten Gastwirtschaft ausgeschlossen bzw. zumindest eingeschränkt.
Anwendungen für die Theorie der Unternehmung sind denkbar. Hier sind es beispielsweise
langfristig angelegte Arbeitsverträge und eine entsprechende spezifische Bildung von Humankapital
(vgl. Becker 1962), die externe Effekte bewirken. Zu Beginn der Industrialisierung konkurrierten
Handwerker mit Manufakturen. Dabei erwies sich für die Manufakturen als vorteilhaft, eine
sinnvolle Arbeitsteilung einzuführen und den Beschäftigten spezifische Kenntnisse zu vermitteln.
Dadurch waren diese Arbeitskräfte für einen Handwerker relativ nutzlos, konnten für die
Manufakturen jedoch gute Dienste leisten, so daß ein Handwerker für die Serienproduktion von
Industrieerzeugnissen zu unrentabel arbeitete und letztlich als Wettbewerber ausschied.

alternative Finanzierungsformen. Dennoch besteht für Franchise-Geber die Alternative, in relativ kurzer Zeit ein Vermarktungskonzept ·bzw. einen Markennamen zu etablieren. Dadurch können möglicherweise Markteintrittshindernisse für Marktfolger aufgebaut werden, wenn das angebotene Produkt neu auf dem Markt angeboten wird. Es eröffnen sich natürlich auch Möglichkeiten, vorhandene Monopolstrukturen aufzubrechen, wenn ein marktansässiger Monopolist mit zahlreichen Filialen gleichzeitig von verschiedenen Seiten angegriffen werden kann.[23]

Jedoch dürfte der Finanzierungsaspekt bei den strategischen Instrumenten zur Marktabschreckung eine eher untergeordnete Rolle spielen, da die Kapitalbeschaffung von Franchise-Nehmern normalerweise keine externen Effekte auf Wettbewerber bewirkt.[24]

Produktdifferenzierung als Eintrittsbarriere

Alle Franchise-Unternehmen bieten Produkte auf dem Markt an, die sich von alternativen Produkten unterscheiden, wobei der Markenname ein wesentlicher Bestandteil dieser Differenzierung ist.[25]

Jedoch argumentiert v. Weizsäcker (1980a, b), daß Produktdifferenzierung allein nicht zwingend zu Marktzutrittsschranken führen muß. Produktdifferenzierung in Kombination mit versunkenen Kosten dagegen könnte unter Umständen als wirksames Instrument zur Blockade des Markteintritts eingesetzt werden. Ein innovativer Franchise-Geber könnte damit strategisch in die Lage versetzt werden, nach gelungener Markteinführung Imitatoren vom erfolgreichen Markteintritt fernzuhalten. Die Diskussion der Argumente wird unten ausgeführt.

---

[23]Es dürfte intuitiv klar sein, daß ein marktansässiger Monopolist sich nicht sukzessive aus dem Markt drängen läßt, auch wenn sich dies anhand eines spieltheoretischen Modells zeigen läßt (vgl. Selten 1978). Das beschriebene spieltheoretische Verhalten heißt deshalb nicht umsonst "Chain Store Paradox".

[24]Die Finanzierung über einen begrenzten Kapitalmarkt, beispielsweise Banken, kann externe Effekte auf Konkurrenten hervorrufen. Beispielsweise verringert sich die Bereitschaft einer Bank, Kapital bereitzustellen, wenn bereits ein etablierter Marktteilnehmer als Kapitalnehmer bedient wird und dessen Gewinnchancen durch den Markteintritt eines neuen Wettbewerbers negativ beeinflußt werden könnten. Dadurch verringert sich für den Marktneuling die Auswahl an potentiellen Geldgebern usw.

[25]Vgl. Schmalensee (1983) zu Aspekten der Werbung als Eintrittsbarriere.

5.3.1 Reputational Economies of Scale als strategisches Instrument im Franchising

Reputation und Kostenreduzierung

Ein Franchise-Geber (G) besitze ein auf dem Markt anerkanntes Produkt. Aufgrund von Kapazitätsbeschränkungen sei er lediglich in der Lage, einen Teil des Marktes zu bedienen, obwohl er auf dem gesamten Markt bekannt ist und noch Nachfrage für sein Produkt bestünde. Ein zweites Unternehmen möchte beispielsweise in das gleiche Marktsegment eintreten, müßte jedoch zunächst Reputationsaufwendungen aufbringen.

In diesem Fall könnte das erste Unternehmen dem zweiten anbieten, einen Franchise-Vertrag mit ihm abzuschließen, wobei das zweite Unternehmen maximal bereit wäre, seinen wahrscheinlichen Reputationsaufwand an das erste Unternehmen zu zahlen. Hier könnten Reputational Economies of Scale realisiert werden, wenn die gemeinsamen Aufwendungen zur Bildung von Reputation geringer sind als die Summe der Aufwendungen, die die Partner getrennt aufwenden müßten.[26]

Es könnte in diesem Fall, rationales Verhalten der Verhandlungspartner vorausgesetzt, von einer Pareto-Verbesserung der Gesamtsituation ausgegangen werden, wenn zum einen die Nachteile der asymmetrische Qualitätsinformation auf dem Markt behoben und gleichzeitig Kosten der Reputationsbildung eingespart würden.

Die Anreizsituation ist so gestaltet, daß eine Tendenz zu größeren "Reputations-Einheiten" gegeben ist.[27] Je mehr Franchise-Nehmer sich dem System anschließen, desto geringer wird theoretisch der Anteil, den der einzelne Franchise-Nehmer für Reputationsaufwendungen zu leisten hätte. Dadurch könnten sich theoretisch Qualitätsprobleme und Wettbewerbsprobleme ergeben. Die Größe einer Franchise-Kette wäre beispielsweise dadurch zu berechnen, daß der letzte in die Kette aufgenommene Franchise-Nehmer gerade keinen Reputationsschaden verursachen würde und ebenso keine Anreize für Bertrand-Wettbewerb entstünden. Dadurch schafft sich der Franchise-Geber mit impliziter Zustimmung der Nachfrager und Franchise-Nehmer Möglichkeiten, monopolähnliche Gewinne zu erzielen. Auch größere Unternehmen, die ihren Vertrieb über ein Filialsystem organisieren, können diese Effekte nutzen, wenn sie in der Lage sind, strategische Vorteile z. B. als Marktführer zu erreichen. Jedoch wird die Geschwindigkeit der Marktbearbeitung

---

[26]Es wäre zu untersuchen, inwiefern entstehende Überkapazitäten eines zweiten Anbieters auf die Verhandlungen über die Höhe der Eintrittsgebühr Einfluß haben können.

[27]An dieser Stelle sei nochmals an die von Kaldor (1950) vorhergesehenen Konzentrationsprozesse aufgrund von Werbung erinnert.

einen wesentlichen Aspekt der strategischen Planung darstellen. In diesem Punkt ist das Franchise-System einem Filialsystem überlegen.[28]

An dieser Stelle drängt sich natürlich die Frage auf, warum der Absatz nicht in Kooperation mit freien Handelsvertretern organisiert wird, was ja ebenso schnell oder sogar schneller durchgeführt werden kann.

Eine Antwort auf diese Frage geben beispielsweise Hart und Tirole (1990), die als einen Einwand, warum vertikale Integration einer vertraglichen Zusammenarbeit vorgezogen wird, angeben, daß die Durchsetzbarkeit von Abnahmeverpflichtungen und Unternehmenskonzeptionen aus ökonomischer und legaler Sicht Probleme bereiten kann. Zudem ist bei freier vertraglicher Zusammenarbeit keine Handhabe gegeben, die die Qualitätssicherung und Vermeidung des Bertrand-Wettbewerbs in ähnlich wirkungsvoller Weise garantieren wie die Eigentumsbindung im Franchising.

Reputation als Eintrittsbarriere

In der Theorie der Markteintrittsbeschränkungen wird oft der Fall betrachtet, in dem zwei Duopolisten um Marktanteile kämpfen. Ein Anbieter ist bereits im Markt etabliert, der andere möchte in den Markt eindringen. Dabei besitzt der Etablierte in der Regel Vorteile, d. h. er kann agieren und den zweiten Oligopolisten zur Reaktion zwingen.[29]

Es besteht die Vermutung, daß Skalenerträge zu einer Eintrittsbarriere werden können, die den Eintritt von Marktfolgern erschweren und insgesamt negative Folgen für die Gesamtwohlfahrt entwickeln könnten.[30]

V. Weizsäcker (1980a) untersuchte Economies of Scale und deren mögliche Auswirkungen als Marktbarrieren und ihren Einfluß auf die gesamtwirtschaftliche Wohlfahrt. Dabei wurde zu Recht auf die entscheidende Bedeutung von Kapitalinvestitionen und versunkenen Kosten hingewiesen:

---

[28]Bisher wurde schon mehrfach angesprochen, daß die Geschwindigkeit eines Systemaufbaus mit Hilfe des Franchising schneller vonstatten ginge als mit einem Filialsystem. Die Gründe hierfür liegen sicherlich darin, daß der Franchise-Geber seine ungeteilte Anstrengung in die Expansion des Systems einbringen kann, während beispielsweise ein Filialist noch sehr viel Anstrengung in das Tagesgeschäft investieren muß.

[29]Vgl. zur Oligopoltheorie in diesem Zusammenhang z. B. v. Weizsäcker (1980a, 1980b), Dixit (1980, 1982), Milgrom/Roberts (1982), Fudenberg/Tirole (1984), Tirole (1989).

[30]Diese Skalenerträge könnten möglicherweise aus der Ausnutzung von Reputationseffekten resultieren.

"The difference between incumbent firms and entrants is that incumbent firms own plant and equipment specific to this industry and thereby are committed to continue operations in this industry, whereas this is not the case for a potential entrant. It is thus not just simple economies of scale which may cause a barrier to entry, but rather economies of scale in combination with irreversible capital commitments."[31]

Argumente gegen die Hypothese einer Markteintrittsschranke durch Franchising

Obwohl hohe Skalenerträge ein natürliches Monopol begründen könnten (vgl. drastische Innovationen), seien nach v. Weizsäcker Skalenerträge an sich noch kein Mittel, den Eintritt von Konkurrenten zu verhindern. Im Gegenteil, es würden durch die Gewinnchancen der alteingesessenen Unternehmen andere angelockt, die, nach gesamtwirtschaftlichen Maßstäben gemessen, zu früh in den Markt eindrängen. Dies läßt sich an einem einfachen Cournot-Oligopolmodell zeigen. Dabei wird der Nutzen der Konsumenten durch sinkende Preise zwar erhöht, jedoch überkompensiert der Verlust der Industrie durch den Preisdruck der ihr erwachsenden Konkurrenz möglicherweise die Gewinne der Nachfrager.

So könnte es, gesamtwirtschaftlich betrachtet, durchaus sinnvoll sein, Eintrittsbarrieren zu schaffen, da die Gewinne der etablierten Unternehmen nicht durch höhere Preiseinbußen aufgrund von auftretender Konkurrenz vernichtet werden. Zudem bleibt hierdurch auch der Anreiz bestehen, forschungsaufwendige Innovationen anzustreben, ohne befürchten zu müssen, daß durch Anbieter von Plagiaten die erforderliche Rekapitalisierung der Innovatoren gefährdet wird. Ähnlich wird für die Beibehaltung der relativ langen Laufzeit von Patenten argumentiert (vgl. Waterson 1990).

Die "Puppy-Dog" Strategie

Gal-Or (1991) verweist auf die Möglichkeit kooperativen Verhaltens von zwei Oligopolisten auf einem Markt mit unsicherer Nachfrage. Zur Aufrechterhaltung eines gewinnmaximierenden Preises bedarf es der Sicherheit beider Partner, daß die (impliziten oder expliziten) Vereinbarungen über die Gestaltung eines Endverkaufspreises eingehalten werden. Wenn beispielsweise Franchise-Geber die Festlegung des Endverkaufpreises Dritten überlassen, kann dies für die beiden Wettbewerber ein effektives Commitment darstellen. Damit könnten die

---

[31]V. Weizsäcker (1980b, 401).

Wettbewerber gleichzeitig eine sog. "Puppy-Dog" Strategie einsetzen, d. h. aggressives Verhalten gegenüber dem Konkurrenten unterlassen. Wenn die erzielten Gewinne über das Maß hinausgehen, das durch Skalenerträge realisiert werden kann, besteht für die Duopolisten die unmittelbare Gefahr, daß ein Markteintritt Dritter herausgefordert werden kann oder im Zweifel die nachgeordnete Vertriebsstufe versuchen wird, einen großen Teil der Überschüsse an sich zu ziehen.

Argumente für die Hypothese der Marktzutrittsbeschränkung durch Franchising

Versunkene Kosten sind - wie die Marktabschreckung - ein dynamisches Phänomen, das sich über mehrere Perioden erstreckt. Deshalb sollten Betrachtungen, die sich mit zeitlich versetzten Mengenentscheidungen beschäftigen, vorrangige Beachtung finden. Hierzu gehören die grundlegenden Überlegungen von Stackelbergs. Entscheidende Bedeutung im Stackelberg-Modell besitzt die zeitliche Asymmetrie, die Möglichkeit, daß eine Unternehmung aufgrund informationstechnischer oder anderer Vorteile eher agieren kann als Konkurrenzunternehmen. Einige Firmen sind eher in der Lage, den Markt zu betreten als andere, da sie zu einem früheren Zeitpunkt technologische oder oganisatorische Vorteile nutzen können.

Es sind in der Regel "First Mover"-Vorteile, die einer etablierten Unternehmung erlauben, den Wettbewerb durch Marktfolger zu behindern oder auszuschließen. Im folgenden kleinen Modell (Tirole 1989, 315-317) soll der Mechanismus des Stackelberg-Modells kurz demonstriert werden.

Betrachtet wird eine Industrie mit zwei Kontrahenten. Unternehmen 1 (die alteingesessene Firma) wählt den Einsatz von Kapital K_1 zur Produktion des Gutes und legt sich darauf fest. Unternehmen 2 beobachtet dies und wählt einen Kapitaleinsatz K_2, der - K_1 vorausgesetzt - seinen Profit maximiert.

Die Profitfunktionen der beiden Unternehmen lauten:

$$\Pi_1(K_1,K_2) = K_1(1-K_1-K_2)$$

und

$$\Pi_2(K_1,K_2) = K_2(1-K_1-K_2)$$

Diese beiden Funktionen besitzen die wesentlichen Eigenschaften, die für die Verallgemeinerung der Ergebnisse für Profitfunktionen generell notwendig sind.

1) Jede Unternehmung wünscht möglichst wenig Kapitalakkumulation des Konkurrenten.

2) Die marginale Profitsteigerung durch die Erhöhung des Kapitals einer Unternehmung wird geringer durch die Steigerung des Kapitals der Konkurrenzunternehmung.

Im Fall, daß keine fixen Kosten des Markteintrittes erforderlich sind, beispielsweise bei perfekter Information der Konsumenten über die Qualität der angebotenen Waren, ergibt sich folgendes Szenario.

Unternehmen 1 hat das Gewinnmaximierungskalkül von Unternehmen 2 zu berücksichtigen, das sich am Kapitaleinsatz von 1 orientiert. Die Gewinnmaximierungsbedingung aus der Profitfunktion von Unternehmen 2 bewirkt einen Kapitaleinsatz der Firma 2:[32]

$$K_2 = (1-K_1)/2$$

Dementsprechend maximiert die Unternehmung 1:

$$\Pi_1 = K_1 \, (1-K_1-(1-K_1)/2)$$

Daraus resultiert als perfektes Nash-Gleichgewicht:

$$K_1 = 1/2; \, K_2 = 1/4: P_1 = 1/8; \, P_2 = 1/16$$

Aufgrund der Symmetrie der Gewinnfunktionen ist Unternehmen 1 in der Lage, höhere Gewinne zu erzielen als Unternehmen 2, da es den Umfang des Markteintrittes von Unternehmen 2 beschränken kann. Dadurch unterscheidet sich das Ergebnis des Stackelberg.Modelles von der Cournot-Lösung (simultane Entscheidung). Die erste Unternehmung ist in der Lage, durch die Festlegung ihrer Investitionshöhe die Investitionsentscheidungen der zweiten Unternehmung zu beeinflussen, da die marginale Gewinnrate bezüglich des eingesetzten Kapitals durch die Investitionsentscheidung der Unternehmung 1 beeinflußt wird.

Wenn die Möglichkeit bestünde, das eingesetzte Kapital ex post zu verändern, würde sich nach und nach ein anderes Gleichgewicht einpendeln, das vergleichbar mit der Cournot-Lösung wäre. Dadurch, daß die eingesetzten Kapitalbeträge irreversibel sind, erfüllen sie eine Aufgabe, die sich als strategisch vorteilhaft für das erste Unternehmen herausstellt.

---

[32]Der Kapitaleinsatz der Firma 2 resultiert aus der Maximierung von P_2.

Jedoch ist unter den genannten Bedingungen ein Ausschluß der Unternehmung 2 nicht möglich. Unternehmen 1 ermöglicht den Markteintritt von 2. Dieser Eintritt kann jedoch unprofitabel gestaltet werden, wenn in der betreffenden Industrie zunehmende Skalenerträge erwirtschaftet werden können.

Ein Markteintritt kann vollkommen ausgeschlossen werden, wenn fixe bzw. versunkene Kosten erforderlich sind. Die Profitfunktion der zweiten Unternehmung ist dann von der folgenden Gestalt:

$$\Pi_2 = K_2(1 - K_1 - K_2) - f$$

Diese Profitfunktion gilt für alle $K_2 > 0$; für $K_2 = 0$ verschwinden die Gewinne der Unternehmung 2: $\Pi_2 = 0$. Solange $f < 1/16$ gilt, ist der Markteintritt weiterhin möglich. Wenn Unternehmen 1 weiterhin $K_1 = 1/2$ wählt, entscheidet sich Unternehmen 2 für $K_2 = 1/4$ und erzielt einen Gewinn von $(1/16-f) > 0$. Unternehmen 1 ist in der Lage, Unterehmen 2 aus dem Markt fernzuhalten, indem es einen Kapitaleinsatz wählt, der die Gewinne für Unternehmen zwei verschwinden läßt. Dadurch würde sich für das erste Unternehmen sogar ein noch höherer Gewinn ergeben. Zur Berechnung des maximalen Gewinns für Unternehmen 1 ist der minimale Kapitaleinsatz K_1 zu ermitteln, der die Gewinne des Unternehmens 2 verschwinden läßt (Reaktionskurven und Profitfunktionen von oben vorausgesetzt). Es ergibt sich ein präventiver Kapitaleinsatz von

$$K_1 = 1 - 2\sqrt{f}$$

Die Investitionsfunktion des Marktfolgers verläuft diskontinuierlich. Unternehmen 2 investiert nur solange wie die Investitionen des ersten Unternehmens ein bestimmtes Maß nicht überschreiten. Das zweite Unternehmen wird nur solange versuchen, in den Markt einzudringen wie das erste Unternehmens unterhalb dieser Schwelle investiert. Wenn das zweite Unternehmen vom Markt abgehalten werden kann, werden die Gewinne des alteingesessenen Unternehmens die theoretisch möglichen Gewinne mit Konkurrenz übertreffen. Deshalb wird ein rational handelndes Unternehmen versuchen, Wettbewerb fernzuhalten.

Wenn die fixen Kosten eine gewisse Größenordnung erreichen, in diesem Beispiel 1/16, wird der Markteintritt des Konkurrenten allein durch die Wahl des Kapitaleinsatzes, der sich aus dem Monopolkalkül ergibt, abgewehrt.

Reputationsaufwendungen besitzen wie andere Elemente der Non-Price-Competition (vgl. Klein/Leffler 1981) Signalwirkung auf einem oligopolistisch strukturierten Markt (vgl. Fudenberg/Tirole 1984, Farrell 1986).

Dieses vereinfachte Beispiel zeigt in Umrissen, wie durch die versunkene Kosten und die Notwendigkeit von spezifischen Investitionen bzw. Reputationsaufwendungen der Markteintritt potentieller Konkurrenten erschwert bzw. sogar abgewehrt werden kann. Ein sicherlich interessanter Ansatz wäre, zu prüfen, inwieweit die institutionelle Ausgestaltung Auswirkungen auf den Verlauf und die strategischen Variablen des Oligopolwettbewerbs wie Preis- oder Mengensetzung, Cournot- oder Stackelberg-Wettbewerb etc. haben wird.

5.3.2 Marktbarrieren durch langfristige Verträge

5.3.2.1 Anreize für die Franchise aufgrund negativer externer Effekte

Aghion und Bolton (1987) untersuchten die Auswirkungen langfristiger Verträge auf Situationen, in denen ein Marktneuling versucht, Marktanteile zu gewinnen. Es wird dabei auch diskutiert, ob langfristige Verträge die Effizienz des Marktes beeinträchtigen oder ob durch die Einführung dieser vertraglichen Bindungen Ineffizienzen entstehen bzw. gefördert werden.

Langfristige Kaufverträge werden abgeschlossen, um den Markteintritt von neuen Anbietern zu verhindern. Es wird eine Vertragsgestaltung gewählt, bei der der Käufer sich verpflichtet, ausschließlich bei dem bereits sich auf dem Markt befindlichen Anbieter (Incumbent) zu kaufen. Bei Vertragsbruch wird eine Vertragsstrafe fällig (Liquidated Damages). Diese Vertragsstrafe ist ein Markteintrittshindernis für den Marktneuling, denn dieser muß als Folge auf dem Markt um diesen Betrag günstiger als der Alteingesessene anbieten.
Eine Vertragsstrafe kann ihre Wirkung in zweierlei Hinsicht entfalten. Zum einen müßte das Auslaufen des Vertrages abgewartet werden, was umso teurer ist, je länger der Vertrag gültig ist, zum anderen stellt sich die Aufgabe, den vertraglich Gebundenen dazu zu bringen, seinen Vertrag zu brechen und eventuell die vereinbarte Gebühr dem Alteingesessenen zu überlassen. Eine weitere, in ihrer Bedeutung nicht zu unterschätzende Markteintrittsschwelle, stellt die von Aghion und Bolton als fix eingeführte Eintrittsgebühr dar. Hier zeigen sich Parallelen zur fixen Franchisegebühr bzw. den Aufwendungen für Reputation und der Diskussion im vorigen Absatz.
Sie entfaltet erhebliche Auswirkungen auf das ökonomische Ergebnis von Oligopolsituationen.
Die Autoren formulieren ein allgemeines Modell, dessen Anwendbarkeit auf Franchise-Verträge sie eindeutig betonen (Aghion/Bolton 1987, 399).

In diesem Aghion-Bolton-Modell wird die Situation betrachtet, in der ein alteingesessener Anbieter zwei (stellvertretend für n) Abnehmern gegenübersteht und die Auswirkungen von langfristigen Verträgen auf die Eintrittswahrscheinlichkeit (Eintrittschancen) eines potentiellen Markteindringlings, der für ihn Konkurrent werden könnte, untersucht. Die Größe des Absatzmarktes ist von großer Bedeutung für die Wahrscheinlichkeit eines Markteintritts und darf deshalb eine gewisse Größenordnung nicht überschreiten.

Für den Fall des Franchising übernehmen der Franchise-Geber die Rolle des alteingesessenen Anbieters und mehrere potentielle Franchise-Nehmer die Funktion der Nachfrager.

Wenn ein Nachfrager einen längerfristigen Vertrag (Franchise-Abnahmevertrag) mit dem alteingesessenen Anbieter abschließt, entstehen dadurch negative externe Effekte (im Sinne von Buchanan/Stubblebine 1962) für alle weiteren Nachfrager. Sie begründen dies damit, daß das Ausscheiden eines Marktteilnehmers die Größe des Marktes und damit die Eintrittswahrscheinlichkeit eines weiteren Anbieters negativ beeinflußt. Bei der mit jedem gewonnenen Franchise-Nehmer sinkenden Eintrittswahrscheinlichkeit eines neuen, ungebundenen Anbieters kann der alteingesessene Anbieter seine Preise erhöhen. In ähnlicher Weise argumentieren Hart/Tirole (1990), die einen ähnlichen Effekt bei der vertikalen Integration von Unternehmen darstellen.

Durch eine geschickte Wahl der fixen Franchisegebühr, die bei Vertragsbruch zahlbar wäre oder als Unterpfand einbehalten würde, erreicht der Franchise-Geber gegenüber den Franchise-Nehmern eine Art Monopolstellung.

Das Modell geht, wie bereits angedeutet, davon aus, daß einem Alteingesessenen zwei Nachfrager gegenüberstehen. Die beiden Nachfrager haben die Wahl, einen Abnahmevertrag (Franchise-Vertrag) mit dem Anbieter abzuschließen oder dies zu unterlassen. Der Incumbent kann den Vorteil seiner bisherigen Marktpräsenz nutzen und den Nachfragern (Franchise-Nehmern) einen Vertrag anbieten, der einen günstigen Großhandelspreis für die angebotenen Güter festschreibt. Damit verbunden wird jedoch eine relativ hohe Vertragsstrafe, wenn der Abnehmer (Franchise-Nehmer) bei einem anderen Anbieter kauft.

Der "Free Rider Effect in Reverse"

Wenn nun der Franchise-Geber die fixe Franchise-Gebühr, bzw. die Vertragsstrafe für vertragswidriges Verhalten ausreichend hoch wählt, besitzt er eine Handhabe, die

ex post-Eintrittswahrscheinlichkeit eines Newcomers erheblich zu reduzieren. Gleichzeitig wird eine Art Prisoners´ Dilemma konstruiert, bei dem das Akzeptieren eines Franchisevertrags dominante Strategie der beiden Abnehmer wird.[33]
Unter bestimmten Voraussetzungen läßt sich das Akzeptieren des Vertrages als das einzige existierende Nash-Gleichgewicht isolieren.[34]

Dabei stellt sich, wie im Prisoners´ Dilemma, die paradoxe Situation ein, daß sich die Franchise-Nehmer wirtschaftlich verschlechtern, wenn sie den Vertrag akzeptieren, anstatt die Lösung zu wählen, daß beide den Vertrag ablehnen. Aghion und Bolton verweisen auf Salop, der eine solche Situation als "Free Rider Effect in Reverse" bezeichnete.[35]

Durch die Notwendigkeit für einen Marktneuling, vor Markteintritt irreversible Investitionen in seine Reputation tätigen zu müssen, entsteht für den Franchise-Geber die Chance, die Anreizsituation für den Vertragsabschluß der Käufer so zu gestalten, daß letztendlich eine Eintrittswahrscheinlichkeit für potentielle Franchise-Anbieter mit einem äquivalenten Produkt verschwindend gering wird. Somit bestehen ex post gute Aussichten für den eingesessenen Anbieter, seine Gewinnerwartungen überdurchschnittlich zu gestalten. Damit könnten sich Franchise-Geber - theoretisch - die von den Franchise-Nehmern erwirtschafteten Preisprämien voll aneignen.
Aus diesen Überlegungen lassen sich in der Tat echte Pioniervorteile ableiten, die einem Franchise-Geber nützen, sofern er als erster einen Markt bearbeitet.
Scharfenstein/Stein (1990) beschreiben eine Art "Herdeneffekt" bei Investitionen. Möglicherweise läßt sich auch dieser Effekt nutzen, um strategische Vorteile zu erreichen.

Interessanterweise verschwindet der "Free Rider Effect in Reverse", wenn eine pekuniäre Markteintrittsschranke aufgehoben wird. Dies bedeutet, daß es keine Vorteile bei der ersten Marktbearbeitung gibt, wenn die Kosten des Markteintritts gleich Null sind.
Es zeigt sich, daß sich die Überlegungen Aghions und Boltons nahtlos an die vorangegangenen Modelle von Klein/Leffler und Shapiro anschließen. Insofern als

---

[33]Die ex ante Eintrittswahrscheinlichkeit ist die Eintrittswahrscheinlichkeit des Newcomers, bevor die Nachfrager ihre Entscheidung bezüglich eines Markteintrittes gefaßt haben.
Eine ex post-Eintrittswahrscheinlichkeit ist entsprechend die Wahrscheinlichkeit nach Vertragsabschluß bzw. Vertragsablehnung.
Aghion und Bolton verweisen darauf, daß es eine schwach dominante Strategie ist, die in dieser Situation zum entsprechenden Nash-Gleichgewicht führt.
[34]Hierzu müssen die Gleichungen (29) bis (31) von Aghion und Bolton (1987, 398) erfüllt sein.
[35]Vgl. Aghion/Bolton (1987, 398) und Salop (1986, 273).

die Voraussetzungen dieser Modelle vorliegen, was zweifelsohne auf die vom Franchising bedienten Märkte zutrifft, können auch die soeben vorgestellten First Mover-Vorteile der Franchise-Geber ausfindig gemacht werden.

Für einen Franchise-Geber kann es somit optimal sein, den Marktzutritt durch weitere Anbieter nicht von vorneherein abzublocken, was vielleicht auch unmöglich wäre. Vielmehr ist die pekuniäre Marktbeschränkung so zu setzen, daß der erwartete Gewinn für den Franchise-Geber optimal und das Verhalten der übrigen Wirtschaftssubjekte kontrollierbar werden.

Auch an dieser Stelle würde sich eine gute Begründung dafür finden, daß bei der Vergabe von Franchisen die Nachfrage zum Teil größer ist als das Angebot.[36]

Abgesehen von der allgemeinen Kritik, die spieltheoretischen Modellen entgegengebracht werden kann, zeigt das Beispiel in großer Klarheit, welche Auswirkungen eine Markteintrittsschranke auf die strategische Position der Marktteilnehmer haben kann. Dem Modell öffnet sich durch seine Generalisierbarkeit ein weites Feld der Anwendung, wobei der Bezug auf das Franchising besonders gut interpretiert werden kann.

5.3.2.2 Franchising und monopolistische Konkurrenz

Stiglitz (1991) erwähnt in einem Aufsatz zur Neuen Institutionenökonomik, daß sich Organisationen hauptsächlich dadurch unterscheiden ließen, auf welche Art und Weise Selbstverpflichtungen (Commitments) eingegangen werden.

Als Quelle für die unterschiedlichen Formen von Commitments nennt er die Literatur der Industrieökonomik. Beispielsweise kann in Modellen des monopolistischen Wettbewerbs bei räumlicher Konkurrenz die Wahl der Organisationsform ein effektives Commitment darstellen.[37]

Damit könne z. B. ein Marktneuling wirkungsvoll abgeschreckt werden.

Für ein Gleichgewicht bei räumlicher Konkurrenz identifiziert Stiglitz die Existenz von fixen bzw. versunkenen Kosten als einen der wichtigsten Faktoren (Stiglitz 1986, 37). Stiglitz bezeichnet im Kontext eines Modells der räumlichen Konkurrenz die Entscheidung eines Monopolisten, seine Verkaufsstellen dichter aneinander gelegen zu placieren als dies ohne die latente Bedrohung eines fremden Marktzutrittes geschehen würde, als eine Form von "Pre-Commitment". Durch die dichtere Anordnung der Verkaufsstellen entstehen für den Monopolisten zwar höhere Kosten, jedoch wird es einem Markteindringling deshalb unmöglich gemacht,

---

[36]Vgl. Matthewson/Winter (1985, 513).
[37]Vgl. für einen kurzen Überblick Chamberlin (1933), Lovell (1970), Salop (1976), Dixit/Stiglitz (1977), Salop (1979b), Stiglitz (1986).

Fixkosten bzw. versunkene Kosten, die bei der Einrichtung eines zusätzlichen Verkaufslokals entstehen würden, zu kompensieren. Damit steht der Markteindringling der Situation gegenüber, daß er langfristig keine Gewinne erwirtschaften wird. Auch dem Monopolisten entsteht kein größerer Schaden, sofern es nicht zu einem Bertrand-Preiswettbewerb kommt und er seine Preise stabil halten kann.

Insbesondere die Übertragung der Entscheidungsmacht auf Individuen, deren wirtschaftliche Existenz vom Einhalten der Preise abhängt, kann als glaubhafte Selbstverpflichtung interpretiert werden. Dies ist eben die Bedingung, mit der ein Franchise-Geber gegenüber seiner Umwelt glaubhaft machen kann, daß seine Produkte preisstabil gehalten werden (vgl. Shepard 1990). Als Nebeneffekt ergibt sich gleichzeitig die Bedingung der Qualitätssicherung für die Nachfrager.

Wenn sich ein Franchisor, der die erste Periode von Verlusten beim Aufbau seiner Reputation überstanden hat, der potentiellen Drohung eines fremden Marktzutritts gegenübersieht, kann er durch das Setzen der Eintrittsgebühr und die Gebietsaufteilung seine Franchise-Nehmer so beeinflussen, daß sie von sich aus eine rigide Preispolitik verfolgen.

Die Höhe der versunkenen Kosten der Franchise-Nehmer ist so zu bemessen, daß diese keine Anreize erhalten, Preis und Qualität von sich aus zu verändern.

Dies kann zwei Effekte zur Folge haben, zum einen den Effekt, daß die vertikale Preisbindung aufrechterhalten werden kann (vgl. Yamey 1966), was direkte Auswirkungen auf die Gewinnsituation des Franchise-Gebers hat, zum anderen, daß Marktbarrieren errichtet werden können mit indirekten Auswirkungen auf die Gewinne. Wenn ein Franchise-Geber dem Wettbewerb auf dem Markt eine Periode voraus ist, wird er möglicherweise die Preisgestaltung so vornehmen, daß es einem Marktneuling schwerfallen wird, sich im gleichen Qualitätssegment langfristig zu etablieren.

5.4 Einsatzmöglichkeiten für Franchising

Bei der Betrachtung, welche Branchen sich für Franchising eignen, sollten die Anreize aller Beteiligten betrachtet werden. Nachfrager wollen in bestimmten Bereichen Sicherheit über die Einhaltung von Qualitätsstandards. Potentielle Franchise-Geber suchen Märkte, in denen Qualitätsprämien gezahlt werden. Franchise-Nehmer sind bereit, sich einem System anzuschließen, wenn es ihnen Vorteile bringt oder der Nichtanschluß eine Verschlechterung des Status quo zur Folge hat.

Branchen, für die sich Franchising eignet, sind demnach vor allem Branchen, in denen Qualitätsunsicherheit herrscht und stabile Qualität explizit oder implizit von hoher Bedeutung für die Nachfrager ist, insbesondere bei hohen Opportunitätskosten der Suche. Dabei spielt weniger die absolute Höhe des angebotenen Qualitätsniveaus als vielmehr die Einhaltung von Qualitätsschranken eine Rolle. Die obere Qualitätsschranke wird sich automatisch aus dem Kostenkalkül der Anbieter ergeben. Eine untere Qualitätsschranke ergibt sich aus dem Kalkül der Verkäufer, wann eine "Bestrafung" durch die Nachfrager zu erwarten sein wird. Es muß sich dabei eine Präferenz der Nachfrager für standardisierte Güter und Dienstleistungen herausbilden, damit Franchising erfolgreich sein kann. Standardisierte Produkte haben zudem den Vorteil, daß sich in der Regel hohe Skalenerträge erzielen lassen. Insbesondere der Handel mit Markenprodukten aus dem Food- und Non-Food-Bereich oder Produkten, die sich unter einer einheitlichen Systemidentität verkaufen lassen, scheint sich hier anzubieten. Es ist jedoch darauf zu achten, daß die Höhe der spezifischen Investition für Franchise-Nehmer nicht zu hoch ist, damit die Nachteile infolge der erforderlichen Absicherung gegen Opportunismus nicht die Vorteile einer Franchise-Lösung überwiegen.

Standardisierbare Dienstleistungen bieten sich ebenso in ganz besonderem Maße an. Dabei stehen Franchise-Geber möglicherweise in direkter Konkurrenz zu Berufsverbänden und Dachorganisationen. Beispielsweise würde sich, wie das Beispiel USA zeigt, der steuerberatende Beruf sehr gut für Franchising eignen. Im Hinblick auf die Standardisierung zahlreicher Vorgänge, dem hohen Einsatz von EDV einerseits und der Verpflichtung, ständige Gesetzesänderungen aufzunehmen und zu verarbeiten, andererseits, würde eine Trennung von Tagesgeschäft und strategischen Aufgaben große Vorteile bringen.

Die Unsicherheit der Nachfrager sowie die Regelmäßigkeit der Nachfrage würde vor dem Hintergrund der dargelegten Theorie für Franchising sprechen, zumal die Branche in Deutschland mittelständisch strukturiert ist und es bis auf die großen Industrie-Wirtschaftsprüfungsgesellschaften keine Konzentration gibt.

Die Skalen- und Verbundvorteile, die ein Franchise-Geber erzielen könnte, werden dagegen durch eine genossenschaftlich organisierte Unternehmung, DATEV, realisiert, die durch die Bereitstellung von Know-How, Software und Großrechnerkapazitäten die Standards im steuerberatenden Beruf setzt. Im Prinzip könnte DATEV als Franchise-Geber leicht eine Franchise-Organisation ins Leben rufen.[38]

Ähnliches gilt im Prinzip für eine Vielzahl der freien Berufe, Bereiche des Handwerks usw.[39]

Es stellt sich die Frage, ob auch Ärzte von einem Zusammenschluß innerhalb einer Franchise-Organisation profitieren könnten. Für standardisierbare Dienstleistungen von z. B. Hausärzten könnte sich ein Franchise-System sehr gut eignen. Der Aufbau branchenspezifischer Software, der gemeinschaftliche Einkauf von medizinischem Gerät und Einrichtungen, gemeinsame Abrechnung mit den Krankenkassen, Forschung und der Aufbau von Expertensystemen könnten Vorteile für ein solches Franchise-System darstellen. Auch die derzeitige "mittelständische" Struktur der niedergelassenen Ärzteschaft würde eine schnelle Marktführerschaft eines Franchise-Systems zulassen.

Dagegen orientieren sich die Patienten, Nachfrager von Arzt-Dienstleistungen, die im unklaren über die Qualität der Ärzte sind, eher am persönlichen Verhältnis als an "Marken"-Kriterien. Dies bedeutet, daß letzten Endes beim Hausarzt, abgesehen von staatlichen Qualifizierungsauflagen, andere Qualitätssicherungsmechanismen der Nachfrager, wie z. B. die persönliche Reputation, wirken. Die Gründe dafür müssen im psychologischen Bereich vermutet werden. Möglicherweise würde sich ein Franchise-typisches Markenbewußtsein dann bilden, wenn sich aufgrund von sehr hoher Mobilität (z. B. häufiges dienstliches und privates Reisen, hohe Frequenz der Wohnortwechsel usw.) kein persönliches Vertrauensverhältnis zum Arzt würde aufbauen lassen können.

Hier zeigen sich offenbar die Grenzen des Franchising.

Franchising eignet sich offensichtlich nicht für personenbezogene Dienstleistungen, d. h. für Leistungen, wie sie beispielsweise durch Ärzte, Architekten, Ingenieure, Künstler, Starköche usw. erbracht werden, da hier die Qualitätsfrage nicht mit Markeneffekten beantwortet werden kann, sondern durch andere Mechanismen gelöst wird.

---

[38]Die Tatsache, daß die Aufina Franchise sich neben den Maklerdachverbänden in Deutschland entwickeln konnte, ist möglicherweise auf Differenzen zwischen Mitgliedern und Verbänden zurückzuführen.
[39]Beispielsweise wäre das Unternehmen Wella AG leicht in der Lage, eine Friseur-Franchise zu errichten (vgl. Kubon-Gilke 1994a). Eine Firmenphilosophie, die die Reputation als "Freund" der Friseure propagiert, läßt es jedoch offenbar nicht zu, als Konkurrent aufzutreten.

Zudem lassen sich bei Leistungen, deren Wert für Nachfrager in ihrer Individualität liegt, auch nur in geringem Umfang Skalen- und Verbundvorteile erzielen.

Damit wäre zunächst der Rahmen für die Bereiche abgesteckt, in denen Franchising als Expansionsstrategie in Frage kommen könnte.

In der Zusammenfassung kann Franchising als eine Art vertikale Integration angesehen werden, die organisatorische Vorteile gegenüber den Alternativen vollkommener Filialisierung und Vertrieb über unabhängige Händler besitzt.

Es zeigt sich, daß Verträge wie z. B. Franchising, die Eigentum auf längere Zeit binden, Anreize zu höherem Arbeitseinsatz schaffen können als unter den konventionellen vertraglichen Strukturen eines Angestelltenverhältnisses. Wenn dies für Unternehmen einen besseren Produktionskostenverlauf bedeuten würde, ohne Nachteile mit sich zu bringen (z. B. Überarbeitung und damit kürzere Lebensarbeitszeit), würden sie sich für das Design von Beteiligungsmodellen hilfreich erweisen.

Franchising bietet sich an, wenn die Voraussetzungen für ein Funktionieren des Reputationsmechanismus gegeben sind. Die Marktstrukturen können dabei völlig unterschiedlich sein.

Mögliche Strategien, die den Einsatz von Franchising sinnvoll machen würden, wären beispielsweise die folgenden:

1) Strategie des Marktpioniers
2) Strategie des Oligopolisten im gesättigten Markt
3) Strategie des Rückzuges aus dem operativen Geschäft

1) Mit der Strategie des Marktpioniers ist das Streben eines Anbieters nach Innovations- bzw. Monopolrenten in einem von bisher von Wettbewerbern freien Markt gemeint. Ein Franchise-Geber könnte in diesem Fall versuchen, durch den Aufbau von Markterschwernissen den Zugang von weiteren Anbietern zu erschweren bzw. zu verhindern.

2) Die Strategie des Oligopolisten in einem gesättigten Markt bedeutet, daß ein Anbieter durch die Wahl der Vertriebsform Franchising den Mit-Wettbewerbern straffe Preis-Disziplin signalisiert und entspechende Reaktionen und Konsequenzen erwartet.

3) Eine Strategie des Rückzuges aus dem operativen Geschäft kann bedeuten, daß ein Unternehmer versucht, durch Franchising den sukzessiven Verkauf seines

Unternehmens voranzutreiben. Dabei wird der Vorteil genutzt, daß durch den besonderen Einsatz, den Selbständige entwickeln, Einkommen erwirtschaftet wird, das dem Franchise-Geber auch ohne weiteres Zutun zugute kommen kann.

Diese Szenarien beschreiben drei aus vielen möglichen und denkbaren Situationen und geben einen kleinen Hinweis darauf, wie groß die Einsatzpalette des Franchising sein kann.

Es sollte jedoch immer berücksichtigt werden, daß einer erfolgreichen Nutzung dieser Vertriebsform eine genaue Abstimmung der gegenseitigen Rechte und Pflichten der Vertragspartner vorausgehen muß, um eine symbiotische Zusammenarbeit zu fördern. Nur auf diese Art lassen sich den Gerechtigkeits- und Fairneßerfordernissen der Vertragspartner Rechnung tragen und damit Ineffizienzen aufgrund von Unzufriedenheit vermeiden.

6 Zusammenfassung und Ausblick

Die vorliegende Arbeit stellt einen Versuch dar, Franchising als eine Organisationsform zu interpretieren, die auf der Qualitätsunsicherheit des Marktes und rationalem Anbieter- und Nachfragerverhalten basiert. In den bestehenden Ansätzen, die sich auf theoretischer Basis mit dem Franchising beschäftigen, wird zum einen mit Knappheit an Kapital und geeigneten Mitarbeitern argumentiert. Ein weiterer Schwerpunkt liegt bei Ansätzen, die Anreize für Franchising hauptsächlich in der Erwartung von Monopolgewinne sehen. Neuere Arbeiten ziehen Effizienzbetrachtungen heran, um eine ökonomische Begründung des Franchising zu liefern. Eine kritische Analyse zeigt jedoch, daß die vorhandenen Ansätze zwar Detailprobleme erkennen und erklären, sich aber in der Gesamtbetrachtung Widersprüche ergeben können.

Anhand einiger Praxisbeispiele wird deutlich, daß die Rahmenbedingungen eines Franchise-Vertrages zum Teil außerordentlich heterogen gestaltet sein können. Es ergeben sich Schwierigkeiten, mit den bestehenden Theorien zum Franchising, eine allgemeine und konsistente Sicht der Dinge aufzubauen.
Allen Franchise-Systemen eigen ist die Konzentration auf die "Marke" und die einheitliche Systemidentität, die standardisierte Qualität des Angebots, die Eigenschaften der Güter als Erfahrungsgüter. Hinzu kommt, daß die Franchise-Nehmer selbständig sind, und daß Sunk Costs entstehen.

Daraus wird als erstes die Hypothese abgeleitet, daß Franchising eine vor dem Hintergrund eines Marktes mit Qualitätsunsicherheit und asymmetrischen Informationen gebildete Institution sein könnte, die auf Aktionen und Reaktionen der Anbieter und Nachfrager beruht. Anhand von auf Klein und Leffler (1981) basierenden Modellen läßt sich zeigen, daß es durchaus rational ist, wenn Nachfrager eine Preisaufschlag für Markenprodukte mit geringer Qualitätsvarianz zahlen. Hieraus ergeben sich Anreize für Anbieter, eine Organisationsform wie Franchising zu wählen.

Durch diese Organisationsform werden externe Effekte auf Wettbewerber und potentielle Konkurrenten ausgeübt. Dadurch ergeben sich strategische Optionen, den Marktzugang von Konkurrenten zu behindern und entsprechend die erzielbaren Gewinne zu vergrößern. Kleinere potentielle Wettbewerber, die neu auf den Markt drängen, haben Anreize, sich dem System anzuschließen, um an Skalenerträgen partizipieren zu können. Je mehr Teilnehmer sich der Franchise-Organisation anschließen, desto größer sind die nutzbaren Vorteile. Denjenigen, die sich dem

System nicht anschließen, drohen deshalb Wettbewerbsnachteile. Dadurch erhöhen sich die Chancen für Franchise-Geber, Renten aus Größen- und Skaleneffekten von den Franchise-Nehmern abzuziehen.

Sehr viele Franchise-Ketten nutzen sowohl franchisierte als auch dem Unternehmen rechtlich angegliederte Einheiten. Die daraus entstehende Frage war, ob Franchising lediglich ein Übergangsstadium zu einer großen Unternehmung darstelle. Dabei existieren durchaus auch Systeme, die keine eigenen Filialen betreiben oder die ein stabiles Gleichgewicht von filialisierten und franchisierten Verkaufseinheiten aufrechterhalten. Zu der vorher aufgezeigten Theorie ergibt sich hierbei kein Widerspruch.

Eine strategische Begründung des Franchising läßt auch zu, daß unter gleichen Gegebenheiten (z. B. der gleichen Branche) parallel zum Franchising alternative Organisationsformen (z. B. große Verkaufsfilialisten) existieren können.

Durch die finanzielle Bindung der Franchise-Nehmer mittels der Eintrittsgebühr und seiner irreversiblen Investitionen wird erreicht, daß das System der Qualitätssicherung aufrechterhalten wird. Die Natur der versunkenen Kosten wird dadurch deutlich gemacht, daß eine vorzeitige Beendigung des Franchise-Verhältnisses - gleich ob durch Scheitern oder freiwilliges Ausscheiden - mit einem Berufsverbot oder dem Verlust einer Ausgleichsationszahlung einhergeht.

Gesetzliche Bestimmungen und Reputationsaspekte verhindern in der Regel die direkte opportunistische Aneignung des Vermögens der Franchise-Nehmer durch den Systemgeber. Trotzdem wird es auf lange Sicht es immer wieder Negativ-Beispiele von Franchise-Gebern geben (vgl. Müller 1993).

Die strategische Sicht des Franchising benötigt nicht die Finanzierungsaspekte der Eintrittsgebühren und der franchise-spezifischen Investitionen.

Stattdessen sollten die Investitionen als eine Art Unterpfand gesehen werden, um die notwendigen Qualitätssicherung aufrechtzuerhalten. Dadurch dienen sie eher Zwecken, die dem langfristigen Charakter des Vertrages gerecht werden.

Ebenso wird das Argument unterschiedlicher Risikoneigungen nicht benötigt. Beide Parteien sind bereit, Risiken einzugehen. Vielmehr ist dann von Ineffizienzen auszugehen, wenn zur Absicherung von Eigentum gegen opportunistische Handlungen der Vertragspartner mehr Ressourcen aufgewendet werden müssen als bei alternativen Vertragsmodellen.

Die Tatsache, daß viele Franchise-Systeme sowohl filialisierte als auch franchisierte Einheiten unterhalten, kann durch die vorgestellte Theorie widerspruchslos integriert werden. Insbesondere wird ein schneller Systemaufbau durch die "High Powered Incentives" eines Franchise-Vertrages gefördert (vgl. Holmström/Milgrom 1991, 38).

Die zweite Hypothese, die sich nach der vorliegenden Diskussion vertreten läßt, wäre, Franchising als eine effiziente Lösung der Agency-Problematik anzusehen. Nach den Erkenntnissen aus der Praxis und den theoretischen Überlegungen gehen die ökonomischen Effekte des Franchise-Vertrages weit über das hinaus, was die bekannten Theorien von Prinzipal und Agenten aussagen. An dieser Stelle ist noch viel psychologisch fundierte Forschungsarbeit zu leisten.

Eine Darstellung, die sich hauptsächlich an Effizienzvorteilen aufgrund von Finanzierungs-, Agency- und Screening-Argumenten orientiert, sollte jedoch auch die Frage beantworten können, warum sich die Institution Franchising nicht schon in früherer Zeit entwickelt und sich aufgrund ihrer Effizienzvorteile gegenüber alternativen Organisationsformen durchgesetzt hat. Es ist beispielsweise erstaunlich, daß die Vergabe von Franchisen erst in den Jahren nach dem zweiten Weltkrieg in nennenswertem Ausmaß Bedeutung erlangt hat, obwohl eine Art Franchise-Vergabe bereits Jahrhunderte vorher praktiziert wurde. Darauf geben die bekannten Theorien keine befriedigende Antwort. Es wird oft darauf hingewiesen, daß erhöhte Mobilität und zunehmende Werbung in Massenmedien ein Grund für die Entwicklung des Franchising gewesen seien. Mobilität, zahlreiche Produktinnovationen und vielfältige Informationen können jedoch, was für die vorgetragene Theorie spricht, letztendlich die allen Mechanismen zugrundeliegende Unsicherheit der Nachfrager verursacht haben.

Die strukturellen Gegebenheiten, die sich aus dem Qualitätssicherungsbedürfnis der Nachfrager ergeben, fördern aber gerade die Nutzung eines strategischen Instruments wie Franchising. Dabei mag die Schnelligkeit des Systemaufbaus sowohl durch organisatorische Gegebenheiten als auch durch spezielle Eigenschaften der Franchiseverträge verursacht sein, weil sie das Eigentum der Franchise-Nehmer binden.

Das Argument der reduzierten Überwachungskosten durch Franchising bei gleichzeitiger Erbringung hoher persönlicher Leistungen durch rechtlich selbständige Franchise-Nehmer erscheint zwar intuitiv eingängig, führt jedoch zu Integrationsschwierigkeiten in die Theorie der individuellen Nutzenmaximierung. Wenn Franchise-Nehmer mit dem gleichen finanziellen Aufwand für ihr Arbeitsleid und das ihnen aufgebürdete Risiko entschädigt werden müßten, wie dies beispielsweise durch die Zahlung von Effizienzlöhnen innerhalb einer Unternehmung geschieht, würden sich keine langfristigen Kostenvorteile der Franchise erkennen lassen. Wenn sich die Franchise-Nehmer jedoch aufgrund von psychologisch zu fundierenden Effekten im Zusammenhang mit einer langfristigen vertraglichen Bindung ihres Eigentums mit einem niedrigeren finanziellen Entgelt zufrieden geben, könnte dies für die Franchise-Organisation tatsächlich zusätzliche

Kostenvorteile bedeuten. Abgesehen von strategischen Gewinnen kann es sich lohnen, Franchising auch auf lange Sicht zu betreiben, wenn es gelingt, in einem revolvierenden Prozeß Alt-Franchise-Nehmer gegen neue Franchise-Nehmer auszutauschen, obwohl die Einnahmen des Franchise-Gebers aus variablen Umsatzgebühren in der Regel niedriger sein dürften als die Umsatzrendite einer Filialunternehmung. Dabei sind wettbewerbsstrategische Effekte, die es erlauben, Franchising als Commitment und Signal gegenüber dem Wettbewerb einzusetzen, noch nicht berücksichtigt.

Reduzierte Überwachungskosten und erhöhte Motivation, die ausschließlich durch die Franchise-Organisation verursacht sind, können sich empirisch wahrscheinlich nicht nachweisen lassen. Das direkte Beispiel Eismann/bo*frost zeigt deutlich, daß Franchising nicht immer und in jedem Fall motivationale Vorteile der Franchise-Nehmer gegenüber angestellten Mitarbeitern mit sich bringt. Die Entgeltregelungen, die bei Angestellten bzw. Franchise-Nehmern Akzeptanz finden, dürften sich nicht nur an Eigentumsfragen, sondern auch an Gerechtigkeits- und Fairneßgesichtspunkten orientieren (vgl. Kahneman/Knetsch/Thaler 1986). Es sollte deshalb ein Anliegen aller Beteiligten sein, auch für Franchise-Vertragsverhältnisse "Qualität" zu sichern, d. h. Qualitätsstandards und -sicherungsmechanismen so zu gestalten, daß ein ex post opportunistisches "Ausnutzen" der potentiellen Leistungsreserven von Franchise-Nehmern verhindert wird.

Besonderes Augenmerk ist bei der ökonomischen Analyse auf die Wohlfahrtsauswirkungen des Einsatzes von Organisationsformen wie Franchising zu richten. Einerseits wird durch den bewußten Einsatz von Markenprodukten im Franchising die Unsicherheit des Marktes zum Teil beseitigt, so daß es bei unterschiedlich hohen Wertschätzungen für Güter zu einem besseren Austausch und somit zu einem effizienteren Marktergebnis kommen kann. Die Zahlungsbereitschaft von Preisprämien kann strategische Vorteile für Pioniermarken bewirken, so daß sich aufgrund des reduzierten Wettbewerbs Kostennachteile für die Nachfrager ergeben können. Diese können zu Beginn einer Franchise-Expansion jedoch nur maximal die Höhe der Opportunitätskosten eines Konsumenten bei der Alternative des Kaufs eines unbekannten Produkts erreichen. Nach einer gelungenen Expansionsphase und der beginnenden Nutzung von Skalen- und Verbundvorteilen lassen sich übernormale Gewinne dadurch erzielen, daß neue Marktteilnehmer tendenziell eher den Anschluß an das bestehende System suchen als sich dagegen zu behaupten und Signale an Wettbewerber übermittelt werden. Die dabei erzielbaren Überschüsse werden zwischen Franchise-Nehmern und Franchise-Geber aufgeteilt. Bei freiem Markteintritt für Anbieter von Substituten der angebotenen franchisierten Güter und Dienstleistungen dürfte die zusätzliche Gewinnerzielung unter Wohlfahrtsgesichtspunkten unproblematisch sein, wenn die entstehenden Gewinne letztlich auf einer effizienteren Produktions- und Distributionsmethode basieren würden. Dem Verlust an Effizienz des Marktergebnisses bei vollständiger Information steht die Schaffung von Anreizen gegenüber, Produkt- und Prozeßinnovationen marktdeckend einzuführen. Dadurch ergeben sich für eine generelle ökonomische Beurteilung Schwierigkeiten.

In der Zusammenfassung ergeben sich Anreize für die Entscheidung für Franchising vor allem aus zwei Gesichtspunkten:

1) aus der Geschwindigkeit der Implementierung
2) aus speziellen Effekten der Bindung von Eigentum

1) Aus der Geschwindigkeit der Implementierung können sich Innovationsrenten erzielen lassen. Eine schnelle Marktabdeckung sorgt für schnell erreichte hohe Stückzahlen und damit verbundene Skalen- und Verbundvorteile.

Die strategischen Effekte der Geschwindigkeit sind dann zum einen die Bindung von potentiellen Konkurrenten an das eigene System, zum anderen die Bindung potentieller Abnehmer und eine strategische Signalwirkung an vorhandene Wettbewerber.

2) Die psychologischen Auswirkungen der Bindung von Eigentum haben zur Folge, daß sich in gewissem Maße eine Selektion durchführen läßt, eine erleichterte Erfolgs- und Qualitätskontrolle ermöglicht wird (Boiling in Oil), sich aber gerade aufgrund der engen Bindung des Eigentums Schwierigkeiten und Nachteile ergeben können, wenn nicht den Gerechtigkeits- und Fairneßempfindungen der Vertragspartner in ausreichendem Maße Rechnung getragen wird.

Das unternehmerische, innovative Potential, das durch Franchise-Verträge in Franchise-Geber und Franchise-Nehmer freigesetzt wird und nach Schumpeter (1928) positiven volkswirtschaftlichen Auswirkungen führt, läßt sich mit keinem ökonomischen Wohlfahrtsmaß erfassen. Viele der von Schumpeter angeführten wesentlichen unternehmerischen Aufgaben können durch den Einsatz von Franchising realisiert werden.

"Diese wirtschaftliche Führerschaft betätigt sich also an Aufgaben, die sich in die folgenden Typen fassen lassen:
1. Die Erzeugung und Durchsetzung neuer Produkte oder neuer Qualitäten von Produkten,
2. Die Einführung neuer Produktionsmethoden,

3. Die Schaffung neuer Organisationen der Industrie (Vertrustung z. B.),
4. Die Erschließung neuer Absatzmärkte,
5. Die Erschließung neuer Bezugsquellen."[1]

Für die Entwicklung und das Gedeihen einer Volkswirtschaft sind die genannten Aufgaben, die von Schumpeter insbesondere mit der Person des Unternehmers verbunden werden, von größter Bedeutung.

Franchising zeigt sich in der ökonomischen Analyse bei bestimmten Problemen mit asymmetrischer Information als effiziente Lösung. Jedoch sollten die aus diesem Beispiel gewonnenen Erkenntnisse nicht nur für eine Theorie, die sich mit dem Design von Institutionen und Organisationen beschäftigt, hilfreich sein (vgl. u. a. Coleman 1991). Vielmehr müssen gerade aus volkswirtschaftlicher Sicht der sinnvollen Auswahl und dem Design von Institutionen in der Praxis noch erheblich größere Bedeutung beigemessen werden.

---

[1]Schumpeter (1928, 483).

Literaturverzeichnis

Aghion, Philippe und Patrick Bolton (1987), Contracts as a Barrier to Entry, American Economic Review 77 (3), 388-401.

Akerlof, George A. (1970), The Market for "Lemons": Quality Uncertainty and the Market Mechanism, Quarterly Journal of Economics 84, 488-500.

Akerlof, George A. (1976), The Economics of Caste and of the Rat Race and Other Woeful Tales, Quarterly Journal of Economics 90, 599-617. Wiederabdruck in: Akerlof, George A., An Economic Theorist's Book of Tales, Cambridge.

Akerlof, George A. (1984), An Economic Theorist's Book of Tales, Cambridge: Cambridge University Press.

Akerlof, George und Janet Yellen (1990), The Fair Wage/Effort Hypothesis and Unemployment, Quarterly Journal of Economics 105, 255-283.

Alchian, Armen A. (1984), Specificity, Specialization, and Coalitions, Zeitschrift für die gesamte Staatswissenschaft, Journal for Institutional and Theoretical Economics (JITE) 140, 34-49.

Alchian, Armen A. und Harold Demsetz (1972), Production, Information Costs, and Economic Organization, American Economic Review, 62 (5), 777-795.

Alchian, Armen A. und Susan Woodward (1987), Reflections on the Theory of the Firm, Zeitschrift für die gesamte Staatswissenschaft, Journal of Institutional and Theoretical Economics (JITE) 143, 110-136.

Allen, Franklin (1982), On Share Contracts and Screening, Bell Journal of Economics, 13, 541-547.

Allen, Franklin (1984), Reputation and Product Quality, Rand Journal of Economics 15 (3), 311-327.

Anderson, Erin und David C. Schmittlein (1984), Integration of the Sales Force. An Empirical Examination, Rand Journal of Economics 15 (3), 385-395.

Anderson, Erin und Barton A. Weitz (1986), Make or Buy Decisions: Vertical Integration and Marketing Productivity, Sloan Management Review, (Spring) 3-19.

Aoki, Masahito; Gustafson, Bo; Oliver E. Williamson (1990), The Firm as a Nexus of Treaties, London, Newbury Park, New Delhi: SAGE.

Arrow, Kenneth J. (1975), Vertical Integration and Communication, Bell Journal of Economics 6, 173-183.

Arrow, Kenneth J. (1985), The Economics of Agency, in: Pratt/Zeckhauser (Hrsg.), Principals and Agents: The Structure of Business, Boston, 37-51.

Arrow, Kenneth J. (1991), Scale Returns in Communication and Elite Control of Organizations, Journal of Law, Economics, and Organization 7, Special Issue, 1-6.

Aufina Presseschau (1993); Diverse Presseartikel aus Tageszeitungen, herausgegeben von der Aufina GmbH (Mai); o. A.

Aufina GmbH (Hrsg.); Exel, Rainer und Heike D. Schmitt (1993), Alles was man rund um die Immobilie wissen muß, Wiesbaden, Niedernhausen: Falken.

Aydin, Nizamettin und Madhav Kacker (1990), International Outlook of US-based Franchisers, International Marketing Review 7 (2), 43-53.

Bagwell, Kyle und Michael H. Riordan (1991), High and Declining Prices Signal Product Quality, American Economic Review 81 (1), 224-239.

Bain, Joe S. (1956), Barriers to New Competition, Cambridge: Harvard University Press.

Baker, George P.; Michael C. Jensen; Kevin J. Murphy (1988), Compensation and Incentives: Practice vs. Theory, Journal of Finance 43 (3), 593-616.

Bamberg, Günter und Klaus Spremann (Hrsg.) (1987), Agency Theory, Information, and Incentives, Berlin, Heidelberg, New York, London, Paris, Tokyo: Springer.

Barzel, Yoram (1982), Measurement Cost and the Organization of Markets, Journal of Law and Economics 25 (April), 27-48.

Barzel, Yoram (1985), Transaction Costs: Are They Just Costs, Zeitschrift für die gesamte Staatswissenschaft, Journal of Institutional and Theoretical Economics (JITE) 141, 4-16.

Basu, Kaushik, Eric Jones und Ekkehart Schlicht (1987), The Growth and Decay of Custom: The Role of the New Institutional Economics in Economic History, Explorations in Economic History 24, 1-21.

Bauder, Wolfgang (1988), Der Franchise-Vertrag. Eine systematische Darstellung von Rechtstatsachen, Dissertation Tübingen, Stuttgart: Kessler Schnelldruck.

Becker, Gary S. (1962), Investment in Human Capital: A Theoretical Analysis, Journal of Political Economy, 70, Supplement, 9-49.

Becker, Neal C. und Ann E. Cudd (1990), Indefinitely Repeated Games: A Response to Carroll, Theory and Decision 28, 189-195.

Behr, Volker (1976), Der Franchisevertrag. Eine Untersuchung zum Recht der USA mit vergleichenden Hinweisen zum deutschen Recht, Frankfurt/M.: Alfred Metzner.

Behrens, Peter (1985), The Firm as a Complex Institution, Zeitschrift für die gesamte Staatswissenschaft, Journal of Institutional and Theoretical Economics (JITE) 141, 62-75.

Beyer, Walter E. (1988), Franchising als Instrument zur Festigung der Marktstellung. Möglichkeiten und Grenzen einer Unternehmung als Franchise-Geber in der Bundesrepublik Deutschland unter besonderer Berücksichtigung von Zielkonzeptionen der Franchise-Nehmer, Dissertation Berlin, Bochum: Studienverlag Dr. N. Brockmeyer.

Bewley, Truman F. (1987), Advances in Economic Theory: Fifth World Congress, Cambridge: Cambridge University Press.

Binger, Brian R. und Elizabeth Hoffman (1989), Institutional Persistence and Change: The Question of Efficiency, Zeitschrift für die gesamte Staatswissenschaft, Journal of Institutional and Theoretical Economics (JITE) 145, 67-84.

Blair, Roger und David Kaserman (1980), Vertical Control with Variable Proportions: Ownership Integration and Contractual Equivalents, Southern Economic Journal 47, 1118-1128.

Blair, Roger und David Kaserman (1982), Optimal Franchising, Southern Economic Journal 49, 494-505.

Blair, Roger D. und David L. Kaserman (1983), Law and Economics of Vertical Integration and Control, New York, London usw.: Academic Press.

Blair, Roger und Yoram Peles (1977), Private Brands and Antitrust Policy, UCLA Law Review.25 (October), 46-69.

Blaurock, Uwe (1984), Kartellrechtliche Grenzen von Franchise-Systemen, Festschrift für Winfried Werner, Berlin, New York: de Gruyter.

Bössmann, Eva (1983), Unternehmungen, Märkte, Transaktionskosten: Die Koordination ökonomischer Aktivitäten, WiSt 12 (3), 105-111.

Brauer, Urban (1989), Die vertikale Kooperation als Absatzwegestrategie für Herstellerunternehmen dargestellt am Beispiel der Konsumgüterhersteller, Diss. Saarbrücken, München: VVF.

Brickley, James A. und Frederick H. Dark (1987), The Choice of Organizational Form, The Case of Franchising, Journal of Financial Economics 18, 401-420.

Brickley, James A.; Frederick H. Dark; Michael S. Weishach (1991), An Agency Perspective on Franchising, Financial Management 20 (Spring), 27-35.

Buchanan, James M. und Wm. Craig Stubblebine (1962), Externality, Economica 29 (Nov.), 371-384.

Burdett, Kenneth und Kenneth L. Judd (1983), Equilibrium Price Dispersion, Econometrica 51 (4), 955-969.

Butters, Gerard R. (1976), A Survey of Advertising and Market Structure, American Economic Review 66 (2), 392-397.

Calvo, Guillermo A. und Stanislaw Wellisz (1978), Supervision, Loss of Control and the Optimum Size of the Firm, Journal of Political Economy 86, 943-952.

Carney, Mick und Eric Gedajlovic (1991), Vertical Integration in Franchise Systems: Agency Theory and Resource Explanations, Strategic Management Journal 12, 607-629.

Carroll, John W. (1987), Indefinite Terminating Points and the Iterated Prisoners' Dilemma, Theory and Decision 22, 247-256.

Caves, Richard und William F. Murphy II (1976), Franchising: Firms, Markets and Intangible Assets, Southern Economic Journal 43, 572-586.

Chamberlin, Edward H. (1933 (1948)), The Theory of Monopolistic Competition, Oxford: University Press.

Chan, Yuk Shee und Hayne E. Leland (1982), Prices and Qualities in Markets with Costly Information, Review of Economic Studies 49, 499-516.

Chan, Yuk Shee und Hayne E. Leland (1986), Prices and Qualities: A Search Model, Southern Economic Journal 52, 1115-1130.

Chandler, Alfred D. jr (1992), What is a Firm. A historical perspective, European Economic Review 36, 483-492.

Cheung, Steven N. S. (1968), Private Property Rights and Sharecropping, Journal of Political Economy 76, 1107-1122.

Cheung, Steven N. S. (1983), The Contractual Nature of the Firm, Journal of Law and Economics 26, 1-21.

Coase, Ronald H. (1937), The Nature of the Firm, Economica 4, 386-405.

Coase, Ronald H. (1960), The Problem of Social Cost, Journal of Law and Economics 3, 1-44.

Coleman, James S. (1991), Constructed Organization: First Principles, Journal of Law, Economics, and Organization 7, Special Issue, 7-23.

Comanor, William S. und Thomas A. Wilson (1979), The Effect of Advertising on Competition: A Survey, Journal of Economic Literature 17 (June), 453-476.

Commons, John R. (1934), Institutional Economics, Madison.

Contractor, Farok J. und Peter Lorange (1988), Cooperative Strategies in International Business, Lexington, Toronto: Lexington Books.

Cooper, Russell und Thomas W. Ross (1984), Prices, Product Qualities and Asymmetric Information: The Competitive Case, Review of Economic Studies 51, 197-207.

Cooper, Russell und Thomas W. Ross (1985), Product Warranties and Double Moral Hazard, Rand Journal of Economics 16 (1), 103-113.

Coyte, Peter C. (1984), Specific Human Capital and Sorting Mechanisms in Labor Markets, Southern Economic Journal 51, 469-480.

Dahlkamp, Jürgen (1993), Streichen Sie das Wort "vielleicht" aus Ihrem Wortschatz. Zwischen Gartenzwergen und Millionengeschäften: Ein Tag mit dem Immobilienmakler Lothar-Siegfried Eschner, Frankfurter Allgemeine Zeitung v. 20.10.1993, Nr. 244, 41.

Dant, Rajiv P. und Patrick L. Schul (1992), Conflict Resolution Processes in Contractual Channels of Distribution, Journal of Marketing 56 (1), 38-54.

Darby, Michael R. und Edi Karni (1973), Free Competition and the Optimal Amount of Fraud, Journal of Law and Economics 16, 67-88.

De Vany, Arthur S. und Thomas R. Saving (1983), The Economics of Quality, Journal of Political Economy 91, 979-1000.

Demsetz, Harold und Kenneth Lehn (1985), The Structure of Corporate Ownership: Causes and Consequences, Journal of Political Economy 93, 1155-1177.

Demski, Joel S. und David Sappington (1984), Optimal Incentive Contracts with Multiple Agents, Journal of Economic Theory 33, 152-171.

Deutscher Franchise-Verband (DFV) (1990), Jahrbuch Franchising 1990, Frankfurt: Deutscher Fachverlag.

Deutscher Franchise-Verband (DFV) (1992a), Franchise Telex, München.

Deutscher Franchise-Verband (DFV) (1992b), Europäischer Verhaltenskodex für Franchising, zugleich Ehrenkodex für Mitglieder des Deutschen Franchise-Verbandes e. V., München, o. A.

Deutscher Franchise-Verband (DFV) o. J., Franchising, München.

Deutscher Franchise-Verband (DFV) (Hrsg.), Lang, Hans o. J. Fußangeln und Fallen im Franchise-Vertrag, München.

Dichtl, Erwin; Hans Raffee; Hans-Manfred Niedetzki (1981), Reisende oder Handelsvertreter. Eine Anleitung zur Lösung eines Entscheidungsproblems mit praktischen Vorschlägen, München: C. H. Beck.

Dixit, Avinash (1979), Quality and Quantity Competition, Review of Economic Studies 46, 587-599.

Dixit, Avinash (1982), Recent Developments in Oligopoly Theory, American Economic Review 72 (2), 12-17.

Dixit, Avinash (1990), Optimization in Economic Theory, Second Edition, Oxford: Oxford University Press.

Dixit, Avinash und Joseph E. Stiglitz (1977), Monopolistic Competition and Optimum Product Diversity, American Economic Review 67 (3), 297-308.

Dnes, Antony W. (1991), The Economic Analysis of Franchising and its Regulation, in: Joerges, Christian (Ed.), Franchising and the Law. Theoretical and Comparative Approaches in Europe and the United States, Baden-Baden, 133-142.

Dnes, Antony W. (1992a), Franchising: A Case-study Approach, Aldershot, Brookfield USA, Hong Kong, Singapore, Sydney:Avebury.

Dnes, Antony W. (1992b), "Unfair" Contractual Practices and Hostages in Franchise Contracts, Zeitschrift für die gesamte Staatswissenschaft, Journal of Institutional and Theoretical Economics (JITE) 148, 484-504.

Drèze, Jacques H. und Kare P. Hagen (1978), Choice of Product Quality: Equilibrium and Efficiency, Econometrica 46 (3), 493-513.

Eaton, B. Curtis und R. G. Lipsey (1975), The Principle of Minimum Differentiation reconsidered: Some new Developments in the Theory of Spatial Competition, Review of Economic Studies 42, 27-50.

Eaton, B. Curtis und William D. White (1982), Agent Compensation and the Limits of Bonding, Economic Inquiry 20 (July), 330-343.

Eaton B. Curtis und William D. White (1983), The Economy of High Wages: An Agency Problem, Economica 50 (May), 175-181.

Eckenga, Jens (1990), Die Inhaltskontrolle von Franchise-Verträgen: eine Studie zu den zivilrechtlichen Grenzen der Vertragsgestaltung im Bereich des Franchising unter Einschluß des Vertragshändlerrechts, Dissertation, Heidelberg: Verlag Recht und Wirtschaft.

Eggertsson, Thrainn (1990), Economic Behavior and Institutions, Cambridge: Cambridge University Press.

Emons, Winand (1988), Warranties, Moral Hazard, and the Lemons Problem, Journal of Economic Theory 46 (1), 16-33.

Eswaran, Mukesh und Ashok Kotwal (1985), A Theory of Contractual Structure in Agriculture, American Economic Review 75 (3), 352-367.

European Franchise Federation 1990, Brochure EFF, Paris.

Fama, Eugene F. (1980), Agency Problems and the Theory of the Firm, Journal of Political Economy 88, 288-307.

Fama, Eugene F. und Michael C. Jensen (1985), Organizational Forms and Investment Decisions, Journal of Financial Economics 14, 101-119.

Farrell, Joseph (1986), Moral Hazard as an Entry Barrier, Rand Journal of Economics 17 (3), 440-449.

Flohr, Eckhard (1993), Der kleine Unterschied. Lizenzen und Franchising, Franchise International 1/93, 140-141.

Francis, Arthur, Jeremy Turk und Paul Willman (Hrsg.) (1983), Power, Efficiency and Institutions, London: H.E.B.

Franchise International (1/1993), Deutscher Franchise Verband (Hrsg.), Messekatalog zur Franchise-Messe 17.-20.06.1993, Essen.

Frank, Robert H. (1988), Passions within Reason. The Strategic Role of the Emotions, New York, London: W. W. Norton & Company.

Frankfurter Allgemeine Zeitung (23.03.1993), McDonald´s hält mit Abstand die Spitze, Nr. 69, 24.

Frankfurter Allgemeine Zeitung (28.06.1993), Täglich eröffnen Franchisenehmer sechs neue Betriebe, Nr. 146, 16.

Frazier, Gary L. und John O. Summers (1986), Perceptions of Interfirm Power and Its Use Within a Franchise Channel of Distribution, Journal of Marketing Research 23 (May), 169-176.

Fudenberg, Drew; Bengt Holmström; Paul Milgrom (1990), Short Term Contracts and Long Term Agency Relationships, Journal of Economic Theory 51 (1), 1-31.

Fudenberg, Drew; David Kreps; Eric Maskin (1990), Repeated Games with Long-run and Short-run Players, Review of Economic Studies 57, 555-573.

Fudenberg, Drew und Eric Maskin (1986), The Folk Theorem in Repeated Games with Discounting or with Incomplete Information, Econometrica 54, (3) 533-554.

Fudenberg, Drew und Jean Tirole (1984), The Fat-Cat Effect, the Puppy-Dog Ploy, and the Lean and Hungry Look, American Economic Review 74 (2), 361-366.

Fudenberg, Drew und Jean Tirole (1990), Moral Hazard and Renegotiation in Agency Contracts, Econometrica 58 (6), 1279-1319.

Gallini, Nancy T. (1984), Deterrence By Market Sharing: A Strategic Incentive for Licensing, American Economic Review 74 (5), 931-941.

Gallini, Nancy T. und Ralph A. Winter (1985), Licensing in the Theory of Innovation, Rand Journal of Economics 16 (2), 237-252.

Gal-Or, Esther (1989), Warranties as a Signal of Quality, Canadian Journal of Economics 22 (1), 50-61.

Gal-Or, Esther (1991), Optimal Franchising in Oligopolistic Markets With Uncertain Demand, International Journal of Industrial Organization 9, 343-364.

Gambetta Diego (1988), Mafia: The Price of Distrust, in: Gambetta, Diego, Trust: Making and Breaking Cooperative Relations, Oxford, New York, 158-175.

Gambetta Diego (1988), Trust: Making and Breaking Cooperative Relations, Oxford, New York: Basil Blackwell.

Gibbons, Robert und Kevin J. Murphy (1990), Optimal Incentive Contracts in the Presence of Career Concerns: Theory and Evidence, Journal of Political Economy 100, 468-505.

Goldberg, Victor P. (1983), Production Functions, Transaction Costs and the New Institutionalism, Working Paper No. 215, Department of Economics, University of California, Davis, California.

Gotta, Manfred u. a. (1988), Brand News. Wie Namen zu Markennamen werden, Hamburg: Spiegel.

Green, Jerry R. und Nancy L. Stokey (1983), A Comparison of Tournaments and Contracts, Journal of Political Economy 91, 349-364.

Greenwald, Bruce C. und Joseph Stiglitz (1990), Asymmetric Information and the New Theory of the Firm: Financial Constraints and Risk Behavior, American Economic Review 80 (2), 160-165.

Gross, Herbert und Walther Skaupy (1968), Das Franchise-System, Düsseldorf, Wien: ECON.

Grossman, Gene M. und Carl Shapiro (1984), Informative Advertising with Differentiated Products, Review of Economic Studies 51, 63-81.

Grossman, Sanford J. (1981), The Informational Role of Warranties and Private Disclosure About Product Quality, Journal of Law and Economics 24, (Dec.), 461-483.

Grossman, Sanford J. (1989), The Informational Role of Prices, Cambridge, London: MIT Press.

Grossman, Sanford J. und Oliver D. Hart (1986), The Costs and Benefits of Ownership: A Theory of Vertical and Lateral Integration, Journal of Political Economy 94, 691-719.

Grossman, Sanford J. und Joseph E. Stiglitz (1976), Information and Competitive Price Systems, American Economic Review 66 (2), 246-253.

Grossman, Sanford und Joseph E. Stiglitz (1980), On the Impossibility of Informationally Efficient Markets, American Economic Review 70 (3), 393-408.

Guasch, Luis und Andrew Weiß (1981), Self Selection in the Labor Market, American Economic Review 71 (3), 275-284.

Hanser, Peter (1993), Turbolader für den Eismann, Absatzwirtschaft 36 (4), 86-88.

Harris, Milton and Arthur Raviv (1978), Some Results on Incentive Contracts With Applications to Education and Employment, Health Insurance and Law Enforcement, American Economic Review 68 (1), 20-30.

Harris, Milton und Arthur Raviv (1979), Optimal Incentive Contracts with Imperfect Information, Journal of Economic Theory 20 (April), 231-259.

Harris, Milton und Arthur Raviv (1981), A Theory of Monopoly Prizing Schemes with Demand Uncertainty, American Economic Review 71 (3), 347-365.

Hart, Oliver (1979), Monopolistic Competition in a Large Economy with Differentiated Commodities, Review of Economic Studies 46, 1-30.

Hart, Oliver und John Moore (1988), Incomplete Contracts and Renegotiation, Econometrica 56 (4), 755-785.

Hart, Oliver und John Moore (1990), Property Rights and the Nature of the Firm, Journal of Political Economy 98, 1119-1158.

Hart, Oliver und Jean Tirole (1990), Vertical Integration and Market Foreclosure, Brookings Papers on Economic Activity, Microeconomics 1990, 205-286.

Heal, Geoffrey (1977), Guarantees and Risk-Sharing, Review of Economic Studies 44, 549-560.

Hey, John D. und Peter J. Lambert (1987), Surveys in the Economics of Uncertainty. Oxford, New York: Basil Blackwell.

Hoffmann, Richard C. und John F. Preble (1991), Franchising: Selecting a Strategy for Rapid Growth, Long Range Planning 24 (4), 74-85.

Holmström, Bengt (1979), Moral Hazard and Observability, Bell Journal of Economics 10, 74-91.

Holmström, Bengt (1982), Moral Hazard in Teams, Bell Journal of Economics 13, 324-340.

Holmström, Bengt und Joan Ricart i Costa (1986), Managerial Incentives and Capital Management, Quarterly Journal of Economics 101, 835-860.

Holmström, Bengt und Paul Milgrom (1990a), Regulating Trade Among Agents, Zeitschrift für die gesamte Staatswissenschaft, Journal of Institutional and Theoretical Economics (JITE) 146, 85-105.

Holmström, Bengt und Paul Milgrom (1991), Multi Task Principal-Agent Analyses: Incentive Contracts, Asset Ownership, and Job Design, Journal of Law, Economics, and Organization 7, Special Issue, 24-52.

Holmström, Bengt und Jean Tirole (1989), The Theory of the Firm, in: Schmalensee, Richard und R. D. Willig (Hrsg.): Handbook of Industrial Organization, Vol. 1, Amsterdam, New York, Oxford, Tokyo, 61-133.

Inaba, Frederick S. (1980), Franchising: Monopoly by Contract, Southern Economic Journal 47, 65-72.

Jensen, Michael C. und William H. Meckling (1979), Rights and Production Functions: An Application to Labor-managed Firms and Codetermination, Journal of Business 52, 469-506.

Jensen, Michael C. und William H. Meckling (1976), Theory of the Firm: Managerial Behavior, Agency Costs, and Ownership Structure, Journal of Financial Economics 3 (4), 305-360.

Jeuland, Abel P. und Steven M. Shugan (1988), Channel of Distribution Profits When Channel Members Form Conjectures, Marketing Science 7 (2), 202-210.

Joerges, Christian (Hrsg.) (1991), Franchising and the Law: Theoretical and Comparative Approaches in Europe and the United States. Das Recht des Franchising. Konzeptionelle, rechtsvergleichende und europarechtliche Analysen, Baden-Baden: Nomos.

Jones, Gareth R. (1983), Transaction Costs, Property Rights, and Organizational Culture: An Exchange Perspective, Administrative Science Quarterly 28, 454-467.

Joskow, Paul L. (1991), The Role of Transaction Cost Economics in Antitrust and Public Utility Regulatory Policies, Journal of Law, Economics, and Organization 7, Special Issue, 53-83.

Kahneman, Daniel; Jack L. Knetsch; Richard Thaler (1986), Fairness as a Constraint on Profit Seeking: Entitlements in the Market, American Economic Review 76 (4), 728-741.

Kaldor, Nicholas (1950), The Economic Aspects of Advertising, Review of Economic Studies 18, 1-27 (Nachdruck 1960).

Kambhu, John (1982), Optimal Product Quality under Asymmetric Information and Moral Hazard, Bell Journal of Economics 13, 483-492.

Karmann, Alexander (1992), Principal-Agent-Modelle und Risikoallokation, WiSt 11 (Nov.), 557-562.

Kaub, Erich (1980), Franchise-Systeme in der Gastronomie, Dissertation Saarbrücken.

Kaufmann, Patrick und Rangan v. Kasturi (1990), A Model for Managing System Conflict During Franchise Expansion, Journal of Retailing 66 (2), 155-173.

Kim, Jae-Cheol (1989), Advertising, Quality and Signaling, Metroeconomica 40 (1), 43-56.

Kihlstrom, Richard E. und Michael H. Riordan (1984), Advertising as a Signal, Journal of Political Economy 92, 427-450.

Klein, Benjamin (1980), Transaction Cost Determinants of "Unfair" Contractual Arrangements, American Economic Review 70 (2), 356-362.

Klein, Benjamin; Robert G. Crawford; Armen A. Alchian (1978), Vertical Integration, Appropriable Rents, and the Competitive Contracting Process, Journal of Law and Economics 21, 297-326.

Klein, Benjamin und Keith B. Leffler (1981), The Role of Market Forces in Assuring Contractual Performance, Journal of Political Economy 89, 615-641.

Klein, Benjamin und Lester F. Saft (1985), The Law and Economics of Franchise Tying Contracts, Journal of Law and Economics 28 (May), 345-361.

Knigge, Jürgen (1973), Franchise-Systeme im Dienstleistungssektor, Berlin: Duncker & Humblot.

Knight, Jack (1992), Institutions and Social Conflict, Cambridge: Cambridge University Press.

Kogut, Carl A. (1990), Consumer Search Behavior and Sunk Costs, Journal of Economic Behavior and Organization 14, 381-392.

Kohn, Meir G. und Steven Shavell (1974), The Theory of Search, Journal of Economic Theory 9, 93-123.

Kommission der Europäischen Gemeinschaften (1987), Franchising in ausgewählten Bereichen des Handels in der Gemeinschaft. Eine wettbewerbspolitische Analyse, Brüssel: Amt für amtliche Veröffentlichungen der Europäischen Gemeinschaften.

Krouse, Clement G. (1990), Theory of Industrial Economics, Cambridge, Oxford: Basil Blackwell.

Krueger, Alan B. (1991), Ownership, Agency, and Wages: An Examination of Franchising in the Fast Food Industry, Quarterly Journal of Economics 106, 75-101.

Kubon-Gilke, Gisela (1990), Effizienzlohntheorien und ihre Kritik. Eine Revision aus sozialpsychologischer Sicht, Dissertation Darmstadt, Frankfurt, New York: Campus.

Kubon-Gilke, Gisela (1994a), Moralische Kosten und die Endogenisierung von Präferenzen in der neuen Institutionenökonomik, erscheint in: Priddat, B.; Seiffert E. (Hrsg.), Neuorientierungen in der ökonomischen Theorie, Marburg: Metropolis.

Kubon-Gilke, Gisela (1994b), Institutionen und Verhaltensbindung, in Vorbereitung.

Kubon-Gilke, Gisela und Ekkehart Schlicht (1993), Gefordertheit und institutionelle Analyse am Beispiel des Eigentums, Gestalt/Theory 15 (3/4), 257-273.

Kursh Harry (1968), The Franchise Boom, Englewood Cliffs: Prentice Hall.

Kreps, David M. (1990a), A Course in Microeconomic Theory, New York, London, Toronto, Sydney, Tokyo: Harvester Wheatheaf.

Kreps, David M. (1990b), Game Theory and Economic Modelling, Oxford: Clarendon.

Kreps, David M. und R. Wilson (1982), Reputation and Imperfect Information, Journal of Economic Theory 27, 253-279.

Krouse, Clement G. (1990), Theory of Industrial Economics, Cambridge, Oxford: Basil Blackwell.

Laffont, Jean-Jacques (Hrsg.) (1992), Advances in Economic Theory, Sixth World Congress, Vol. I, Cambridge: Cambridge University Press.

Laffont, Jean Jacques und Jean Tirole (1987), Auctioning Incentive Contracts, Journal of Political Economy 95, 921-937.

Laffont, Jean-Jacques und Jean Tirole (1991), Privatization and Incentives, Journal of Law, Economics, and Organization 7, Special Issue, 84-105.

Laffont, Jean-Jacques und Jean Tirole (1991), Auction Design and Favoritism, International Journal of Industrial Organization 9, 9-42.

Lal, Rajiv (1990), Improving Channel Coordination through Franchising, Marketing Science 9 (4), 299-318.

Lancaster, K. J. (1975), Socially Optimal Product Differentiation, American Economic Review 65 (4), 567-585.

Lazear, Edward P. (1991), Labor Economics and the Psychology of Organizations, Journal of Economic Perspectives 5 (2), 89-110.

Lazear, Edward P. und Sherwin Rosen (1981), Rank-Order Tournaments as Optimum Labor Contracts, Journal of Political Economy 89, 843-864.

Lee, Li Way (1984), Franchising and Interbrand Competition, Southern Economic Journal 51, 219-234.

Leland, Hayne E. (1977), Quality Choice and Competition, American Economic Review 67 (2), 127-137.

Leland, Hayne E. (1979), Quacks, Lemons, and Licensing. A Theory of Minimum Quality Standards, Journal of Political Economy 87, 1328-1346.

Liesegang, Helmuth (1990), Der Franchise-Vertrag, 3. Aufl., Heidelberg: Verlag Recht und Wirtschaft.

Lillis, Charles M.; Chem L. Narayana und John L. Gilman (1976), Competitive Advantage Variation Over The Life Cycle of a Franchise, Journal of Marketing (Oct.) 77-80.

Love, John F. (1986), Mc Donald`s. Anatomie eines Welterfolges, München: Heyne (Behind the Arches, 1. Aufl. am., 1986)

Lovell, Michael C. (1970), Product Differentiation and Market Structure, Western Economic Journal 8 (June), 120-143.

Luporini, Annalisa und Bruno Parigi (1992), Multi-Task Sharecropping: The Case of Central Italy in the Second Half of the XIX Century, Working Paper E 91-09-01 Department of Economics, Virginia Polytechnic Institute and State University, Blacksburg, Va 24061.

Maas, Peter (1990), Franchising in wirtschaftspsychologischer Perspektive. Handlungsspielraum und Handlungskompetenz in Franchise-Systemen. Eine empirische Studie bei Franchise-Nehmern, Dissertation Köln, Frankfurt/M., Bern, New York, Paris: Peter Lang.

Macneil, Ian R. (1978), Contracts: Adjustment of Long-Term Economic Relations under Classical, Neoclassical, and Relational Contract Law, NW University Law Review 72 (6), 854-905.

MacDonald, Glenn M. (1982), Specific Investments and Nonlabor Income, Bell Journal of Economics 13, 225-233.

MacDonald, Glenn M. (1984), New Directions in the Economic Theory of Agency, Canadian Journal of Economics 17 (3), 415-440.

Mack, Manfred (1975), Neuere Vertragssysteme in der Bundesrepublik Deutschland. Eine Studie zum Franchising. Bielefeld: Gieseking.

Mariti, P. und R. H. Smiley (1983), Co-operative Aggreements and the Organization of Industry, Journal of Industrial Economics 31 (4), 437-451.

March, James G. und Herbert A. Simon (1976), Organisation und Individuum, Wiesbaden: Gabler (1. A. 1958 am.).

Marshall, Alfred (1986 (1890)), Principles of Economics, Eighth Edition, Basingstoke, London: Macmillan.

Martin, Robert E. (1988), Franchising and Risk Management, American Economic Review 78 (5), 954-968.

Martinek, Michael (1987), Franchising. Grundlagen der zivil- und wettbewerbsrechtlichen Behandlung der vertikalen Gruppenkooperation beim Absatz von Waren und Dienstleistungen, Heidelberg: R. v. Decker´s.

Mathewson, Frank und Ralph Winter (1985), The Economics of Franchise Contracts, Journal of Law and Economics 28 (Oct.), 503-526.

Mathewson, Frank und Ralph Winter (1989), The Economic Effects of Automobile Dealer Regulation, Annales d´Economie et de Statistique (15/16), 409-426.

Maus, Manfred und Brigitte Hommerich (1992), Warum muß Personalmarketing auf die Arbeitsethik reagieren?, Der Arbeitgeber 44 (3), 89-91.

McAfee R. Preston und John McMillan (1987), Auctions and Bidding, Journal of Economic Literature 25 (June), 699-738.

McCall, John J. (1965), The Economics of Information, and Optimal Stopping Rules, Journal of Business 38, 300-317.

Mendelssohn, Martin (1979), The Guide to Franchising, 2. Aufl., Oxford: Pergamon.

Michaelis, Elke (1985), Organisation unternehmerischer Aufgaben - Transaktionskosten als Entscheidungskriterium, Dissertation Hannover, Frankfurt/M., Bern, New York: Lang.

Milgrom, Paul (1987), Auction Theory, in: Bewley, Truman F., Advances in Economic Theory: Fifth World Congress, Cambridge, 1-32.

Milgrom, Paul und John Roberts (1982), Predation, Reputation, and Entry Deterrence, Journal of Economic Theory 27, 280-312.

Milgrom, Paul und John Roberts (1986), Price and Advertising Signals of Product Quality, Journal of Political Economy 94, 796-821.

Milgrom, Paul und John Roberts (1990), The Efficiency of Equity in Organizational Decision Processes, American Economic Review 80 (2), 154-159.

Milgrom, Paul und John Roberts (1992), Economics, Organization and Management, Englewood Cliffs NJ: Prentice Hall.

Miller, Robert A. (1988), Innovation and Reputation, Journal of Political Economy 96, 741-765.

Minkler, Alanson P. (1992), Why Firms Franchise: A Search Cost Theory, Zeitschrift für die gesamte Staatswissenschaft, Journal of Institutional and Theoretical Economics (JITE) 148, 240-259.

Mitra, Pradeep (1982), A Theory of Interlinked Rural Transactions, World Bank Development Research Center, Discussion Papers No. 33, Washington D.C.

Mookherjee, Dilip (1984), Optimal Incentive Schemes with Many Agents, Review of Economic Studies 51, 433-446.

Monteverde, Kirk und David J. Teece (1982), Supplier Switching Costs and Vertical Integration in the Automobile Industry, Bell Journal of Economics 13, 206-213.

Montgomery, Cynthia A. und Birger Wernerfelt (1992), Risk Reduction and Umbrella Branding, Journal of Business 65, 31-50.

Müller, Melissa (1993), Forbes Report, Schneeballsystem: Tom kassiert ab. Dubiose Computer-Deals, !Forbes 5/1993, 30.

Müller-Graff, Peter-Christian (1988), Franchising: A Case of Long-Term Contracts, Zeitschrift für die gesamte Staatswissenschaft, Journal of Institutional and Theoretical Economics (JITE) 144, 122-144.

Murrell, Peter (1983), The Economics of Sharing. A Transactions Cost Analysis of Contractual Choice in Farming, Bell Journal of Economics 14, 283-293.

Mussa, Michael und Sherwin Rosen (1978), Monopoly and Product Quality, Journal of Economic Theory 18, 301-317.

Nalebuff, Barry J. und Joseph E. Stiglitz (1983a), Information, Competition, and Markets, American Economic Review 73 (2), 278-283.

Nalebuff, Barry J. und Joseph E. Stiglitz (1983b), Prizes and Incentives: Towards a General Theory of Compensation and Competition, Bell Journal of Economics 14, 21-43.

Nelson, Phillip (1970), Information and Consumer Behavior, Journal of Political Economy 78, 311-329.

Nelson, Phillip (1974), Advertising as Information, Journal of Political Economy 82, 729-754.

Neus, Werner (1989), Ökonomische Agency-Theorie und Kapitalmarktgleichgewicht, Dissertation Köln, Wiesbaden: Gabler.

Nieschlag, Robert; Erwin Dichtl; Hans Hörschgen (1991), Marketing, 16. Aufl., Berlin: Duncker & Humblot.

Nord-West-Ring Schuh-Einkaufsgenossenschaft eG (Hrsg.), Neef, Wolfgang (o. J.), Existenzgründung. Erfolg im Schuh-Einzelhandel, Mainhausen.

Nord-West-Ring Schuh-Einkaufsgenossenschaft eG (Hrsg.) (1993), Ein marktorientierter Dienstleistungsverbund stellt sich vor, Mainhausen.

North, Douglass C. (1984), Transaction Costs, Institutions, and Economic History, Zeitschrift für die gesamte Staatswissenschaft, Journal of Institutional and Theoretical Economics (JITE) 140, 7-17.

North, Douglass C. (1988), Theorie des institutionellen Wandels. Eine neue Sicht der Wirtschaftsgeschichte, Tübingen: Mohr (1. Aufl. am, 1981).

North, Douglass C. (1993), Institutions and Credible Commitment, Zeitschrift für die gesamte Staatswissenschaft, Journal of Institutional and Theoretical Economics (JITE) 149, 11-23.

Norton, Seth (1988a), An Empirical Look at Franchising as an Organizational Form, Journal of Business 61, 197-218.

Norton, Seth (1988b), Franchising, Brand Name Capital, and the Entrepreneurial Capacity Problem, Strategic Management Journal 9, Special Issue Summer 1988, 105-114.

Norton, Seth (1989), Franchising, Labor Productivity, and the New Institutional Economics, Zeitschrift für die gesamte Staatswissenschaft, Journal of Institutional and Theoretical Economics (JITE) 145, 578-596.

O`Keeffe, Mary; W. Kip Viscusi; Richard J. Zeckhauser (1982), Economic Contests: Comparative Reward Schemes, Journal of Labour Economics 2 (1), 27-56.

Ochsenbauer, Christian (1989), Organisatorische Alternativen . zur Hierarchie, Dissertation München: GBI.

Oehmen, Bernd und Manuela Röhrig (1991), Neue Formen der Franchise-Finanzierung, Zeitschrift für das gesamte Kreditwesen 18, 14-18.

Oi, Walter Y. (1973), The Economics of Product Safety, Bell Journal of Economics 4, 3-28.

Oi, Walter Y. (1974), The Economics of Product Safety: A Rejoinder, Bell Journal of Economics 5, 689-695.

OLG Schleswig (1987), Urteil vom 27.08.1986 - 4U 27/85 Einstufung eines Franchisenehmers als selbständigen Kaufmann, Neue Juristische Wochenschrift 4/1987, 220-223.

Ouchi, William G. (1980), Markets, Bureaucracies, and Clans, Administrative Science Quarterly 25, 129-141.

Oxenfeldt, A. F. und A. O. Kelly (1968/69), Will Successful Franchise Systems Ultimately Become Wholly-Owned Chains?, Journal of Retailing (Winter), 69-83.

Ozanne, Urban B. und Shelby D. Hunt (1971), The Economic Effects of Franchising, U.S. Senate Select Committee Print 92nd Cong. 1st Sess., Washington D.C.: U.S. Government Printing Office.

Pauli, Knut S. (1990), Franchising, Düsseldorf, Wien, New York: ECON.

Penrose, Edith T. (1959), The Theory of the Growth of the Firm, (Reprint 1963), Oxford: Basil Blackwell.

Peston, M. und R. Quandt (Hrsg.) (1986), Prices, Competition and Equilibrium, Oxford: Barnes & Noble Books.

Peters, Tom (1993), Jenseits der Hierarchien. Liberation Management, Düsseldorf, Wien, New York, Moskau: ECON.

Peterson, Alden und Rajiv P. Dant (1990), Perceived Advantages of the Franchise Option from the Franchisee Perspective: Empirical Insights from a Service Franchise, Journal of Small Business Management 28 (July), 46-61.

Pfau, Birgit; Peter Spiekermann; Roderich Wahsner u. a. (1986), Selbst ist der Mann. Zur "Selbständigkeit" von Verkaufsfahrern, Düsseldorf: Hans-Böckler-Stiftung.

Picot, Arnold (1982), Transaktionskostenansatz in der Organisationstheorie: Stand der Diskussion und Aussagewert, DBW 42 (2), 267-284.

Pilling, Bruce K. (1991), Assessing Competitive Advantage in Small Businesses: An Application to Franchising, Journal of Small Business Management 29 (Oct.), 55-63.

Pirkul, Hasan, Sridhar Narasimhan, und Prabuddha De (1987), Firm Expansion Through Franchising: A Model and Solution Procedures, Decision Sciences 18 (4), 631-645.

Pratt, John W. (1964), Risk Aversion in the Small and in the Large, Econometrica 32 (1-2), 122-136.

Pratt, John W. und Richard J. Zeckhauser (Hrsg.) (1985), Principals and Agents: The Structure of Business, Boston: Harvard Business School Press.

Priest, George L. (1981), A Theory of the Consumer Product Warranty, The Yale Law Journal 90 (6), 1297-1352.

Rasmusen, Eric (1990), Games and Information. An Introduction to Game Theory. 2. Aufl., Cambridge, Oxford: Basil Blackwell (1. Aufl. 1989).

Rath, Herbert (1990), Neue Formen der internationalen Unternehmenskooperation: eine empirische Untersuchung unter besonderer Berücksichtigung ausgesuchter Industriezweige des Ruhrgebiets, Hamburg: S+W Steuer- und Wirtschaftsverlag.

Rees, Ray (1987), The Theory of Principal and Agent: Part I; The Theory of Principal and Agent: Part II, in: Hey, John D. und Lambert, Peter J., Surveys in the Economics of Uncertainty, Oxford, New York, 46-90.

Reinganum, Jennifer F. (1983), Uncertain Innovation and the Persistence of Monopoly, American Economic Review 73 (4), 741-748.

Riordan, Michael H. (1984), Uncertainty, Asymmetric Information, and Bilateral Contracts, Review of Economic Studies 51, 83-93.

Rogerson, William P. (1983), Reputation and Product Quality, Bell Journal of Economics 14, 508-516.

Rogerson, William P. (1985), The First Order Approach to Principal-Agent Problems, Econometrica 53 (6), 1357-1368.

Rosen, Sherwin (1974), Hedonic Prices and Implicit Markets: Product Differentiation in Pure Competition, Journal of Political Economy 82, 34-55.

Ross, Stephen A. (1973), The Economic Theory of Agency: The Principal's Problem, American Economic Review 63 (2), 134-139.

Ross, Thomas W. (1988), Brand Information and Price, Journal of Industrial Economics 36 (3), 301-313.

Rothschild, Michael (1973), Models of Market Organization with Imperfect Information: A Survey, Journal of Political Economy 83, 1283-1308.

Rubin, Paul H. (1978), The Theory of the Firm and the Structure of the Franchise Contract, Journal of Law and Economics 21, (April), 223-233.

Rubinstein, Ariel (1992), Comments on the Interpretation of Repeated Games Theory, in: Laffont, Jean-Jacques (Hrsg.), Advances in Economic Theory, Sixth World Congress, Vol. I, Cambridge, 175-181.

Salop, Steven C. (1976), Information and Monopolistic Competition, American Economic Review 66 (2), 240-245.

Salop, Steven C. (1979a), Strategic Entry Deterrence, American Economic Review 69, (2), 335-338.

Salop, Steven C. (1979b), Monopolistic Competition with Outside Goods, Bell Journal of Economics 10, 141-156.

Salop, Steven C. (1986), Practices that (credibly) Facilitate Oligopoly Coordination, in: Stiglitz, Joseph E. und Frank Mathewson (Hrsg.), New Developments in the Analysis of Market Structure, Cambridge, 265-290.

Salop, Steven C. und David Scheffman (1983), Raising Rivals´ Cost, American Economic Review 73 (2), 267-271.

Salop, Steven C. und Joseph E. Stiglitz (1977): Bargains and Ripoffs: A Model of Monopolistically Competitive Price Dispersion, Review of Economic Studies 44, 493-510.

Sappington, David E. (1991), Incentives in Principal-Agent Relationships, Journal of Economic Perspectives 5 (2), 45-66.

Sappington, David E. M. und Birger Wernerfelt (1985), To Brand Or Not To Brand? A Theoretical and Empirical Question, Journal of Business 58, 279-293.

Sass, Tim R. und Micha Gisser (1989), Agency Costs, Firm Size, and Exclusive Dealing, Journal of Law and Economics 32, (Oct.), 381-400.

Scharfenstein, David S. und Jeremy C. Stein (1990), Herd Behavior and Investment, American Economic Review 80 (3), 465-479.

Schein, Edgar H. (1980), Organisationspsychologie, Wiesbaden: Gabler (1. Aufl. 1972 am.).

Schelling, Thomas C. (1960), The Strategy of Conflict, Cambridge: Harvard University Press.

Schelling, Thomas C. (1978), Micromotives and Macrobehavior, New York, London: Norton.

Schlicht, Ekkehart (1978), Labour Turnover, Wage Structure, and Natural Unemployment, Zeitschrift für die gesamte Staatswissenschaft, Journal of Institutional and Theoretical Economics (JITE) 134, 337-346.

Schlicht, Ekkehart (1990), Rationality, Bounded or Not, and Institutional Analysis, Journal of Institutional and Theoretical Economics 146, 703-719.

Schlicht, Ekkehart (1991a), Endogenous On-the-Job Training with Moral Hazard, Arbeitspapier, Darmstadt.

Schlicht, Ekkehart (1991b), Small Causes, Big Effects: Fairness, Generosity, and Wage Mark-Ups, Manuskript TH Darmstadt, Industrial Relations Center, University of Minnesota, Minneapolis.

Schlicht, Ekkehart (1992), Wage Generosity, Zeitschrift für die gesamte Staatswissenschaft, Journal of Institutional and Theoretical Economics (JITE) 148, 437-451.

Schlicht, Ekkehart (1993), On Custom, Zeitschrift für die gesamte Staatswissenschaft, Journal of Institutional and Theoretical Economics (JITE) 149, 178-203.

Schmalensee, Richard (1978), A Model of Advertising and Product Quality, Journal of Political Economy 86, 485-503.

Schmalensee, Richard (1982), Product Differentiation Advantages of Pioneering Brands, American Economic Review 72 (3), 349-365.

Schmalensee, Richard (1983), Advertising and Entry Deterrence: An Exploratory Model, Journal of Political Economy 91, 636-653.

Schmalensee Richard und Robert D. Willig (1989), Handbook of Industrial Organization, Vol. 1, Amsterdam, New York, Oxford, Tokyo: Elsevier Science Publishers.

Schmidt, Torsten (1990), Franchising and Imperfect Information: Three Essays, Dissertation University of Florida.

Schumpeter, Joseph Alois (1928), Unternehmer, in: Handwörterbuch der Staatswissenschaften Bd. 8, 4. Aufl., Jena, 476-487.

Schurk, Peter, Manfred Maus und Dieter Frey (1992), Auf der Suche nach den besten Geschäftsideen. Franchise-Ideen der Spitzenklasse, Idstein: Möwe Verlag.

Schwartz, Alan und Louis L. Wilde (1985), Product Quality and Imperfect Information, Review of Economic Studies 52, 251-262.

Selten, Reinhard (1978), The Chain Store Paradox, Theory and Decision 9, 127-159.

Seltz, David D. (1982), The Complete Handbook of Franchising, Reading: Addison-Wesley

Shapiro, Carl (1982), Consumer Information, Product Quality, and Seller Reputation, Bell Journal of Economics 13, 20-35.

Shapiro, Carl (1983), Premiums for High Quality Products as Returns to Reputations, Quarterly Journal of Economics 98, 659-679.

Shapiro, Carl und Joseph E. Stiglitz (1984), Equilibrium Unemployment as a Worker Discipline Device, American Economic Review 74 (3), 433-444.

Shavell, Steven (1979), Risk Sharing and Incentives in the Principal and Agent Relationship, Bell Journal of Economics 10, 55-73.

Shepard, Andrea (1990), Pricing Behavior and Vertical Contracts in Retail Markets, American Economic Review 80 (2), 427-431.

Shepsle, Kenneth A. (1991), Discretion, Institutions and the Problem of Government Commitment, in: Bourdieu, Pierre und James Coleman (Hrsg.), Social Theory for a Changing Society, Boulder: Western Press.

Skaupy, Walter (1987), Franchising. Handbuch für die Betriebs- und Rechtspraxis, München: Vahlen.

Smallwood, Dennis E. und John Conlisk (1979), Product Quality in Markets where Consumers are Imperfectly Informed, Quarterly Journal of Economics 93, 1-23.

Smith, Adam (1990 (1789)), (An Inquiry into the Nature and Causes of the Wealth of Nations) Der Wohlstand der Nationen, 5. Aufl., München: dtv.

Spence, Michael A. (1974), Market Signaling: Informational Transfer in Hiring and Related Screening Processes, Cambridge: Harvard University Press.

Spence, Michael (1976), Product Differentiation and Welfare, American Economic Review 66 (2), 407-414.

Statistisches Bundesamt (Hrsg.) (1993), Statistisches Jahrbuch für die Bundesrepublik 1993, Wiesbaden: Metzler Poeschel

Stigler, George J. (1961), The Economics of Information, Journal of Political Economy 69, 213-225.

Stigler, George J. und Gary S. Becker (1977), De Gustibus Non Est Disputandum, American Economic Review 67 (2), 76-90.

Stiglitz, Joseph E. (1974), Incentives and Risk Sharing in Sharecropping, Review of Economic Studies 41, 219-255.

Stiglitz, Joseph E. (1986), Towards a More General Theory of Monopolistic Competition, in: Peston, M. und R. Quandt (Hrsg.), Prices, Competition and Equilibrium, Oxford, 22-69.

Stiglitz, Joseph E. (1987a), The Causes and Consequences of the Dependence of Quality on Price, Journal of Economic Literature 25 (March), 1-48.

Stiglitz, Joseph E. (1987b), Principal and Agent, in: The New Palgrave, Vol. 3, London 1987, 966-972.

Stiglitz, Joseph E. (1989), Incentives, Information, and Organizational Design, Empirica 16 (1), 3-29.

Stiglitz, Joseph E. (1991), Symposion on Organizations and Economics, Journal of Economic Perspectives 5 (2), 15-24.

Stiglitz, Joseph E.; Mathewson G. Frank (1986), New Developments in the Analysis of Market Structure, Houndmills, Basingstoke, Hampshire, London: Macmillan.

Stiglitz, Joseph E. und Andrew Weiss (1981), Credit Rationing in Markets with Imperfect Information, American Economic Review 71 (3), 393-410.

Stiglitz, Joseph E. und Andrew Weiss (1983), Incentive Effects of Terminations. Applications to the Credit and Labor Markets, American Economic Review 73 (5), 912-927.

Telser, Lester G. (1960), Why Should Manufacturers Want Fair Trade?, Journal of Law and Economics 3, 86-105.

Telser, Lester G. (1980), A Theory of Self-enforcing Agreements, Journal of Business 53, 27-44.

Tietz, Bruno (1987), Handbuch Franchising. Zukunftsstrategien für die Marktbearbeitung, Landsberg: Moderne Industrie.

Tirole, Jean (1989), The Theory of Industrial Organization, 3. Aufl., Cambridge, London: MIT Press.

(United States) Bureau of the Census (1987), Statistical Abstract of the United States 1987 (107th edition), Washington D. C.

United States Dept. of Commerce (1988a), Franchise Opportunities Handbook, Washington D.C.

United States Dept. of Commerce (1988b), Franchising in the Economy 1986-1988, Washington D.C.

Varian, Hal R. (1980), A Model of Sales, American Economic Review 70 (4), 651-659.

Varian, Hal R. (1989), Price Discrimination, in: Schmalensee Richard und Robert D. Willig, Handbook of Industrial Organization, Vol. 1, Amsterdam, New York, Oxford, Tokyo, 597-653.

Vaughn, Charles L. (1974), Franchising. Its Nature, Scope, Advantages, and Development, Lexington, Toronto, London: Lexington Books.

Vernon, John M. und Daniel A. Graham (1971), Profitability of Monopolization by Vertical Integration, Journal of Political Economy 79, 924-925.

Von Weizsäcker, Carl Christian (1980a), Barriers to Entry: A Theoretical Treatment, Berlin, Heidelberg, New York: Springer.

Von Weizsäcker, Carl Christian (1980b), A Welfare Analysis of Barriers to Entry, Bell Journal of Economics 11, 399-420.

Wagner, Ralph (1994), Die Grenzen der Unternehmung. Beiträge zur ökonomischen Theorie der Unternehmung (Arbeitstitel), Dissertation, Darmstadt.

Walker, Gordon und David Weber (1984), A Transaction Cost Approach to Make-or-Buy Decisions, Administrative Science Quarterly 29, 373-391.

Waterson, Michael (1990), The Economics of Product Patents, American Economic Review 80 (4), 860-869.

Wegehenkel, Lothar (1981), Gleichgewicht, Transaktionskosten und Evolution, Tübingen: Mohr.

Weiss, Andrew (1980), Job Queues and Layoffs in Labor Markets with Flexible Wages, Journal of Political Economy 88, 526-538.

Welling, Linda A. (1989), Satisfaction Guaranteed or Money (Partially) Refunded: Efficient Refunds under Asymmetric Information, Canadian Journal of Economics 22 (1), 62-78.

Weltrich, Ortwin (1988), Zur Abgrenzung von Franchise- und Arbeitsvertrag, Der Betrieb 15/1988, 806-808.

Wessels, Andrea Maria (1993), Alles, was Recht ist. Franchise-Verträge unter der Lupe. Franchise International 1/93, 136-141.

Whinston, Michael D. (1990), Tying, Foreclosure, and Exclusion, American Economic Review 80 (4), 837-859.

Wiggins, Steven N. und Gary D. Libecap (1985), Oil Field Unitization: Contractual Failure in the Presence of Imperfect Information, American Economic Review 75 (3), 368-385.

Wilde, Louis L. (1980a), The Economics of Consumer Information Acquisition, Journal of Business 53, 143-158.

Wilde, Louis L. (1980b), On the Formal Theory of Inspection and Evaluation in Product Markets, Econometrica 48 (5), 1265-1279.

Wilde, Louis L. und Alan Schwartz (1979), Equilibrium Comparison Shopping, Review of Economic Studies 46, 543-553.

Wilkins, Alan L. und William G. Ouchi (1983), Efficient Cultures: Exploring the Relationship Between Culture and Organizational Performance, Administrative Science Quarterly 28, 468-481.

Williamson, Oliver E. (1971), The Vertical Integration of Production: Market Failure Considerations, American Economic Review 61 (2), 112-123.

Williamson, Oliver E. (1975), Markets and Hierarchies: Analysis and Antitrust Implications. A Study in the Economics of Internal Organization, New York: Free Press.

Williamson, Oliver E. (1976), Franchise Bidding for Natural Monopolies - in General and with Respect to CATV, Bell Journal of Economics 7, 73-104.

Williamson Oliver E. (1979), Transaction-Cost Economics: The Governance of Contractual Relations, Journal of Law and Economics 22, 233-261.

Williamson, Oliver E. (1980), The Organization of Work. A Comparative Institutional Assessment, Journal of Economic Behavior and Organization 1, 5-38.

Williamson, Oliver E. (1981), The Modern Corporation: Origins, Evolution, Attributes, Journal of Economic Literature 19 (Dec.), 1537-1568.

Williamson, Oliver E. (1983), Credible Commitments: Using Hostages to Support Exchange, American Economic Review 73 (4), 519-540.

Williamson, Oliver E. (1986), Vertical Integration and Related Variations on a Transaction-Cost Economics Theme, in: Stiglitz, Joseph E. und Mathewson Frank, New Developments in the Analysis of Market Structure, Houndsmills, Basingstoke, Hapshire, London 149-174.

Williamson, Oliver E. (1990), Die ökonomischen Institutionen des Kapitalismus, Tübingen: Mohr (1. Aufl. 1985, am.).

Williamson, Oliver E. (1991), Economic Institutions: Spontaneous and Intentional Governance, Journal of Law, Economics, and Organization 7, Special Issue, 159-187.

Withane, Sirinimal (1991), Franchising and Franchisee Behavior: An Examination of Opinions, Personal Characteristics, and Motives of Canadian Franchisee Entrepreneurs, Journal of Small Business Management 29 (Jan.), 22-29.

Wolinsky, Asher (1983), Prices as Signals of Product Quality, Review of Economic Studies 50, 647-658.

Yamey, Basil S. (Hrsg.) (1966), Resale Price Maintenance, London: Weidenfeld & Nicolson.

DUV DeutscherUniversitätsVerlag

GABLER · VIEWEG · WESTDEUTSCHER VERLAG

Aus unserem Programm

Stefan Bongard
Outsourcing-Entscheidungen in der Informationsverarbeitung
Entwicklung eines computergestützten Portfolio-Instrumentariums
1994. XXIII, 480 Seiten, Broschur DM 128,-/ ÖS 999,-/ SFr 128,-
GABLER EDITION WISSENSCHAFT
"Unternehmensführung & Controlling", hrsg. v. Prof. Dr. Wolfgang Becker
und Prof. Dr. Jürgen Weber
ISBN 3-8244-6043-2
Angesichts gestiegener Kosten für die betriebliche Datenverarbeitung la-
gern immer mehr Unternehmen Teile ihrer Datenverarbeitung aus. Für die-
ses "Outsourcing" erarbeitet das Buch ein Lösungsverfahren aus strategischer Perspektive.

Christian Frank
Strategische Partnerschaften in mittelständischen Unternehmen
Option zur Sicherung der Eigenständigkeit
1994. XXI, 339 Seiten, Broschur DM 118,-/ ÖS 921,-/ SFr 118,-
GABLER EDITION WISSENSCHAFT
ISBN 3-8244-6049-1
Die Arbeit untersucht, wie die Tendenzen mittelständischer Unternehmen,
an bewährten Verhaltensformen festzuhalten, aufzuweichen sind und wie
man sie für die Chancen von strategischen Partnerschaften sensibilisieren
kann.

Thomas Goette
Standortpolitik internationaler Unternehmen
1994. XXVI, 374 Seiten, 57 Abb., 18 Tab.,
Broschur DM 118,-/ ÖS 921,-/ SFr 118,-
ISBN 3-8244-0205-X
Ein fundierter und überprüfbarer Rahmen für Standortentscheidungen internationaler Unternehmungen. Spezielles Augenmerk legt der Verfasser
auf die Entwicklung eines gedanklichen Konzeptes für den neuen Standort
im Vorfeld der Auswahlentscheidung.

DUV DeutscherUniversitätsVerlag
GABLER · VIEWEG · WESTDEUTSCHER VERLAG

Ulrich Guthunz
Informationssysteme für das strategische Management
Eine Untersuchung zur theoretischen Fundierung und Gestaltung
strategischer Informationssysteme am Beispiel der Kostenrechnung
1994. XVI, 243 Seiten,
Broschur DM 98,-/ ÖS 765,-/ SFr 98,-
GABLER EDITION WISSENSCHAFT
ISBN 3-8244-6034-3
Informationssysteme werden vorwiegend aus der Sicht der technischen Machbarkeit thematisiert. Ulrich Guthunz erarbeitet ein Verständnis strategischer Informationssysteme, das sich am Informationsbedarf orientiert.

Michael Kopel
Komplexe Unternehmensdynamik
Chaotische dynamische Systeme in der Betriebswirtschaftslehre
1994. XII, 213 Seiten, 57 Abb., 14 Tab.,
Broschur DM 89,-/ ÖS 694,-/ SFr 89,-
ISBN 3-8244-0203-3
Mit einfachen Beispielen wird das Entstehen von nichtlinearen Dynamiken
in einem betriebswirtschaftlichen Rahmen gezeigt. Auf eine exakte mathematische Darstellung wird zugunsten einer geometrischen Sichtweise verzichtet.

Ulf Gerold Marks
Neuproduktpositionierung in Wettbewerbsmärkten
1994. XXIII, 375 Seiten, 38 Abb., 73 Tab.,
Broschur DM 118,-/ ÖS 921,-/ SFr 118,-
Schriftenreihe "Betriebswirtschaftslehre für Technologie und Innovation",
Band 6
ISBN 3-8244-0219-X
Die Positionierung von Neuprodukten in oligopolistischen Märkten sollte
unter Berücksichtigung der mit dem Markteintritt ausgelösten Wettbewerbsdynamik erfolgen.

Michael Noth
Regulierung bei asymmetrischer Informationsverteilung
1994. XVI, 329 Seiten,
Broschur DM 118,-/ ÖS 921,-/ SFr 118,-
GABLER EDITION WISSENSCHAFT
ISBN 3-8244-6063-7
Asymmetrische Informationsverteilung ist ein zentrales Thema der modernen Ökonomie. Michael Noth analysiert Modelle des Mechanism Design unter Berücksichtigung mehrerer Formen von Informationsasymmetrien.

DUV DeutscherUniversitätsVerlag

GABLER · VIEWEG · WESTDEUTSCHER VERLAG

Christoph Rasche
Wettbewerbsvorteile durch Kernkompetenzen
Ein ressourcenorientierter Ansatz
1994. XXI, 468 Seiten, Broschur DM 128,-/ ÖS 999,-/ SFr 128,-
GABLER EDITION WISSENSCHAFT
ISBN 3-8244-6018-1
Das Buch relativiert den Aussagewert eher industrieökonomisch beeinfluß-
ter Management-Konzeptionen und vergleicht sie mit der ressourcenorien-
tierten Unternehmensführung. Daraus ergeben sich Implikationen für die
strategische Unternehmensführung.

Birgit Schildt
Strategische Produktions- und Distributionsplanung
Betriebliche Standortoptimierung bei degressiv verlaufenden
Produktionskosten
1994. XVI, 262 Seiten, Broschur DM 98,-/ ÖS 765,-/ SFr 98,-
GABLER EDITION WISSENSCHAFT
ISBN 3-8244-6066-1
Die langfristige Entwicklung der betrieblichen Standortstruktur stellt ein
komplexes Entscheidungsproblem mit weitreichenden Folgen dar. Dieses
Buch untersucht Möglichkeiten einer modellbasierten Entscheidungsunter-
stützung.

Richard Wegener
Strategische Bewertung von Prozeßinnovationen
1994. XXII, 383 Seiten, 58 Abb., Broschur DM 118,-/ ÖS 921,-/ SFr 118,-
Schriftenreihe "Integrierte Logistik und Unternehmensführung"
ISBN 3-8244-0215-7
Ausgehend von einer Analyse der spezifischen Problematik von Innovati-
onsentscheidungen entwickelt der Verfasser seinen übergreifenden
Bewertungsansatz auf der Basis von Kernaussagen des strategischen Mana-
gements.

Die Bücher erhalten Sie in Ihrer Buchhandlung!
Unser Verlagsverzeichnis können Sie anfordern bei:

Deutscher Universitäts-Verlag
Postfach 30 09 44
51338 Leverkusen

MIX
Papier aus verantwortungsvollen Quellen
Paper from responsible sources
FSC® C105338

If you have any concerns about our products,
you can contact us on
ProductSafety@springernature.com

In case Publisher is established outside the EU,
the EU authorized representative is:
Springer Nature Customer Service Center GmbH
Europaplatz 3, 69115 Heidelberg, Germany

Printed by Libri Plureos GmbH
in Hamburg, Germany